大学的岩手ガイド
——こだわりの歩き方

岩手県立大学総合政策学部 編

昭和堂

北山崎海岸（田野畑村；本書43頁〜）（吉木岳哉 撮影）
太平洋に面した高さ200ｍの断崖。三陸海岸を代表する景勝地。

新緑のブナ林（西和賀町・真昼岳；本書63頁〜）（吉木岳哉 撮影）
秋の紅葉、冬の雪景色、東北地方のブナ林には季節を問わない魅力がある。

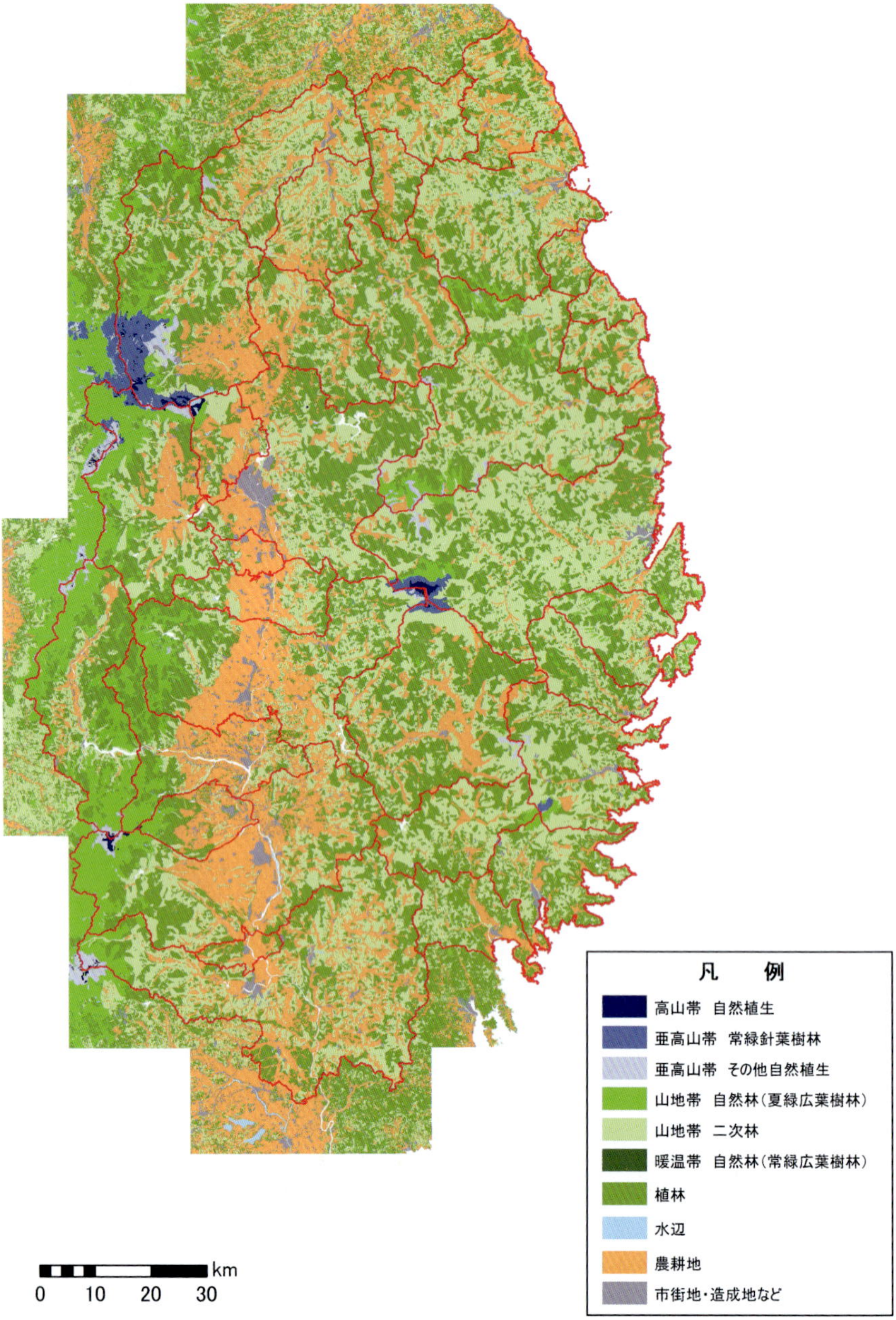

岩手県の現存植生図（本書63頁～）（島田直明 作図）

1 /50,000植生図GISデータ（環境省生物多様性センター）から岩手県を抽出し、加工した（https://www.biodic.go.jp/kiso/vg/vg_kiso.html）。

志波城外郭南門（盛岡市；本書103頁〜）（吉木岳哉 撮影）

空から見た九戸城（二戸市；本書129頁〜）（二戸市教育委員会 提供）

標高約1200 mの山々に広がる袖山高原牧場（葛巻町；本書259頁～）（吉木岳哉 撮影）
北上山地のなだらかな山稜は、牧場と発電用風車の立地に適している。

安比高原・中のまきばの放牧馬（八幡平市；本書161頁～）（島田直明 撮影）
馬産地として知られた岩手県でも、放牧馬が見られる場所は最近20年ほどの期間にかなり減少した。

『大学的岩手ガイド』刊行に寄せて

岩手県立大学総合政策学部
『大学的岩手ガイド』編集部会長　吉木岳哉

『大学的岩手ガイド』を手に取っていただき、ありがとうございます。

本書は、岩手県内を対象とした学術的研究成果や、県内各地で調査業務に関わる方々の専門的知見を幅広く紹介する方針で編集しました。岩手県全域の見所を網羅的に紹介する観光ガイドブックと異なり、さまざまな学問分野の専門家にとって面白い、ぜひ紹介したいと考えた話題で構成されています。各執筆者には一般読者向けであることを意識して執筆して欲しいと頼みましたが、大学の研究者とは関心の対象がしばしばマニアックであり、その見方や解釈方法も学問分野ごとに独特です。そのため、岩手県に関する初歩的ガイド本を期待して本書のページをめくったならば、本書の話題選びの癖の強さに驚くことでしょう。ですが、この多様な視点や独特な切り口こそが学問であり、「大学的」であると言えます。岩手県について学びつつ、多様な学問の世界を垣間見ていただきたいと考えています。

本書の編集を（株）昭和堂から打診されたのは、研究室への電話でした。その電話で最初に確認したことは、「なぜ、うちの学部なのですか?」という点でした。岩手県立大学総合政策学部は「政策」を看板としています。岩手県の自然や文化に関する研究を専門とする教員もいますが、多くありません。県全体を紹介するのに十分な執筆者数を本学部で確保できるか、引き受けた後で「やはり無理でした」と断ることにならないか、多くの不安がありました。一方で、県立の大学として、岩手県を対象に調査してきた多くの研究成果を一般向け書籍として出版できることは、とても魅力的な話でした。学会や学術誌等で専門家向けに研究成果を発表する機会はいくらでもあります。市民講座等で講演する機会もあります。ですが、一般の方々が読みやすい書籍の形で多種多様な研究成果を提供することは久しくできていませんでした。(株)昭和堂には申し訳ありませんが、この機会に本学部の宣伝をさせていただくつもりで執筆・編集を引き受けました。しかも、その宣伝相手は岩手県民を想定しています。既刊の大学的地域ガイドシリーズの巻頭言を読むと、その多くが、他県の方々に紹介するつもりで編集した、とあります。そんな他県を尻目に、『大学的岩手ガイド』は岩手県民向けに編集した、などと宣言しては、あまりにも内向き過ぎると非難されることでしょう。ただ、残念なことに、岩手県内の書店の棚を見ても、本書のような広範な分野に跨がる専門家が岩手県を紹介した書籍が最近はほとんど出版されていません。地方ゆえ販売部数が見込めないのでしょうが、郷土に関する学習欲を持つ県民は少なくないと感じています。そのような状況だからこそ、この機会に岩手県民に最新の学術的知見を紹介したいと考えました。

編集にあたっては、編集依頼電話の受け手であり、そのまま編集部会長となった私の考えが強く反映されています。私の担当科目は「地理学」であり、東北地方や岩手県を題材に取り上げながら、学問としての地理学を教えています。授業を通じて、他県と比較したときの岩手県の特徴・個性は何か、それらは何に由来するのかを常々考えてきました。そうした由来について考えると、人々の暮らしや生業の土台をなす「自然」、過去からの時間的積み重ねである「歴史」は必要と考えます。また、そのような自然や歴史を踏まえて存在する「現在」も理解する必要があるでしょう。このような考えで、「岩手の自然」「岩手の歴史」「岩手のいま・これから」の三部構成にしました。

しかし、あいにく本学部には考古学や歴史学の専門家がいません。そこで、私が岩手県内五大学の共通授業「いわて学」を担当していたときに、外部講師としてお世話になった各地の博物館や観光担当の職員、他大学の先生にも執筆協力を仰ぐことにしました。他県の人々にとっては、岩手県と言えば、世界遺産の平泉、遠野物語、宮沢賢治あたりが真っ先に思いつくでしょうか。ですが、本書にはこれらの有名どころをメインに据えた話題はありません。脇役として登場するだけです。これらに関する書籍は、初歩的なものから専門的なものまで、すでに何十冊と発行され、県内の書店の棚にも必ず並べられています。本書の執筆を依頼した学外の方々には、既刊本でいくらでも学べる話題ではなく、一般向け書籍ではなかなか目にしない話題、でもマニアックになりすぎない、という内容になるように調整させていただきました。つまるところ、私が読みたい話題で選びました。

本学部教員の研究テーマ・フィールド、執筆依頼を引き受けていただいた専門家の方々、できるだけ多様な分野・地域に跨がるように努めましたが、岩手県全域について均等に取り上げることは叶いませんでした。北海道に次ぐ都道府県面積の岩手県ゆえ、大学がある滝沢市・盛岡市周辺に比べると、大学から離れた三陸沿岸や県南部の事例が少ないです。また、分野のバランスから見て、食文化、伝統芸能・工芸品、岩手県輩出の著名人などについても取り上げたいところでしたが叶いませんでした。これらの反省点については次の機会に考慮したいと思います。

総合政策学部・大学院の宣伝を意識したため、本学部教員の執筆者には過去の学生の卒業研究や、ゼミの学生と取り組んだ地域活動等について積極的に取り上げることをお願いしました。大学院生本人による執筆もあります。本書を読んでくれた高校生や県民の方々に、本学部卒業生による研究成果の一部だけでも紹介することで、本学部・研究科で研究することに関心を持っていただけることを期待しています。「大学的」なところを感じられるように、巻末の執筆者一覧には研究分野に加えて、本学部での担当科目名も記載しました。

いささか学部紹介の色が濃くなってしまいましたが、もちろん県外読者の方々にも岩手県を知ってもらうことも意識しています。ただし、その話題は前述のように岩手県に関するAランクの全国区ネタではありません。なかなか他の書籍では取り上げられないBランクの知識を仕入れて、岩手県について少し物知りになっていただけたら幸いです。

第1部　岩手の自然

第2部　岩手の歴史

第3部　岩手のいま・これから

第1部 岩手の自然

南北を分ける境界を生み出す「岩手」という舞台

豊島正幸

はじめに

二〇二二年夏の甲子園野球大会で、宮城県代表の仙台育英学園高校が初優勝を果たした。東北勢が甲子園大会を制するのは夏・春の大会を通して史上初の快挙である。優勝した翌日（八月二三日）の地元紙「河北新報」朝刊には、「仙台育英　全国制覇」「大旗　白河の関越え」の大見出しが一面を飾った。そして「東北人」は我が事として喜び、祝福した。その決勝戦の二日前に行われた準決勝は東北勢同士の対戦となり、仙台育英が福島県代表の聖光学院に勝利した。翌日（八月二一日）の福島民友新聞みんゆうＮｅｔは「東北勢の悲願、深紅の大優勝旗の『白河の関越え』は仙台育英に託された」と報じた。

この一連の甲子園報道から見えたことは、「白河以北」に住む人たちの意識の中にじっと潜んでいた「東北人」というアイデンティティであり、さらに、「白河の関」跡が南北を分ける境界として人びとの意識の中に生き続けていることである。幕末の戊辰戦争時に新政府軍が使ったとされる「白河以北一山百文」という《蔑視》を帯びた言葉を、「白河以北」の人たちは忘れていないのである。

歴史をたどってみると、このような南北を分ける境界線は、「白河以北」（東北地方）の中においても見出すことができる。たとえば、「古墳時代の東北地方は、倭王権と一定の政治関係を結んで古墳を築造した地域と、北方文化圏に含まれる地域に二分される」（熊谷二〇二一a）。その境界線は宮城県北部を通り東北地方を横断しており、[1]「五〇〇年以上にもわたってほぼ同じ位置を保ち続けた」（熊谷二〇二一b）。ともすれば一括りにされがちな東北地方だが、決して一様な歴史をたどったわけではない。

以下では、「白河以北」の歴史のなかに現れたこのような境界線を三例取り上げるが、これらはいずれも現在の岩手県域を横断する。

1　近世史にみる岩手の南と北――旧藩境地域に息づく二重のアイデンティティ

現在の岩手県域は、藩政時代には東西に延びる藩境によって、北の盛岡藩と南の仙台藩に二分されており、コラムでも触れる一関・平泉地域は仙台藩（その支藩扱いの一関藩を含む）に属していた。

この盛岡・仙台両藩の領域が定まったのは、一五九〇（天正一八）年の豊臣秀吉による「奥羽仕置」と翌年の「奥羽再仕置」においてである。すなわち秀吉は、関東の小田原城で最後まで抵抗した北条氏政・氏直父子を屈服させて全国統一を果たした後、奥羽の諸大名に

（1）　岩手県奥州市胆沢南都田に、日本最北の前方後円墳とされる角塚古墳があるので、その築造時期である五世紀末には古墳の「分布域が北へ拡大されたようにもみえるが（中略）分布域はさほど広がらない。したがって、この時期といえども、古墳文化圏が面的に北上川中流域まで拡大されたというわけではなく、北側の続縄文文化圏のなかに飛び地状に古墳文化の拠点が築かれた」との見解が示されている（熊谷二〇二一b）。

対する処置を断行したのである。その結果、仙台藩の伊達政宗は長井・信夫・伊達郡を失うが、現在の宮城県北部から岩手県南部に当たる葛西・大崎両氏の旧領三郡に宮城郡などを加えた二〇郡を領有することになり、本拠を米沢から岩出山に移した（北上市立博物館一九九〇、兼平二〇一三）。

一方、その北側に勢力を張る盛岡藩の南部信直は「南部内七郡」に加えて、稗貫・和賀の両郡の領有が認められた（兼平二〇一三）。また、釜石地域を含む遠野一二郷も支配地となり、ここに盛岡藩と仙台藩の領地が直接接することになった。両藩領の境界線は、奥羽山脈の三界山から東に延びて釜石市の唐丹湾まで続いており、その距離は一五五キロメートル余に及ぶ（コラムの図1（20頁）参照）。

写真1　藩境を挟んで築かれた「境塚」の例：櫓坂挟塚（筆者撮影）

この秀吉の裁定による領地分配（奥羽仕置・再仕置）は「郡名」をもってなされたが、郡境が必ずしも明確に線引きされていたわけではなかったため、境界線をめぐる争い（争論）がこの藩境の多くの所で起こった。両藩の境争いは半世紀にも及んだが、幕府の裁定もあり、一六四一（寛永一八）年にようやく決着をみるに至った（北上市立博物館一九九〇）。そして翌一六四二年に、両藩領の境界を表す「境塚」が西の駒ヶ岳から東の唐丹湾まで多数築かれた。北上市の「みちのく民俗村」の敷地内には、藩境を挟んで一対の境塚（間沢挟塚・

櫓坂挟塚）（写真1）が現存している。それを含む約一一キロメートルの旧藩境区間が「南部領伊達領境塚」として国史跡に指定されている。

藩政時代には自領の自給的経済と治安を守るため、藩境をはさんで両側にそれぞれ御境目番所が設けられ、藩境を越える物資の流通や人の行き来が厳しく制限された。この排他的な藩の統治は、藩ごとに独特の文化(2)・民俗等を生み出すことになった。藩政の面でもそれぞれ違いがあり、それが反映された一つに百姓一揆の発生件数があげられる。すなわち、仙台藩では百姓一揆の発生が少なかったのに対して、藩境で接する盛岡藩は諸藩のなかでも一揆が多発した（鈴木一九九五）。

なかでも、盛岡藩の三閉伊通（野田通・宮古通・大槌通）の農民等一万六千余人が、大挙して釜石から越境して仙台藩に強訴した一八五三（嘉永六）年の一揆（三閉伊一揆）は、盛岡藩にとって大事件であった。大佛（一九六九）は「ペリー提督の黒船に人の注意が奪われている時期に、東北の一隅で、もしかすると黒船以上に大きな事件が起っていた」と事の重大さを述べている。また、「嘉永一揆の逃散という闘争形態の選択は、長い盛岡藩における百姓一揆の歴史の一つの到達点であった」（保坂二〇〇三）と、戦術面での評価が表明されている。それに加えて、この一揆が大規模でありながら実に統制がとれていた点など、一揆指導者らの指導力と悪政に抗する覚悟をみる思いである。これらが功を奏して、嘉永の一揆は、盛岡藩の悪政を正すという大きな成果をあげた。

明治時代初期の廃藩置県およびその後の複雑な岩手県域の確定過程（コラム（19頁）参照）の中で、上記の旧藩境は県境とはならず、岩手県域の真ん中に取り込まれることになった。

（2）　岩手県北部には「そば振る舞い」、岩手県南部（一関地域など）には「もち振る舞い」という対照的な食文化が根づいている。岩手県南部から宮城県にかけては稲作にとって気候的に好条件を備えているのに対して、岩手県北部の農業を特徴づけるのは「そば」や雑穀生産である。

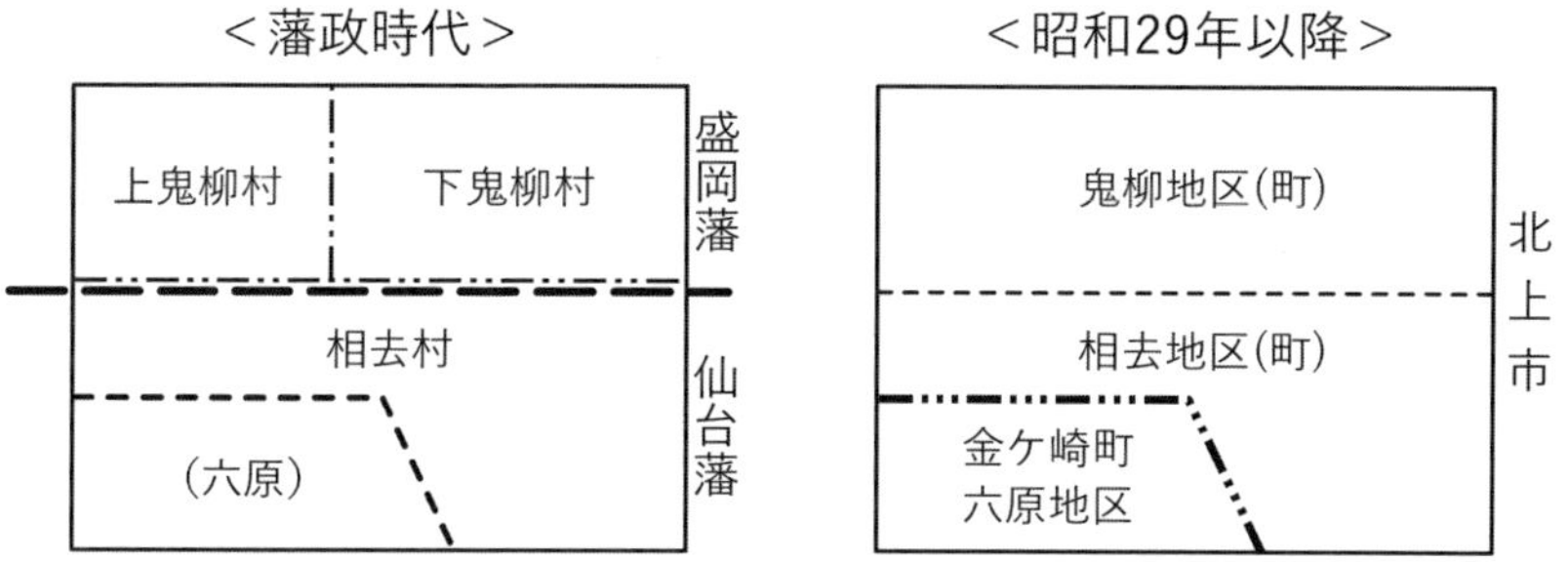

図1　旧藩境を越えて北上市に合併した相去地区（昭和29年以降）
出典：杉浦（1991）を一部改変

藩領という排他的な枠組が消失した後、旧藩境をはさんだ地域は一つに統合されたのであろうか。

盛岡・仙台両藩を分けた藩境の大部分は、現在、行政界として引き継がれている。例外として旧仙台藩領の相去地区は、一九五四（昭和二九）年に、旧藩境を越えて北側（旧盛岡藩領）の北上市に合併している[3]（図1）。合併前の段階でも、旧藩境を越えた統合の動き[4]が繰り返しみられたが、それに相反して分立を持続させようとする力も働き、そこでは藩政時代以来の旧村としての完結性が見逃せないという。すなわち、旧藩境を越えて北上市に統合した相去地区においては、北上市民としてのアイデンティティと、いわゆる《仙台衆》としての隠されたアイデンティティが重層していることが指摘されており、旧藩境地域の地域政策や地域組織の再編を行なう際には、この帰属意識の二重性を踏まえることが重要である（杉浦一九九一）。

（3）北上市相去と同様の例として、釜石市唐丹があげられる。

（4）旧藩境を越えた統合の動きとして、三ヶ村連合戸長役場の成立や統合学区の実現、コミュニティ活動の合同・協同の試み等があげられる。

2　中世史にみる岩手の南と北——平泉政権下で拓かれた「遠野」

岩手の中世史で、真っ先に登場させなければならないのが、奥州藤原氏初代の清衡による平泉開府であろう（一二世紀初め頃）。四代にわたって継承されたこの平泉政権は、「日本国の支配の枠組みからなかば自立した半独立政権といってよいものであり」（斉藤二〇一四）、その版図は陸奥・出羽両国（奥羽）のみならず、さらに北の「蝦夷（エゾ）の地」の管轄権も認められていたという。しかし、この平泉政権が一〇〇年続くことはなかった。一一八九（文治五）年の奥州合戦で源頼朝軍の進攻によって平泉は陥落し、奥州藤原氏が滅亡した。

この時代、平泉の北を東流する衣川は、陸奥国を南北に二分する政治上の境界であった。すなわち、衣川南側の磐井郡が陸奥国府所管の領域であったのに対して、衣川北側の「俘囚の地」に建てられた奥六郡（江刺・胆沢・和賀・稗貫・志波・岩手の六郡）は鎮守府（軍政官庁）所管の領域であった。この体制ができたのは九世紀初めごろである。すなわち当時の律令政府は、蝦夷（エミシ）と対峙するため、従来陸奥国府（多賀城）にあった鎮守府を、「俘囚の地」に築かれた城柵・胆沢城（現在の奥州市水沢）に移したのだった。こうして平安時代以降、陸奥国府と鎮守府がそれぞれ管轄する領域が、衣川を境に接することになったのである（図2）。

鎮守府所管の奥六郡の支配を確立した清衡が、本拠を江刺郡豊田館から政治上の境界「衣

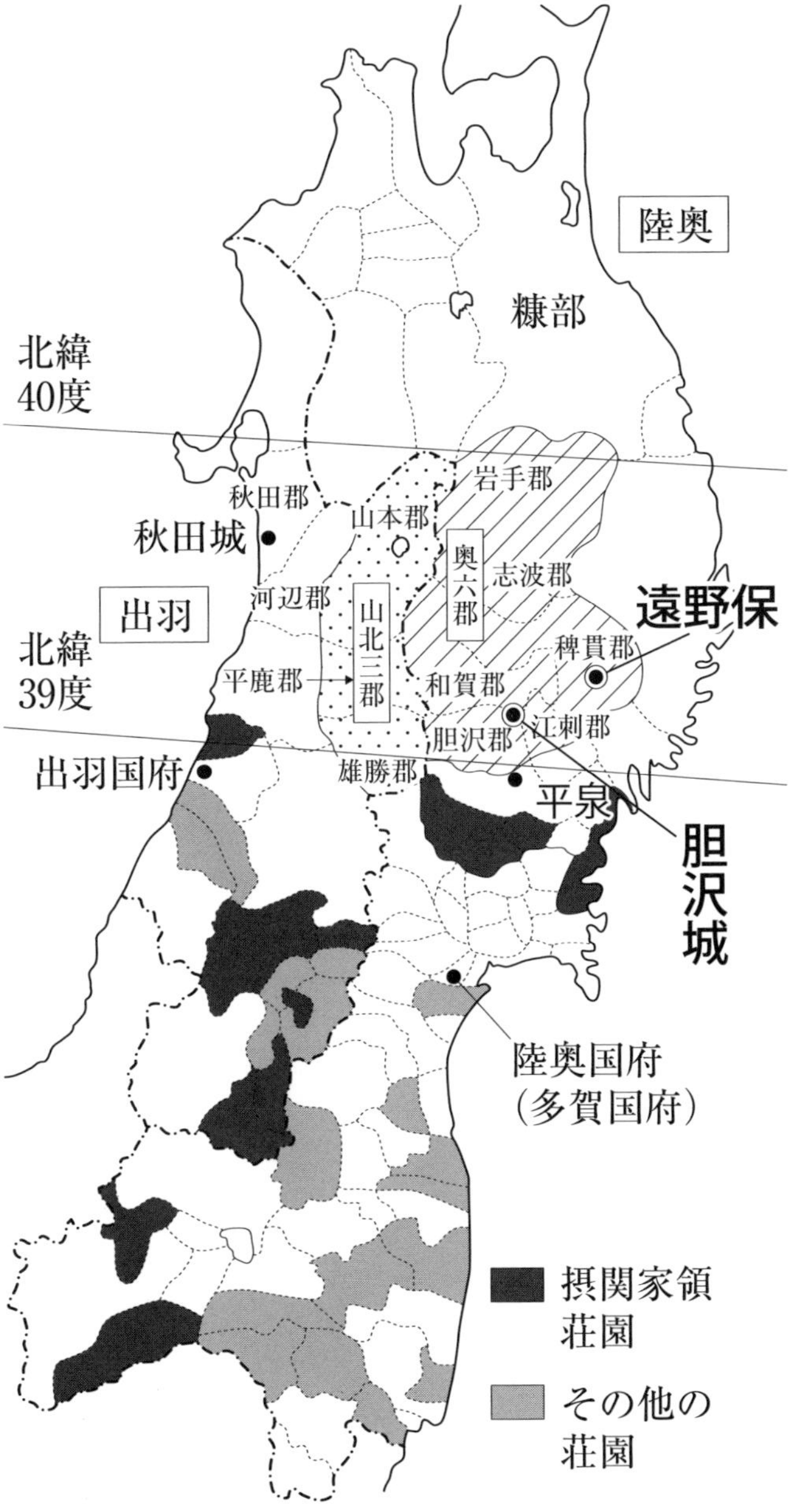

図2　古代末期の奥羽

出典：斉藤（2014）に加筆

川」を越えて南の平泉館に移したことは、陸奥国府所管の領域に踏み出したことを意味する。ここに清衡の威勢と奥羽の支配者となることへの強い意思がうかがえる。その威勢の背景には、奥州藤原氏が代々、陸奥・出羽国や奥六郡などの押領使や鎮守府将軍(三代秀衡)に任命され、治安維持のため軍事指揮権を公的に行使することが認められていたことがある。

こうして奥州藤原氏は版図を広げ、奥羽全体の支配者となっていった。このことは同時に、衣川に引かれていた政治上の境界線が消え去ったことを意味する。しかし統治上、奥羽が一体化したとはいえ、衣川以北の地域(北奥羽)の独自性が失われることはなく、衣川を挟む南と北で差異が認められる。たとえば、北奥羽には荘園が形成されなかった事実があげられる。「一一世紀以降、日本社会に広がった荘園寄進と寄進地系荘園形成の波が、北緯三九度＝奥六郡の南境をなす平泉(関山)・衣川ライン以北の北奥羽にはついにおよばなかった」(斉藤二〇一四)。

衣川以南の地域では、各地の領主たちが、私領を天皇家や摂関家に寄進して荘園とする時代の流れがあった。天皇家や摂関家の権威を借りて所領をめぐる紛争を解決し、所領の支配を確立しようとしたのである。これに対して、衣川・平泉以北の北奥羽で荘園が形成されなかったことは、「平泉以北の北奥社会が、中央の権門が『権威』とはならなかった地域、つまり、南の日本国社会の政治秩序がそのままでは通用しなかった地域であったことを、意味して」おり、「北奥羽で、中央の権門に代わって在地領主たちの結集と統合の核となったのが、他ならぬ『奥六郡の主』『俘囚の上頭』の奥州藤原氏であった」(斉藤二〇一四)。

荘園が形成されなかった北奥羽で、奥州藤原氏の関与が推定されているのが、平泉の近辺に集中している「保」の存在であり、平泉保、興田保、奥玉保、黄海保、そして遠野保がそれである（大石一九九〇）。保とは、「国衙領（公領）の一種で、国衙の在庁官人や在地領主、あるいは都の中・下級貴族が主体となって大規模開発を行ない、その開発地を中心とした領域を郡から分離・独立させて、独立の行政区（所領）としたもの」であり、「平泉保は、磐井郡から都市平泉の領域を独立させたもので、当然、保司は奥州藤原氏自身である」（斉藤二〇二二）。

遠野保については、近年、成立時の「中世の原風景」がよく残されていることが注目されている。たとえば、大規模水田開発のために開削された人工水路（カッパ淵で有名な蓮池《はせき》川）がそのまま残されており（写真2）、今も用水路として機能している。また、カッパ淵の南（現在の阿部屋敷の場所）には方形居館の跡が確認されており、周辺地域の水田開発を担った領主の拠点と考えられている。その場所からは、平泉の柳之御所で見つかっている一二世紀前半の「常滑窯三筋壺」も出土しており、このことをも考え合わせると、そこに遠野保の中心「遠野政庁」が置かれた可能性もあるという（斉藤二〇二二）。

写真2　カッパ淵のある蓮池川

奥州藤原氏の支配が強く及んだとみられる衣川以北（北奥羽）に拓かれた遠野保や、その北西にある平泉時代の第二の都市・比爪（羽柴二〇二二）など、平泉時代の「北奥羽」の実像は今後の研究でさらに明らかにされていくであろう。平泉と合わせて、平泉以北の史跡・遺跡を訪れてみてはいかがですか。

3　古代史にみる岩手の南と北——北緯四十度の一大分水嶺

「北緯四十度」線[5]は、岩手県を含む東北地方の古代史にしばしば登場する用語であるが、古代史においてどのような意味合いをもつのであろうか。

律令制に基づく中央集権国家を目指した古代国家は、未だ国家の直接支配の及んでいない北の辺境の在地住民を「蝦夷（エミシ）」と呼び、彼らを服属させながら支配領域を北に広げていった。その際に蝦夷支配の拠点として蝦夷の居住地域に設置されたのが、「城柵」という防御機能を備えた施設である。城柵では、城司として駐在する「介」以下の国司の下で、蝦夷に対して朝貢や俘軍という兵役、城柵造営の力役を課すとともに、蝦夷に対する饗宴と食料・禄物の支給（饗給）を行い、また、坂東・北陸などから移民を移住させ、それをもとに郡郷を編成し（鈴木二〇二三）、城柵周辺の地域を律令体制の中に組み込んでいったのである。

蝦夷居住地域への城柵設置状況からみて、大化改新後（七世紀代）の「蝦夷居住地の南限ライン」は、新潟付近—米沢盆地—阿武隈川河口付近と推定されている（熊谷二〇一六）。その後、この蝦夷居住地域は、古代国家の支配領域拡大に伴って北へ後退していく。特に八世紀後半以降、古代国家（桓武天皇）による蝦夷征討（征夷）は、胆沢城や志波城などの

（5）　岩手県北部の国道四号に沿う岩手町に「歓迎 岩手町北緯四十度線」の立派な表示板が設置されており、その近くには「北緯四十度公園へ」の案内版もある。岩手町から東の葛巻町には「北緯四十度ミルクとワインの町」という表示板があり、さらに東に向かうと普代村には「北緯四十度東端の村」の表示板がある。また、秋田県鹿角市に通じる国道二八二号沿いの八幡平市松尾には、「北緯四十度・東経一四一度　経緯度交会点標示塔」のモニュメントが設置されている。

城柵を築きながら、積極的に北の蝦夷居住地域へ攻め上っていった。八〇五年に、国家内の諸事情を踏まえて、桓武天皇がこの軍事行動の停止を決断したが、この段階で古代国家の支配領域の北限は「北緯四十度線」辺りに達した（図2参照）。この状況は一一世紀後半まで継続するので（片岡二〇二三）、古代国家の北の国境は二〇〇年超の間、北緯四十度線辺りに留まったことになる。

北緯四十度線は、地勢的には安比高原・七時雨山（標高一〇六三メートル）から丘陵地帯の奥中山・中山へと東西方向に連なる帯状の山稜部を意味する。この山稜部は、南の北上川流域と北の馬淵川流域を分ける一大分水嶺をなしている。奥中山・中山一帯はなだらかな丘陵地形を呈するが、この丘陵越えが中世の道路交通においても大きな障壁となったことは、当時の幹線官道「奥大道」[6]がこの丘陵越えを避けて、安比高原を越えるルートをとっていることからうかがわれる。なお、奥中山に近い十三本木峠は、現在の国道四号における最高地点（標高四五八メートル）となっている。

谷筋を通って十三本木峠を越える国道四号は明治時代に入ってから整備されたが、それ以前の幹線道路（奥州街道）[7]は、その谷筋より東側の起伏の小さな丘陵部（中山地区）を通る。この丘陵越えルートの登り口は、南側が岩手町御堂、北側が一戸町小繋であり、その間の距離は約一〇キロメートルである。すなわち、丘陵越えのルートの勾配を当時の通行に支障がない程度に減じるには、一〇キロメートルという距離が必要だったのである。

一戸町域には、この古道（奥州街道）に沿う七ヶ所に一里塚が築かれ、そのうち五ヶ所の一里塚が残されている。これらは日本の交通史において重要な遺構であるとされ、保存状態のよい四ヶ所の一里塚と同街道の未舗装区間（延べ約九キロメートル）が国史跡に指定

（6）　中世の幹線官道「奥大道」は、現在の東北自動車道とほぼ同じルートであったと考えられている。

（7）　旅行会社が企画する「歴史街道を歩く　奥州街道」が、二〇二四年も実施されている。

写真3　奥中山付近を三重連で走るD51（1964年）
出典：大木茂 WebSite「モノクロームの残照」より

されている。[8]

一八九一（明治二四）年に開通した東北本線（上野―青森間：当時は私鉄の日本線）においても十三本木峠（奥中山）越えは難所であり、峠をはさむ一戸駅～沼宮内駅間を遅滞なく運行するには、補助のD五一形蒸気機関車を最前部に一両または二両連結した重連、あるいは三重連が必要であった（写真3）。そのため補助機関車の付け替え等を行うために転車台や車庫を備えた「一戸機関区」が設置された（昭和二二年）。最盛期には、一三両のD五一が配備され二〇〇人ほどの職員がいたという（岩手県編二〇一二）。一戸機関区は、峠の反対側の沼宮内に設置された機関区支区と合わせて鉄道輸送に大きな役割を果たし、一戸は《鉄道の町》として発展した。一戸町内の萬代舘は、昭和三〇年代に建てられた県内唯一の現役映画館として、当時の賑わいを今に伝えている。

この鉄道の町に大きな変革をもたらしたのは、一九六八（昭和四三）年一〇月の東北本線複線電化であった。これにより奥中山越えで活躍したD五一などの蒸気機関車が姿を消すとともに、その運行を支えた一戸機関区も廃止され、多くの職員が町を去った。一九六八年の一戸町人口は約二万五〇〇〇人だったが、一戸機関区廃止後の一九七〇年には二〇〇〇人も減少し、約二万三〇〇〇人になった。[9]

（8）一戸町教育委員会編パンフレット『国指定史跡 奥州街道』、二〇〇九年

（9）岩手県調査統計課提供の資料「人口動態昭和三〇～三五年」に基づく。

二〇〇二(平成一四)年に開業した東北新幹線(盛岡―八戸間)[10]では、かつての難所であった中山地区を地下トンネルで抜けるルートとなり、北緯四十度に位置する一大分水嶺は、次第に意識されることが少なくなった。

おわりに

本章では、「岩手」を南北に分ける境界、三例を見い出すことができた。このことは、各時代で「岩手」が南・北二つの歴史を包含していることを意味する。古代史で言えば、南の古代国家側と北の蝦夷(エミシ)側のそれぞれの歴史がまさに接する舞台、それが岩手県域なのである。

岩手県域がそのような舞台となった一因に、その地理的位置が関わっていることは間違いない。すなわち、岩手県北部を含む北奥地域は、古代の中央(畿内)からみれば最僻遠の地であり、古代国家の支配が依然として及ばない蝦夷社会が維持されていた。一〇七〇(延久二)年、この北奥地域も陸奥国府多賀城・鎮守府胆沢城の軍による蝦夷征討の結果、中央政府の管轄下に組み入れられた。この合戦で最後の征討対象となったのは最北端の蝦夷集団ではなく、意外にも「閉伊七村山徒」(宮古一帯の三陸海岸部に点在する七つの村落の集団)であった。実は「征討を目指す軍勢は、北上山地を横断する最短距離(難路)を選ぶことがかなわず、糠部に北上して(北上山地の北縁を迂回し)、そこから海岸沿いに南下するという久慈経由の迂回路を進むことを余儀なくされた」(入間田一九九七)。言い換えれば、

(10) 東北新幹線(盛岡―八戸間)の開業に伴って経営分離された並行在来線のうち岩手県内の区間をIGRいわて銀河鉄道が継承。「奥中山駅」を「奥中山高原駅」に改称。この駅舎の中に、「特急貨物《北たから》奥中山を登る」と題する写真が展示されている。撮影日は昭和四二年一二月で、複線電化の約一年前。コンテナ特急貨物列車を牽引するディーゼル機関車(DD五一)重連と後部補機として後押しするD五一が写真に映し出されており、鉄道の歴史を伝えている。

古代の中央（畿内）からみて、本州で最も遠かったのは「閉伊」地域だったのである。

岩手県域という舞台には、独特の装置がもう一つ備えられていることも見逃せない。それは、気候条件の差異を反映して岩手県域が、南の常緑広葉樹林と北の落葉広葉樹林という二つの平地植生帯の移行帯（中間温帯林）に当たっていることである。岩手県南部の中間温帯林はモミが優占し、この地域のモミ林が北限となっている（菊池一九九七a）。モミ林の北側にはブナ林が広がるが、林床の植物相などによって日本海型と太平洋型の二つのブナ林に分けられる（図3）。両者の境界は、内陸部の一関付近から遠野を経て海岸部の宮古付近に至っており、岩手県域を斜めに横断する（菊池一九九七b）。つまり、この境界線の北側に当たる東北北部は、太平洋型ではなく日本海型のブナ林の分布域なのである。なお、この境界線は最大積雪深五〇センチメートルの等値線におよそ一致する。

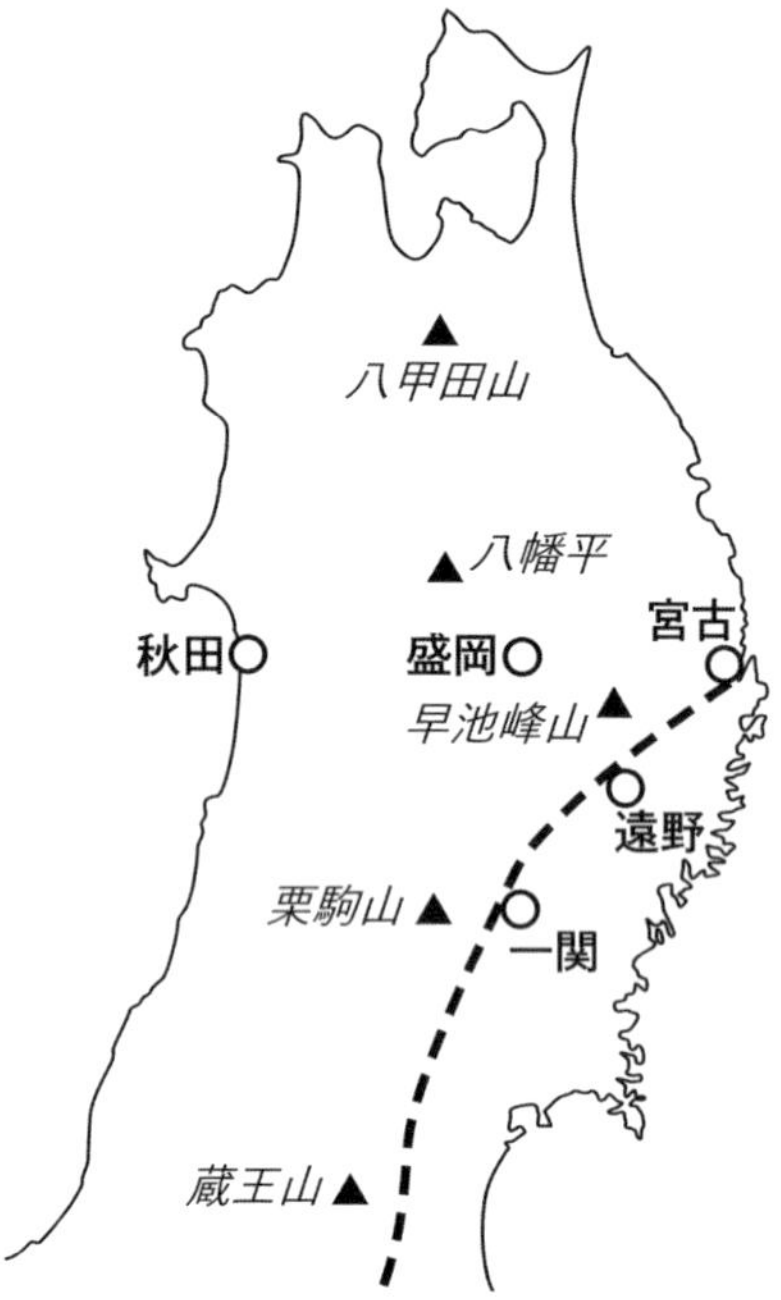

図3　日本海型ブナ林と太平洋型ブナ林の境界（図中の破線）
出典：菊池（1997b）を一部改変

このように、岩手県域は、現在の平地植生帯からみても決して一様ではなく、県域内に植生帯の境界が複数形成されている。動・植物資源の利用に基礎をおく縄文時代などでは、この植生帯の境界が、当時の生活様式（文化）に差異をもたらす大きな要因になったであろうことは十分に考えられる。事実、縄文時代前期・中期に、津軽海峡を挟んで東北地方北部と北海道南部の地域に共通した「円筒土器文化圏」が形成されたが、その南の「大木式土器文化圏」との境界（両文化の接触地域）が、秋田—田沢湖—盛岡—宮古を結んだゾーンに現れており、「岩手」を南北に分けている（冨樫一九八七）。

以上のように、「岩手」を南北に分ける境界が、歴史上しばしば現れた事実を通して、「岩手」という舞台に関わる独特の地勢的・気候的特性が新たに浮かび上がってきた。

〔参考文献〕
入間田宣夫「延久二年北奥合戦と諸郡の建置」『東北アジア研究』一号、一九九七年
岩手県編『岩手のてっぺんふしぎ発見』一・二巻合本版、二〇一二年
大石直正「陸奥国の荘園と公領—鳥瞰的考察—」『東北学院大学東北文化研究所紀要』二二号、一九九〇年
片岡耕平「奥羽と夷狄島」東北大学日本史研究室編『東北史講義　古代・中世篇』筑摩書房、二〇二三年
兼平賢治「近世の幕開けと諸藩の成立」東北大学日本史研究室編『東北史講義　近世・近現代篇』筑摩書房、二〇二三年
菊池多賀夫「北限のモミ」小島圭二・田村俊和・菊池多賀夫・境田清隆編『日本の自然　地域編二　東北』岩波書店、一九九七年a
菊池多賀夫「多雪山地の森　飯豊・朝日・月山・白神」小島圭二・田村俊和・菊池多賀夫・境田清隆編『日本の自然　地域編二　東北』岩波書店、一九九七年b
北上市立博物館編『南部と伊達の境争い』一九九〇年
熊谷公男「古代国家北縁の二つの境界—栗原市入の沢遺跡の発見によせて—」『日中韓周縁域の宗教文化』二号、二〇一六年

熊谷公男「本書への招待」吉村武彦・川尻秋生・松木武彦編『陸奥と渡島』KADOKAWA、二〇二二年a
熊谷公男「古代東北の歴史環境―南北文化の境界線を中心に―」吉村武彦・川尻秋生・松木武彦編『陸奥と渡島』KADOKAWA、二〇二二年b
斉藤利男『平泉　北方王国の夢』講談社、二〇一四年
斉藤利男「平泉時代の遠野―遠野保の発見―」岩手県立平泉世界遺産ガイダンスセンター令和四年度企画展関連講座（第二回）講演資料、二〇二二年
杉浦直「旧藩境地域における空間組織と領域性―北上市鬼柳・相去地区の調査から―」『人文地理』四三巻五号、一九九一年
鈴木拓也「北と南の辺境史」東北大学日本史研究室編『東北史講義　古代・中世篇』筑摩書房、二〇二三年
鈴木宏「盛岡藩・仙台藩の百姓一揆」細井計編『図説　岩手県の歴史』河出書房新社、一九九五年
大佛次郎『天皇の世紀　一巻　黒船』朝日新聞社、一九六九年
冨樫泰時「縄文時代の生活と文化」田口勝一郎編『図説　秋田県の歴史』河出書房新社、一九八七年
羽柴直人『もう一つの平泉　奥州藤原氏第二の都市・比爪』吉川弘文館、二〇二二年
保坂智「三閉伊一揆と田野畑村―百姓一揆史上における三閉伊一揆の意義―」『第七回全国義民サミットin田野畑　資料集』二〇〇三年
大木茂Web site「モノクロームの残照」http://ohkiphoto.jp/3rdLevel/Okunakayama.html

column

“大きすぎる”岩手県の誕生

豊島正幸

岩手県の面積は、北海道を除く都府県の中で一番広い。一番という言葉に引かれて誇らしい気分にもなるが、単純に喜べない事情もある。

確かに岩手県は、面積が四国四県（高知・愛媛・徳島・香川）や東京都市圏（千葉・埼玉・神奈川・東京）にほぼ匹敵するが、人口は四国四県の三分の一、東京都市圏の三〇分の一に過ぎない（市町村要覧編集委員会二〇二二）。その結果、岩手県の人口密度は極めて低い値を示す。この状況は、山がちな地勢と慢性的な医師不足も相まって医療過疎という深刻な問題を引き起こしている。たとえば、無医地区（おおむね半径四キロメートルの区域内に五〇人以上が居住している地区であって、かつ容易に医療機関を利用することができない地区）に住む人口（二〇二二年一〇月末）は、岩手県が全国で最多である（厚生労働省「無医地区等調査（令和四年度）」）。さらに、明治時代初期に岩手県域が確定する過程をたどると、以下に述べる通り、明治新政府による県境画定における非条理さが見えてくる。

幕末の奥羽地域には、現在の岩手県域の北部に盛岡藩・八戸藩が、南部に仙台藩・一関藩が成立していた（図1）。この状況は、戊辰戦争（東北戦争）を経て大きく変化する。明治新政府は、一八六九年一月（明治元年一二月）、戊辰戦争でいわゆる「朝敵」藩とされた仙台藩や盛岡藩など、奥羽の十八藩に領知没収や削封、藩主交代などの処分を科すとともに、国家支配上の行政区画（国郡制）の枠組みである陸奥国と出羽国に対して、前者を磐城・岩代・陸前・陸中・陸奥の五国に、後者を羽前・羽後の二国に分割した（栗原二〇二三）（図2）。この「奥羽両国の七ヶ国分割」は、「藩領の分断」と対応するものであり（米地二〇〇五）、後述するように、「藩領の

図1　幕末の盛岡藩（含八戸藩）と仙台藩（含一関藩）の領域
日本海側の表記は省略。児玉編（2022）を一部改変。

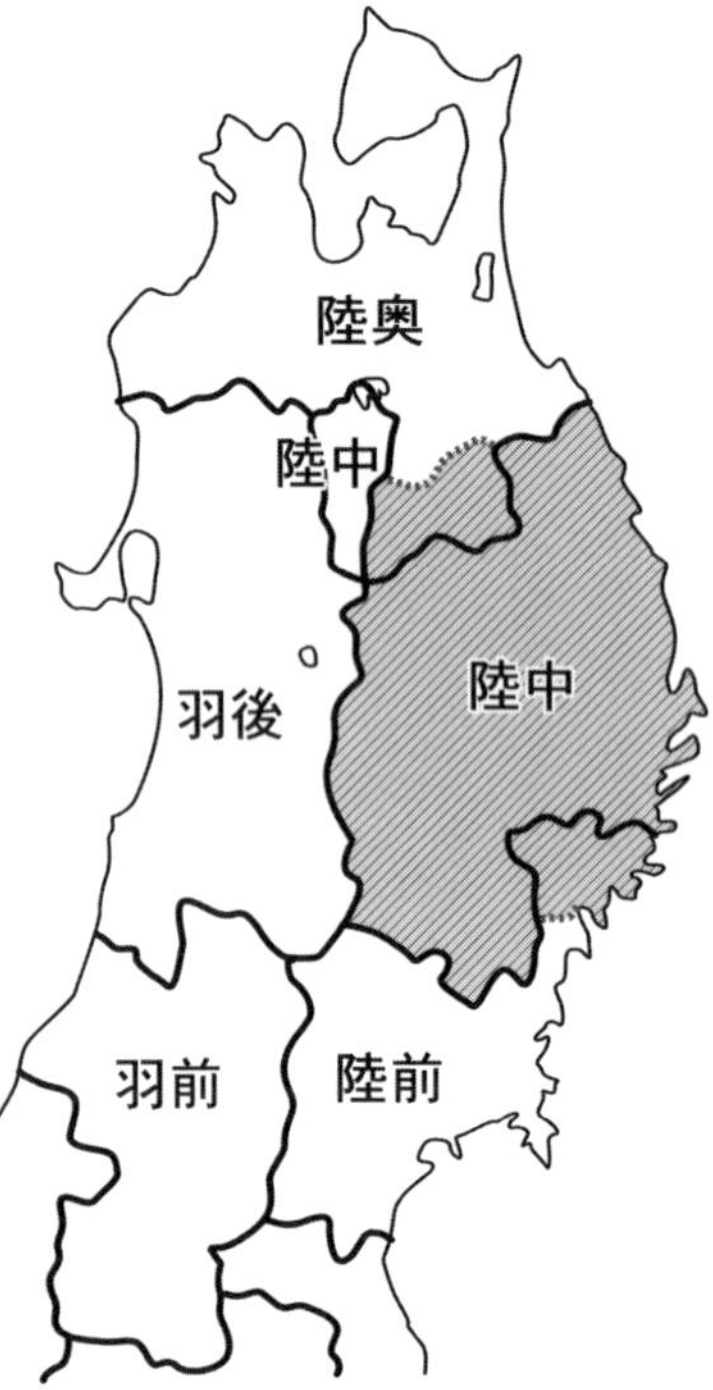

図2　明治初期の奥羽両国七ヶ国分割
着色部は、現在の岩手県域。磐城・岩代・越後の表記は省略。児玉編（2022）を一部改変。

分断」の際にその線引きに根拠を与えるものだった。

現在の岩手県域に関して具体的に言えば、白石へ領地替えとなった盛岡藩の所領は没収され新政府の直轄地となったが、それが陸奥国と陸中国の二つに分断された。そして、陸奥国の範囲はほぼ弘前藩取締地域、陸中国の範囲はほぼ松代藩および松本藩の取締地域などとなった。仙台藩領については、陸中、陸前、磐城の三国に分割され、そのうちの陸前国にほぼ対応するかたちで仙台藩が残され、仙台藩北部の水沢や一関などは陸中国に、南部の白石は磐城国にそれぞれ属することになった。すなわち、現岩手県域に関わる陸奥国の五分割は、盛岡藩領地域および仙台藩領地域の分断を意図したものだったといえる。新政府によるこの不自然な線引きは、現在の岩手県境の一部にその名残りをとどめることになる。

明治初年の段階では、従来通り大名が統治する「藩」が存続していた。このほかに、旧幕府直轄領と旗本らの領地、および戊辰戦争で敵対した「朝敵」藩から没収した領地を新たに統治するため、主要都市に「府」が、それ以外に「県」が設置された。地方統治制度は、「府・藩・県」の三治制であった。

中央集権国家の建設を目指す明治新政府は、第一段階として、一八六九（明治二）年、各藩主の領地（版）と人民（籍）を天皇へ返還させ（版籍奉還）、各藩主を改めて藩知事に任じた。藩知事は従来の封建領主ではなく、政府が任じる一地方行政官として、各藩を政府直轄地と同様に統治することが求められた。

減封のうえ白石に領地替えとなっていた盛岡藩主南部利恭《としゆき》も白石藩知事に任じられた。しかし旧領復帰の嘆願運動が起こり、南部家は、領地替えの約半年後に七十万両の献金を条件に盛岡復帰が許され（十三万石）、南部利恭が盛岡藩知事に任命された。

南部家盛岡復帰後の一八六九（明治二）年八月時点で、現岩手県域は、盛岡・一関・八戸の三「藩」と、新政府直轄地である江刺・胆沢・九戸の三「県」が占めていた。なお、九戸県はのちに八戸県と三戸県に改称後、斗南藩と江刺県に分割された。

盛岡復帰を果たした盛岡藩は財政難のため藩を維持することが困難となり、盛岡藩知事の南部利恭は、一八七〇（明治三）年、全国に先駆けて廃藩を申し出て藩知事を辞任し、盛岡藩は盛岡県となった。明治新政府が「廃藩置県」を全国的に実施したのは、翌一八七一（明治四）年のことである。

当初の廃藩置県は、藩をそのまま県に置き換えたものであったため、県の規模が大小さまざまであり、飛び地も多く複雑な状況を呈した。そこで新政府は、同年一一月までに府県の整理統合を行なった。この廃藩置県により、特定の領主が領地を支配する従来の土地支配制度は根本的に改革され、中央集権国家への新たな基盤が築かれた（岩手県立図書館二〇一六）。

図3　1871年11月時点の県域分布
1871年11月時点の各県域とその県庁所在地を表記。児玉編（2022）を一部改変。

廃藩置県およびその後の府県統合の結果、現在の岩手県域は、中央部を中心に盛岡県、南部に一関県（のちに水沢県、磐井県と改称）、そして北部の一部が青森県に区分けされることになった（図3）。一八七二（明治五）年には、盛岡県が岩手県と改称され、初めて「岩手県」の名が登場することになった。

さらに、一八七六（明治九）年四月、磐井県は分割されて、陸前国部分が宮城県に、陸中国部分が岩手県にそれぞれ編入された（磐井県廃止）。同年五月には、宮城県の気仙郡と青森県の二戸郡が岩手県に編入されて、現在の岩手県の範囲が確定した。

ここで見逃せない点は、磐井県の非条理な分割である。磐井県はその大部分が仙台藩地域に属し、歴史的にも文化的にも、また面積上のバランスからいっても、当然、分割せずに宮城県に合わせるべきものであった（米地二〇〇五）。

このような非条理さを含んで画定された現在の岩手県であるが、一〇〇年以上の月日が流れ、岩手県民としての《アイデンティティ》と呼ぶべきものは醸成されてきたと感じる。それを実感するのは、甲子園における高校球児をはじめ、スポーツに限らない様々なジャンルで活躍する岩手県民の活躍に接した時である。理屈ぬきで岩手県民を応援する自分がいる。

〔参考文献〕
岩手県立図書館『企画展「岩手県の誕生」展示資料目録・解説』二〇一六年
栗原伸一郎「幕末の諸藩と戊辰戦争」東北大学日本史研究室編『東北史講義　近世・近現代篇』筑摩書房、二〇二三年
厚生労働省「無医地区等調査（令和四年度）結果の概要」https://www.mhlw.go.jp/toukei/list/76-16b/dl/r05-01.pdf
児玉幸多編『標準日本史地図　新修版』吉川弘文館、二〇二二年
市町村要覧編集委員会編『全国市町村要覧　令和四年版』第一法規、二〇二二年
米地文夫「明治前期における東北各県域の変遷―『朝敵藩』地域への懲罰的意図はあったか―」『総合政策』六巻、二〇〇五年

岩手の季節の移ろい

佐野嘉彦

はじめに

凍りつく青い空、輝く白銀の雄大な山。冬の岩手の印象的な風景に感じられる、張りつめたような厳しい美しさ。やがて、雪解け水があふれる川のおもてを桜が…、そして新緑が次々とあやなす待望の春。一瞬の花火のように過ぎ去る短い夏。彩り鮮やかな秋もたけなわの頃となると、そろそろと、またあのあまりにも長い冬の気配が近づいてくる。

このような厳しくも美しい岩手の風土が、辛抱強さ、粘り強さ、寡黙でまじめといった岩手の県民性を育んできたと考えられている。

この章では、岩手の四季の移ろいを気候学の目を通して紹介できればと思う。

1　岩手は北国、岩手は雪国？

「雪がすっかり凍って大理石よりも堅くなり、空も冷たい滑らかな青い石の板で出来ているらしいのです。『堅雪かんこ、しみ雪しんこ。』」

宮沢賢治の童話「雪渡り」（大正一〇年）の冒頭である。この作品は宮沢賢治のデビュー作とされており、彼が生涯で原稿料を手にした唯一の作品と言われている。さて、この冒頭からも、そして、一般的にも東北地方のイメージは北国、雪国と感じる方が多いだろう。

「北国」については、歴史的な認識からもいくつかの定義は可能であり、現在では、日本の北部、北海道と東北地方とされるのが一般的である。一方、「雪国」の定義はない。「雪国」と言われれば、誰しも川端康成の作品が頭に浮かぶだろう。川端の「雪国」の舞台は越後湯沢の温泉町がモデルであり、冒頭の「国境の長いトンネルを抜けると雪国であった。」はあまりにも有名である。この部分の英訳は、列車がトンネルを抜け、雪国に入っていくという表現が取られているが、雪が降り積もっていく地域、雪深い空間へ誘《いざな》われていくことを見事に表現していると言える。[1]

わが国には「豪雪地帯」という言葉があり、この豪雪地帯がほぼ「雪国」と同じと認識されている。では「豪雪」の定義があるのだろうか。気象庁は大雨、大雪などに対して定義をしているが、豪雨、豪雪に対する定義はなく、著しい災害が発生した顕著な現象が起きた場合、その災害が発生した地域名や年号などとともに、気象庁が命名するものである

（1）川端康成の「雪国」（昭和一〇～一二年、完結版昭和二三年刊行）の英訳には、日本文化研究者であるエドワード・G・サイデンステッカーのものが有名であり、この見事な英訳が広く世界に川端の文学を知らしめ、ノーベル賞受賞に至ったとも言える。冒頭部分の英訳は"The train came out of the long tunnel into the snow country."となっている。原作にある国境という単語は見当たらないが、川端の用いた国境と、英語で用いられる"border"や"boundary"とはニュアンスが違うことはよく議論されるところである。

となっている。すると、豪雪地帯とはどういうものなのか、定義はどうなっているのか、となならないだろうか。

実は豪雪地帯の定義は気象庁ではなく国土交通省が行っている。気象現象なのに不思議に感じる方がおられるかもしれないが、よくよく考えてみれば、極端な現象による被害が表れやすいのは、河川、都市、山岳など国土交通省の管轄のものばかりであり、そこで定義がなされることは自然な流れともいえる[(2)]。

図1は日本の豪雪地帯・特別豪雪地帯の指定地域を示すものであり、図2は岩手県の豪雪地帯と特別豪雪地帯である。北東北三県は言うまでもなく豪雪地帯であり、岩手も雪国

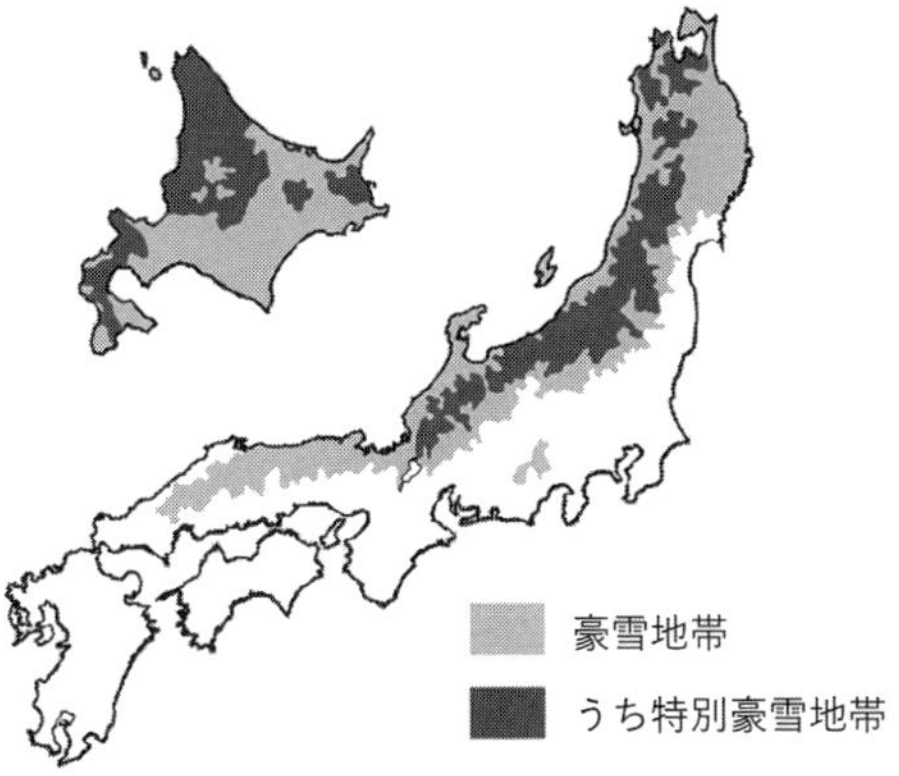

図1　豪雪地帯・特別豪雪地帯の指定地域
政府広報オンライン「全国の豪雪地帯の分布」の図を改変。

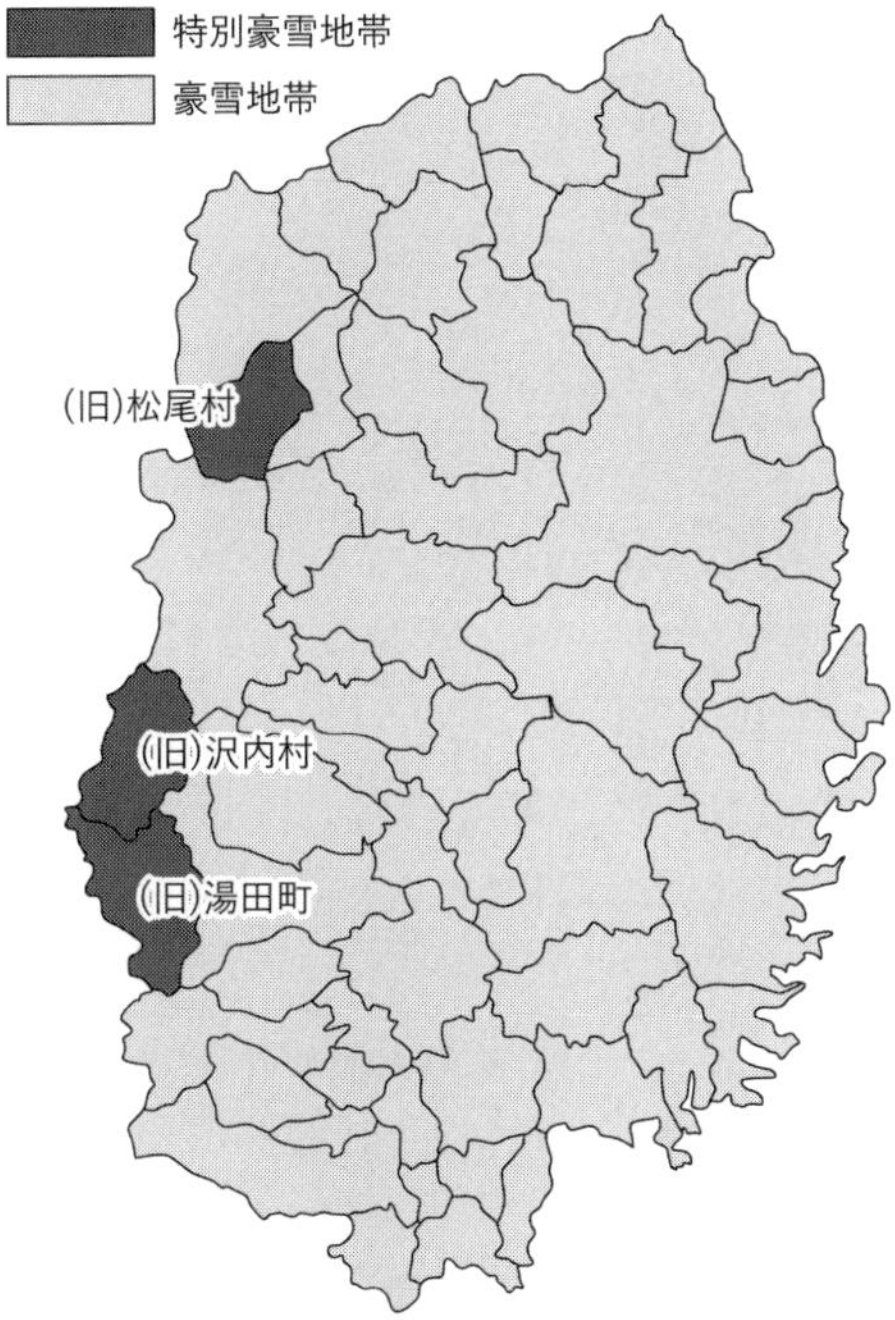

図2　岩手県の豪雪地帯・特別豪雪地帯の指定自治体

（2）国土交通省における豪雪地帯の定義、つまり「豪雪」については、豪雪地帯対策特別措置法（昭和三十七年法律第七十三号）第二条第一項の規定に基づいた政令において制定されている。そこには、国土交通省令・総務省令・農林水産省令で定める期間における累年平均積雪積算値が五千センチメートル日以上の地域（以下「豪雪地域」という。）の存する道府県又は市町村で次の各号のいずれかに該当するものの区域について行うものとする。

であるといえる。

　しかし、ここで特別豪雪地帯の指定地域を見ると岩手は非常に少ないことがわかる。つまり、日本海側のような降雪が多く、積雪も非常に多い、というイメージは岩手にはあまりないことになる。

「雪渡り」の冒頭も、積もった雪が低温によって固まったものであることが表現されているのであり、雪が降り積もっているというものではない。堅雪は圧雪状態で硬くなった雪、しみゆきは凍《し》み雪、コオリ雪のことと思われ、凍結した雪のことであり、双方とも凍った雪のことを指すと思われる。昭和一九年（一九四四年）刊の太宰治の作品「津軽」のなかに青森の津軽では七つの雪が降るとする記述が見られるが、その七つの雪の中にもある、堅雪、凍り雪がこの「雪渡り」のものと同じものと考えることができる。(3)

　宮沢賢治は自然科学者の目で岩手の雪の様子を正しく、そして文筆家として抒情的に表現したといえる。大理石、青い石の板の表現は地学の好きな「石っこ賢さん」らしい表現でもある。冷えて固まった積もった雪の上を歩くという岩手の冬らしい状況が見え、岩手は非常に寒い地域であり、降った雪は凍り付く世界なのだ、と言えるのである。川端の「雪国」でも、太宰の「津軽」でもない雪の空間があるのである。

　ここで、少し見方を変えてみよう。先ほどの豪雪地帯の中の特別豪雪地帯が岩手県にも一部存在することは図2からもわかるのだがどういうところなのだろう。

日本海側の山形県や秋田県、青森県が雪国であるのに対し、岩手県、宮城県、福島県の一部を除く地域は太平洋側のため雪は少ないのが一般的な状況である。非常に寒冷で乾燥したシベリアの高気圧からの北西季節風が、温かい日本海で変質を受け、非常に湿った風

一　その区域の三分の二以上が豪雪地域である道府県又は市町村
二　その区域の二分の一以上が豪雪地域であり、かつ、当該道府県の道府県庁が所在する市の区域の全部又は一部が豪雪地域である道府県
三　当該市町村の市役所若しくは町村役場又は当該市町村の区域内に存する施設で国土交通省令・総務省令・農林水産省令で定めるものが豪雪地域内にある市町村
四　その区域の二分の一以上が豪雪地域であり、かつ、当該市町村の境界線の延長の三分の二以上が前三号のいずれかに該当する道府県又は市町村に接している市町村

（3）津軽の七つの雪については気象庁でも議論され、昭和一八年に中央気象台観測改定委員会においてまとめられている。測候時報一五巻三号、一九四四年に掲載。カワキユキ（乾雪）、シメリユキ（湿雪）、カタユキ（堅雪）：上層の圧力あるいは風圧などによりカワキ雪等が圧迫されて硬くなった積雪、シメリカタユキ（湿硬雪）、ザラメユキ（粒雪）、カワキザラメユキ（乾粒雪）、コオリユキ（凍雪）：シメリ雪、シメリカタ雪及びザラメ雪の凍結したもの、ヒョウバ

となり、これが脊梁山脈（東北地方では奥羽山脈）で上昇し降雪をもたらす。脊梁山脈を越えると乾いた風となり、太平洋側には冬の乾燥をもたらすのが一般的である。ところが、雪の少ない太平洋側の岩手県に特別豪雪地帯が存在する。花巻より少し南西に位置する湯田・沢内地区である。太平洋側とは思えないほどの積雪量がある。この地区の積雪量が多いことは、東側に隣接する北上付近の積雪量がやや多いことにも関連する。冬に東北新幹線で仙台から北へ向かう際に、盛岡までの車窓をみていると、宮城県内ではほとんど雪がみられない時でも、岩手県に入り一関から雪景色がはじまり、積雪量が北上あたりまで少しずつ増えていくことがわかる。そして、花巻を過ぎると盛岡まで少しずつ積雪量が減ってきていることにも気づかされる。実際に北上盆地で積雪調査を行ったことがあるが、図3のような結果となった。北上付近で積雪量が多いことが示されている。

北上の西にあるのが湯田・沢内地区であり、冬季は二メートル以上の積雪になることも珍しくはない。なぜ、ここで雪が多くなるのか。湯田から脊梁山脈を越えていくと秋田県の横手へと至る。横手はかまくらなどが作られ、そこで子供たちがもちなどを焼く、雪まつりがあるほどの積雪量を誇る地域である。しかし、横手と湯田の間には脊梁山脈があるので、本来であれば、湯田では雪は少なくなるはずである。なぜこうならないのか。どう見ても湯田は日本海側の気候のように見えるのである。そこで、岩手県の脊梁山脈の縦断面図を描いてみた（図4）。

湯田と横手の間の峠は、脊梁山脈中岩手県内でもっとも低い分水界（三〇〇メートル以下）があることがわかる。つまりは、日本海側の影響が湯田の方に及んでいると考えても不思議ではないのである。[4]湯田地区は非常に多い雪が存在するため、利雪の試みもなされてい

ン（氷板）の八種類の雪が決められた。ここではカタユキとコオリユキのみに説明を付した。

（4）これと同様な条件の場所は日本各所にあるが、関ヶ原などが有名な例である。また、岩手県におけるもう一つの特別豪雪地帯の八幡平市旧松尾村も同様な条件にある。

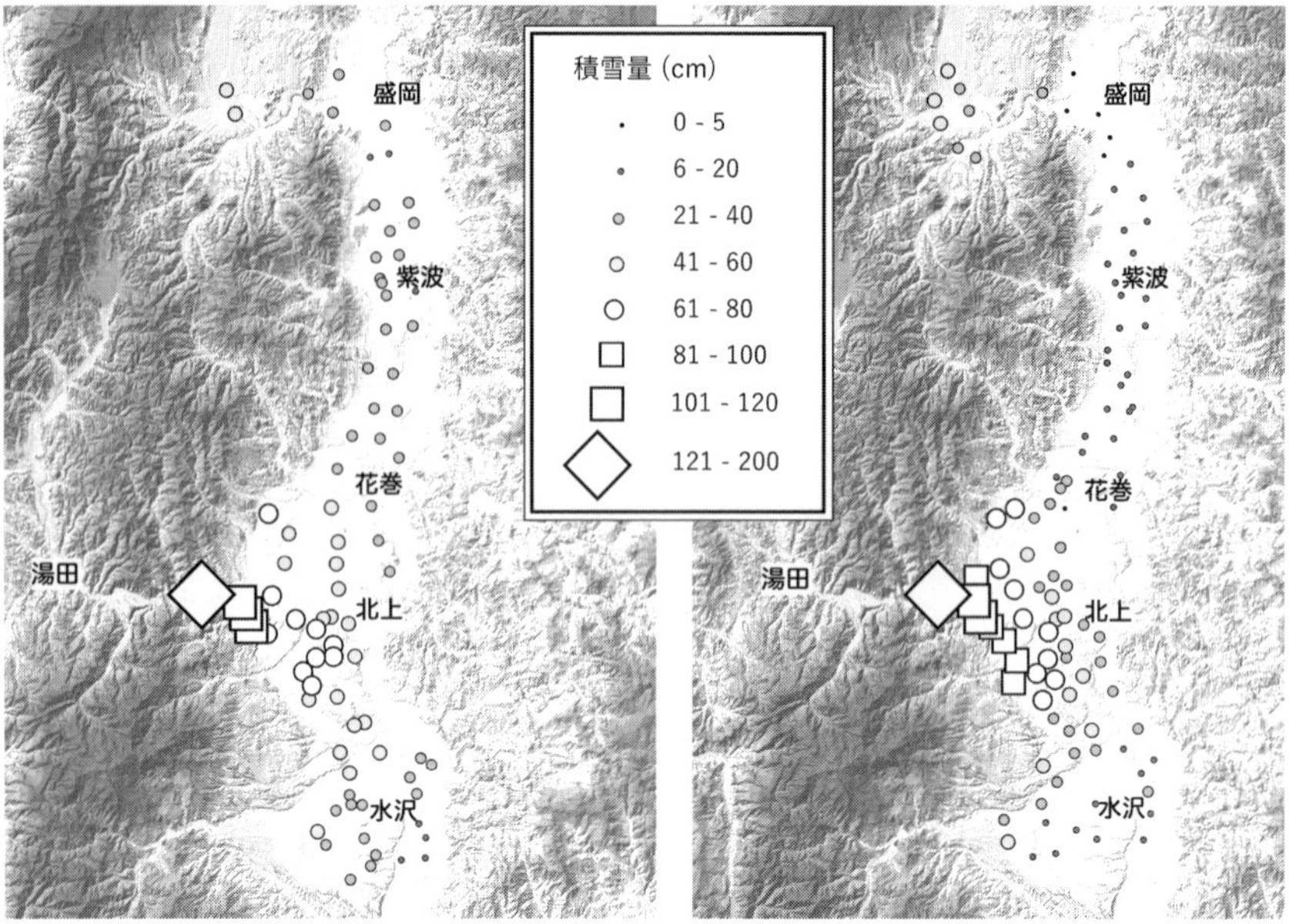

図3　北上盆地における積雪分布（吉木岳哉作図）

左：2024年1月13日　　右：2014年2月1日

吉木ゼミ・佐野ゼミの教員・学生による車3台での調査結果。樹木、建物、斜面から離れた水平な土地（多くは農地）の積雪深を3回測定し、その平均値を積雪量と見なした。北上西方の積雪量の値については、山に近い影響も考える必要がある。図の背景に［地理院地図］を使用。

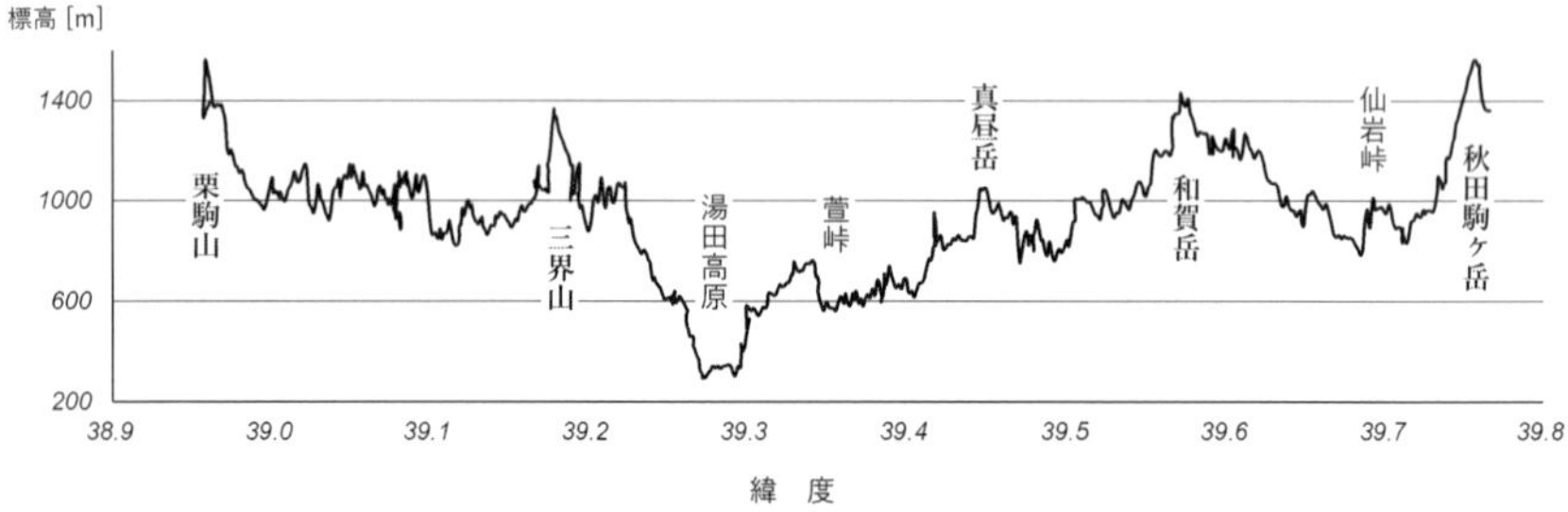

図4　奥羽山脈分水界の南北断面（吉木岳哉作図）

［地理院地図］の断面図ツールにより作成。奥羽山脈はほぼ南北走向なので、分水界を経線に投影した。

る。雪室に雪を蓄え、その低温を活かし花卉類の抑制栽培なども一部で行っている。春先に雪室の低温高湿度で保存されたそばを食する雪室そば祭りなども開催される。真夏に雪遊びをすることができる志賀来雪氷まつりも湯田・沢内地区の冬季の多量の雪を保存して行われるものである。すべて、冬場には暮らしの妨げになるであろう多量の雪を利用するものである。

この湯田・沢内地区の南に錦秋湖という人工湖がある。このダムサイトでは時として風速三〇メートルを超える暴風が吹く。前に湯田と横手の間には脊梁山脈中最も低い分水界があると述べたが、この低くなった場所、いわゆる地峡部分を吹き越えてくる風があり、雪をもたらすだけではなく、しばしば暴風をもたらすことがある。このように地峡を吹き抜ける風のことを地峡風というが、湯田ダムサイトでは地峡風体験が企画されており、冬季の北西季節風が湯田付近の地峡を越えてくることを体感できる。そして地峡風を感じることは、湯田のしいては北上の積雪がやや多いという現象を理解することにつながり、目に見えない風と雪の関係を感じることもできる。加えてその体験では、近くに温泉があることもアピールしたいのだが。

2　寒い岩手

日本一寒い県庁所在地は、と質問されると、普通は札幌と解答されるだろう。ところが二〇〇六年の一月からは盛岡という答えになったのかもしれない。札幌、盛岡、薮川の冬季（一二〜三月）のデータを表にしたものが表1である。現在でも盛岡の気象観測点は盛岡市山王町（盛岡の市街地の中に存在）にある気象台であり、盛岡の気温といわれるものは一般的にはこの観測点のデータである。しかし、単に盛岡の気温と言われると盛岡市と合併した玉山村の薮川のデータも該当することになる。現に、天気予報などでは「盛岡市の薮川では…」という情報が流されることがある。当然、盛岡市の気温としては相当低い数値が示され、西日本に住む友人から、盛岡はとても寒いようだけど大丈夫なのかと心配の連絡が入ったこともあった。この薮川は本州の中で最も寒い地点と言われている。この地区にある岩洞湖は毎冬氷上ワカサギ釣りで賑わい、ダイヤモンドダスト現象がみられる地域でもある。

薮川の寒さの原因は冷気湖によるものである。冷気は重いので盆地などのような凹地があると、そこにたまっていくことになる。さらに、冷気が盆地などの底にたまると大気の逆転現象がおき、大気が極度に安定するため快晴となり、夜間であれば放射冷却で地表面はさらに冷やされることになる。つまりは、冷気がたまり、盆地が冷えた空気の塊に覆われる状況、冷気の湖のようになるのである。薮川は標高が七〇〇メートルほどの盆地になっている。標高がやや高く、風も比較的穏やかであることで冷気がたまりやすく放射冷却も進みやすいのである。旬平均の日最低気温でみても氷点下一〇度を下回る日が続くであろうことがわかる。今までの最低気温はアメダス観測以降では一九八八年のマイナス二七・六度、区内観測所時代を含めると太平洋戦争中の一九四五年にはマイナス三五度を記録している。この非常に寒いことを売りに、最近では氷の洞窟などを作り、幻想的な冬のイベントとして「氷の世界」を開催している。写真1はその紹介ページのもの。

表1　冬季（12～3月）の気温比較（札幌・盛岡・薮川）　[単位：℃]

		札幌			盛岡			薮川		
		平均	日最高	日最低	平均	日最高	日最低	平均	日最高	日最低
12月	上旬	0.5	3.5	−2.4	2.2	6.2	−1.2	−1.8	2.2	−6.9
	中旬	−1.3	1.6	−4.4	0.5	4.0	−2.8	−3.8	0.1	−9.1
	下旬	−1.9	0.9	−5.0	−0.1	3.3	−3.4	−4.5	−0.5	−10.0
1月	上旬	−2.6	0.2	−5.8	−1.1	2.3	−4.4	−5.9	−1.8	−12.1
	中旬	−3.5	−0.7	−6.7	−1.8	1.9	−5.5	−6.9	−2.4	−13.8
	下旬	−3.5	−0.5	−6.7	−1.9	1.9	−5.6	−7.0	−2.4	−13.8
2月	上旬	−3.6	−0.5	−7.0	−1.6	2.3	−5.4	−6.8	−2.2	−14.0
	中旬	−2.7	0.2	−6.1	−1.0	3.0	−4.8	−5.9	−1.5	−12.5
	下旬	−1.7	1.7	−5.4	0.0	4.5	−4.2	−4.9	0.0	−12.2
3月	上旬	−0.8	2.5	−4.3	1.0	5.4	−3.0	−3.7	0.8	−10.4
	中旬	1.1	4.5	−2.2	2.6	7.6	−1.8	−2.1	2.5	−8.3
	下旬	2.8	6.5	−0.8	4.1	9.3	−0.7	−0.6	4.0	−6.5

気象庁アメダスデータより作成

写真1　盛岡市薮川の「氷の洞窟」のイメージ写真

盛岡市薮川の観光施設「まほら岩手」の冬季イベント「氷の世界2023」の観光案内サイトより。イベントの一つ、「氷の洞窟」の様子。

写真2　春の岩手山

岩手県立大学（滝沢市）から見た岩手山。山頂付近の雪解けした部分の形が、羽を広げた鷲のように見える。筆者撮影。

北国岩手の冬は、気温が低く雪も凍る。スキー場などには適している水分の少ない良い雪質も得られるが、生活をするものからは長い冬が明けることが待ち望まれる。標高二〇三八メートルの岩手山の山頂付近の雪解けが進み、この山の別名である岩鷲山のいわれとなる鷲の雪型が現れると待望の春の訪れである（写真2）。

3　岩手の初夏から夏へ

短い春が過ぎ、梅雨前線が日本を北上してくると岩手も梅雨入りとなる。梅雨前線は少し乱暴な説明となるが、日本を取り巻くいくつかの気団の境界であり、特に北側に位置するシベリア気団、揚子江気団、オホーツク海気団（梅雨期間中の時期によって異なる）と、南に位置する夏をつかさどっている太平洋気団との境界であり、前線の南側と北側では様相が異なる。関東地方以西の方は、梅雨と言えば時折梅雨寒と言われる日があるものの全般的に湿度が高く蒸し暑い季節であると認識されていることだと思う。対して東北地方の梅雨は小雨が降り肌寒い。これは梅雨前線の北側の気団であるオホーツク海気団の影響下にあり、この気団をつかさどっている背の高いオホーツク海高気圧からの北東の寒冷風が東北地方に吹き込んでくることもある。この寒冷風は千島海流の上を吹走し湿気をもった冷風となり、特に太平洋岸に霧の発生と低温をもたらす。この風のことを「やませ」と呼ぶようになったのはいつの頃からなのだろう。なぜこのようなことをいうのか不思議に思われるかもしれないが、もともとやませは日本の沿岸域全体で用いられていた言葉であり、山の背から吹く風とも、また沿岸に吹く風で港からの出船には適切でない風だともされてきた[5]。

岩手県においてやませが問題となるのは低温による稲作へのダメージである。冷害といわれるが、宮沢賢治はいくつかの作品で冷害をテーマにしている。「グスコーブドリの伝記」はまさしく冷害への対応を記述しているのだが、ここで注意が必要なのが地球温暖化対策との混同である。グスコーブドリの作品中に冷害を防ぐためには二酸化炭素（炭酸瓦斯と表記されている）を増やせばよく、そのためには火山を爆発させればよいのだ、というくだりがある。この部分は最も注意深く説明をしなければいけないところである。二酸化炭素の増加が地球温暖化に関係していることは言うまでもないが、短期間の二酸化炭素の増加が冷害を防げるわけもなく、火山爆発による日照不足によって冷夏になる可能性を心配しなければならない。宮沢賢治の作品は、科学者としての賢治だからこその知見の正しさも、どのような時空間スケールでの対応なのかを吟味しないと的外れなものとなってしまいかねない。文学的な賢治作品を科学的にも素晴らしいと簡単には言えないのである。

賢治のふるさと花巻は内陸にある。この花巻における冷夏ははたしてやませの影響だけだったといえるのであろうか。雨ニモマケズからはじまる有名なメモ（詩とされることも多いが、題名がないため、ここではあえてメモとする）のなかでもサムサノナツハオロオロアルキとしており、冷夏は冷害を心配させるものだったことは想像できる[6]。

しかし、岩手の地勢から考えると内陸に影響が及ぶことは単なるやませだけでは考えにくい。一九九三年の大凶作は岩手においても沿岸から内陸の広い範囲で非常に低い作況指数を記録した。この冷害の原因はフィリピンのピナツボ火山の噴火にも一因があるとされ

(5)　この部分は、柳田国男が昭和一〇年頃、日本全国で調査した結果であり、やませだけではなく、ねませ、やまじ、などの風も含めている。やませが吹いてくるとそれを避けて停泊する地域にやませどまりという地名も東北地方以外にもみられる。こちどまり（東風留）やはえどまり（南風泊）は、やませどまりと似た、風を除けるために停泊した避難港であるとも推測できる。

(6)　宮沢賢治の冷害を扱った作品中に「やませ」が表れてくることはない。また、東北地方においてやませという単語がどのように用いられてきたかは、卜藏らが議論しているが、いまだやませの語源はわかっていない、というのが現状かもしれない。

るが、これを考えても火山噴火での冷害対策は少し的外れであり、火山噴火による空気中のエアロゾルが増加し、日照不足などにより低温（冷夏）になったことを示唆しているともいえる。

やませの吹走範囲は水平方向には広いが、鉛直方向には二〇〇〇メートルが上限で一般には一〇〇〇メートル程度である。岩手県の属する北東北の地勢を考えると二〜三本の山脈が南北に走り、秋田と岩手の間の奥羽山脈とその東に北上盆地と太平洋岸との間の北上山地が岩手県における山地といえるだろう。北上山地は一〇〇〇メートル内外で東西に幅広いため、背の高いやませの場合一部が山地を超えて内陸（北上盆地）に影響することがあるが、奥羽山脈は一五〇〇メートルをほぼ超えることはなく、超えたとしても陸域からの熱を受けある程度の昇温がみこまれる。結局はやませが吹いても太平洋沿岸地域が大きく影響を受け、岩手県内陸部では限定的な影響、日本海側の秋田県はほぼ影響を受けないという状況が見て取れる。内陸においての冷夏はやませだけではなく日照不足という原因を加味しなければならない[7]。

このように、岩手の梅雨は肌寒く、このころに花をつける稲の管理は気を抜けないものである。岩手を含む北東北では七月下旬に梅雨明けを迎えることが多いが、梅雨明け宣言がされないときもある。梅雨は夏の現象であり、梅雨明け宣言は立秋前にしなければいけないのだが、岩手では八月に梅雨明けがずれ込むことは結構見られ、梅雨明け宣言ができないばかりか、このような年は、その後の夏の気温が低くなることも多い。夏の太平洋気団の勢力が相対的に弱い（オホーツク海気団の勢力が強い）ときに梅雨明けが遅れ、その後の夏も引き続き南の暖かい勢力が弱く冷夏になりやすいのである[8]。

（7）内陸に影響するやませを北上山地越えの気流としているが、実際には南北に流れる北上川に沿って南から流入するもの、また県北域では馬淵川に沿って北東部から南西方向内陸に向かって流入するものもある。藤部、菅野らによってやませ時の気流を論じたものは多い。また、日照不足はやませによる霧によるものもあるため、ここでは厳密な議論は避けた。

（8）気団論のみで梅雨、梅雨明けを説明したが、実際には上層の状態、総観場の条件、大気循環の変動などを含め様々なものについて示す必要があり関連論文も多い。梅雨関連についてはいまだ最新の研究が次々と発表され、メソスケールからグローバルスケールにまで幅広く分析が行われている。

4 岩手の短い夏

七月下旬、梅雨が明けると岩手においても本格的に夏となる。日本で避暑地といえば、「軽井沢」が有名であるが、岩手も負けないくらいのポテンシャルを持っているのではないかと思い、気象データを比較したことがある。東京と軽井沢、盛岡の気象データを表2に載せる。

夏の七、八月の気温を東京と比較した値でみると、軽井沢で六度程度、盛岡で三度程度低いことがわかる。さすがに日本有数の避暑地には勝てないけれど、盛岡でも東京よりは過ごしやすいことはわかるだろう。盛岡よりもさらに北に位置し、少し標高も上がった八幡平市松尾地区だと四度程度低くなる。観測点はないためデータとしては示せないが、松尾地区の八幡平温泉郷は盛岡よりは四〇〇メートルほど標高が高く、単純に計算しても気温は盛岡より二・五

表2　月平均気温の比較（軽井沢・盛岡・東京）

	軽井沢				盛岡				東京			
	平均［℃］	日最高［℃］	日最低［℃］	相対湿度［%］	平均［℃］	日最高［℃］	日最低［℃］	相対湿度［%］	平均［℃］	日最高［℃］	日最低［℃］	相対湿度［%］
1月	−3.3	2.3	−8.2	76	−1.6	2.0	−5.2	73	5.4	9.8	1.2	51
2月	−2.6	3.5	−8.0	74	−0.9	3.2	−4.8	71	6.1	10.9	2.1	52
3月	1.1	7.8	−4.5	72	2.6	7.5	−1.8	67	9.4	14.2	5.0	57
4月	7.0	14.3	0.6	70	8.7	14.4	3.2	65	14.3	19.4	9.8	62
5月	12.3	19.2	6.3	75	14.5	20.3	9.1	68	18.8	23.6	14.6	68
6月	16.0	21.5	11.8	85	18.8	24.1	14.2	74	21.9	26.1	18.5	75
7月	20.1	25.3	16.4	87	22.4	27.1	18.8	80	25.7	29.9	22.4	76
8月	20.8	26.3	17.1	87	23.5	28.4	19.8	79	26.9	31.3	23.5	74
9月	16.7	21.7	13.0	89	19.3	24.3	15.2	80	23.3	27.5	20.3	75
10月	10.5	16.2	6.3	87	12.6	17.9	7.9	78	18.0	22.0	14.8	71
11月	4.8	11.2	−0.2	80	6.2	10.9	1.8	76	12.5	16.7	8.8	64
12月	−0.5	5.3	−5.3	78	0.8	4.5	−2.5	75	7.7	12.0	3.8	56
年	8.6	14.6	3.8	80	10.6	15.4	6.3	74	15.8	20.3	12.1	65

気象庁アメダスデータより作成

度程度低くなるので、軽井沢と変わらない状況となる。この八幡平温泉郷に別荘地が存在するのもよくわかる気がする。岩手の内陸は湿度が比較的低くカラッとした陽気になる日が多いのも特徴であり、ヨーロッパ的な気候ともいえるかもしれない[9]。しかし、八月はじめ盛岡でさんさ祭りが開かれるころに気温はピークを迎え、お盆を過ぎる頃には行合《ゆきあい》の空となり秋風が吹き始める。九月には里のススキが穂をつけ山々が色づき、一〇月、里では刈り取りが終えられたころ岩手山に初冠雪がみられる。その後、里にも初雪がふり、短い夏と秋が過ぎ去っていく。

(9) 相対湿度だけをみると、東京のほうが低い値を示すが、気温と相対湿度から水蒸気量などを考えると軽井沢や盛岡のほうが低い値を示すことになる。

おわりに

岩手を紹介するガイドであれば、短いが美しい春、山々が色づき錦絵のようになる秋を中心に紹介するべきだったかもしれない。しかし、岩手の冬の厳しさは、県民性を育ててきたものであり、厳しいだけではなく、その中にある美しさは一見の価値が十分にある。その冬の情景と、長く厳しい冬に対する待ち望んだ春の気配、短い夏を感じていただけたのであれば幸いである。

column

岩手の天気予報今昔

佐野嘉彦

天気が産業・生活に大きく影響を与えることは言うまでもないが、かつて天気予報はあてにならないものだと言われたもの。気象庁に期限切れの弁当がたくさん差し入れされ、それに文句をつけると差し入れ人から、「あんたらはどうせあたらないのだから大丈夫。」と皮肉を言われた逸話があるとかないとか。

さて、ここで天気に関する質問を二つ。

①夕焼けだと明日の天気はどうなるか。

②岩手県には天気予報区はいくつあるのか。

①については、日本全国で昔から言われてきた有名な天気俚諺《りげん》で、答えは、次の日は晴れ。天気に関しての同様の言い伝えは、中高緯度地域に広く見られ、偏西風帯に関係していることは言うまでもない。ところが、この天気俚諺について今の大学生に尋ねると、半分くらいは知らないと答える。インターネットですぐに天気予報がみられる現在、空をみて天気を予測する人はいないだろう。しかし、きれいな夕焼けを見て、明日は晴れるかな、という会話はあってもよさそうなところだが、昨今、親子の間で、孫と祖父や祖母との間でこのような会話が交わされることがなくなってきたようで、少々悲しい思いがする。

このような天気俚諺や観天望気は古くから日本中に存在するが、中でも地域性があるものは、その地域を考える上では結構重要かもしれない。例えば、盛岡には「南昌《なんしょう》山（八四八メートル）に雲がかかると雨が降る」というものがある。奥州市水沢では、それが経塚《きょうづか》山（一三七二メートル）になり、紫波町では東根《あずまね》山（九二八メートル）、八幡平市安代地区では七時雨《ななしぐれ》山（一〇六三メートル）となるが、いずれも、標高千メートル内外の山である。これらの山に雲がかかるということは、近づいてくる雲の雲底高度が千メートルより低いということを示し、雨が降る可能性が高いことは気象学でも妥当とされるところである。天気俚諺には論拠がわからないものもあるが、意外と自然現象をよく捉えているものも多い。秋から冬にかけての盛岡では「岩手山に三度雪が降ると里にも雪が降る」と言われてきた。盛岡より北に位置する八幡平市西根地区では、「岩手山に七度雪が降ると里にも雪が降る」になり、三度、七度の数値を厳密に考えることは難しいが、岩手山の麓にある西根のほうの回数が多いのは、里と山の距離の関係で雪を確認できる回数が多いことにも関係するかもしれない。ちなみに、岩手山初冠雪から、岩手山の雪を三、四回程度確認できると、盛岡に雪が降ることは確かに多い。昔の人は、自然の現象を生活のため読み取ろうとし、その知識を後世に伝えていったのだが、最近はそれが途絶えているのかもしれない。では、最近の天気予報はどうなっているのか。

②の天気予報区を考えてみよう。岩手の地勢や天気について理解できる助けになるのではないかと思われる予報区であるが、皆さんはいくつぐらいを想定されただろうか。四国と同じくらいの広さなら、一県最低二区で、それが四県分くらいあるのではと考えられた方は岩手県以外でも天気予報をよく見ている方だろう。

答えは三。えーっ少ない、と思われるかもしれない。最近の天気予報ではポイント予報として各市町村別に情報が提示されるので個々の地域にも十分対応をしているが、岩手の予報区としては、内陸、沿岸北部、沿岸南部の三区分なのである。

沿岸は、南北の二区分はされているが、内陸は、青森との県境から宮城との県境までひとくくりになっているのである。気象庁に文句をつけるつもりはないが、これだけ広い県土なのに三つの予報区でよいのだろうかと、気候学を専門とする私は、岩手県に赴任して以来疑問に思っていた。そこで、岩手の天気予報区を検討してみようと、学生の卒業研究として取り組んでもらったことがある。ある地点での天気が晴れであったとき、その晴れの区域はどこまで広がっているのだろうか。同様に、曇り、雨などの天気はどの程度の範囲まで同調するのだろうか。そして、この同調の比率を求めると地域区分ができないだろうか、いわゆる天気界を抽出できないだろうかと考えたのである。この天気界を岩手県においてアメダスのデータを基にして求めた（図1）。詳細な分析方法は省略するが、アメダスの四要素（降水量、気温、風向・風速、日照時間）から一日の天気を求め、その天気の相関を各地点同士でとったのである。すると、沿岸は南北に二区分に分けられ、内陸も二から三区分のエリアに分けられたのである。さすがに岩手は広く、内陸の天気予報区もひとつながりではなく、最低でも南北に区分した方が良いことが示された。この内陸の天気界を春夏秋冬、季節ごとにさらに注意深く分析していくと、奥羽山脈に近い所に、他の内陸と違った傾向を示す場所が現れた。湯田、沢内といった岩手県内でも豪雪地帯といわれているところである。

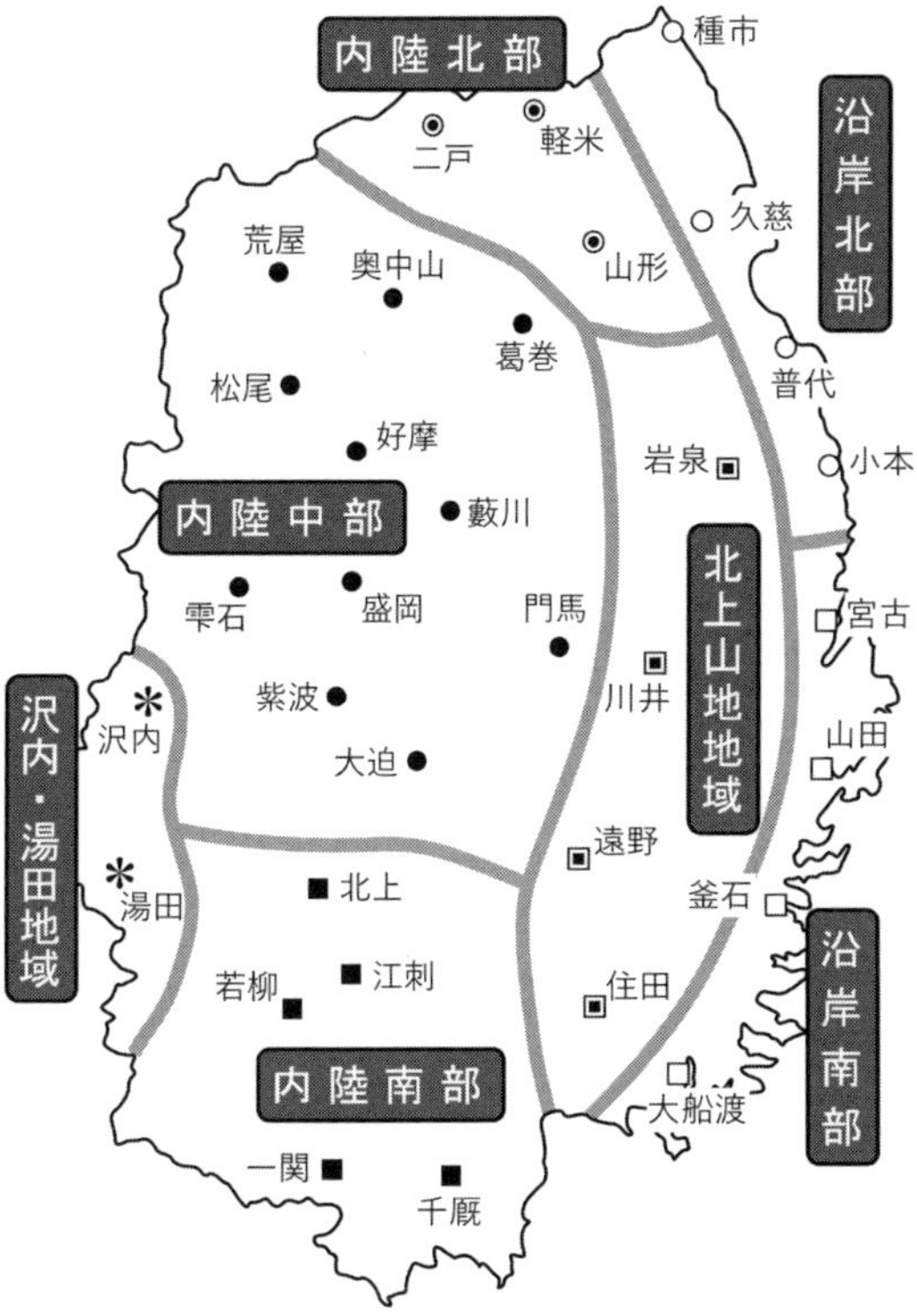

図1　天候の同調率に基づいた、岩手県の天気界
図中の地名は分析に利用した気象観測所を示す。

昔は各地で天気俚諺、観天望気などで天気を予想し、その地域に即した情報を得ていたのだろう。そして、現在、広い岩手県は三つの予報区で天気の情報が提供されるが、それは地域の特性を大まかに見たものであり、本文（岩手の季節の移ろい）でもとりあげたように、日本海側のような多雪地域があることは見えてこないのである。岩手県に住む人々においても、昔の言い伝えは忘れ去られ、伝承も少なくなっていくことは避けられない状況となっていることは、寂しいと言わざるをえない。

〔参考文献〕
小原純二「天候の同調率〜岩手県の天気界〜」岩手県立大学総合政策学部卒業論文、二〇〇六年
佐野嘉彦・小原純二「天気の一致率からみた岩手県の天気界」東北地理学会秋季大会発表要旨、二〇〇六年
鶴田千佳子「天気俚諺のゆくえ〜岩手県内に残る天気俚諺を事例として〜」岩手県立大学総合政策学部卒業論文、二〇〇八年

岩手のリアス海岸と砂浜

吉木岳哉

はじめに

「岩手」と聞いて、何を思い浮かべるだろうか？　平泉、わんこそば、小岩井農場などが挙がる人は、地理が得意な人か、一度は岩手県に足を運んだことがある人だろう。岩手県に来たことがない人、とりわけ西日本の人には、岩手と言えば三陸海岸、三陸海岸と言えばリアス海岸、と学校地理の知識を連想して終わりかもしれない。地図帳で東北地方を眺めたとき、二つの半島をもつ青森県ほどではないにしても、太平洋に弓形に張り出した岩手県のギザギザの海岸線は特徴的である。

さて、三陸海岸とはそもそもどこを指す地名か？　三陸とは三つの陸、すなわち陸前、陸中、陸奥であり、それぞれ現在の宮城県、岩手県、青森県にほぼ相当する。つまり「三陸」とは、東北地方北部の太平洋側三県のことである。しかし、この「陸○」の呼称は、越後、三河、山城などといった他地域の令制国（律令国）と異なり、明治期に登場した地名である。[1]したがって、地名としての歴史は浅く、当然のこととして「三陸」の呼称も明治期以降である。その「三陸」が示す範囲も当初の三県全域から時代とともに範囲が狭まり、現在では青森県の八戸付近から宮城県の牡鹿半島までの《沿岸》地域だけを指すことが一般的である。「三陸」という地名の登場と、その指し示す範囲の変遷については、米地・今泉らによる一連の報告[2]に詳しい。

それでは、三陸海岸＝リアス海岸なのか？ リアス海岸とは、凸部（半島・岬）と凹部（湾・入り江）が繰り返し、地図で海岸線がギザギザの鋸歯状に見える地形である。三陸海岸の地図（図1）を見ると、岩手県の宮古（浄土ヶ浜）付近を境にして、南と北で海岸線の形状が大きく異なる。南側の海岸線は凹凸が激しいが、北側はそうでもない。三陸海岸のうち、リアス海岸と呼べるのは南側半分、つまり陸中と陸前の二陸だけで、少なくとも一陸（陸

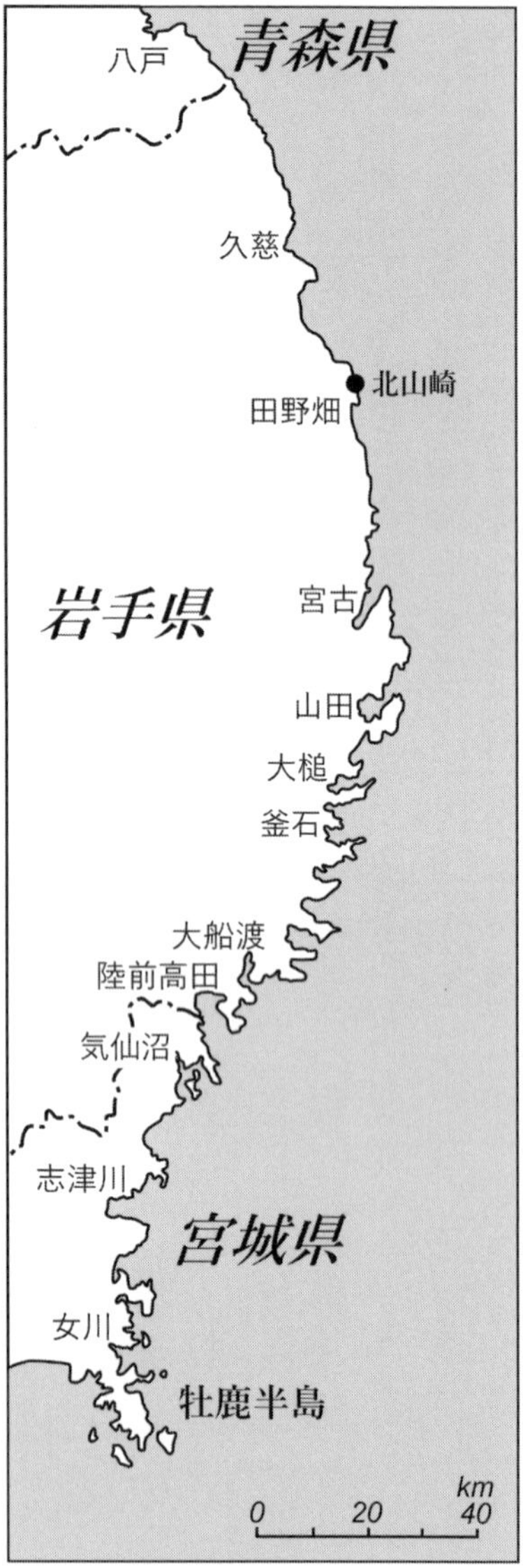

図1　三陸海岸の海岸線形状。一点鎖線は現在の県境を示す。

（1）詳しくは、本書の豊島氏のコラム「〝大きすぎる〟岩手県の誕生」に詳しく解説されている。

（2）米地・今泉（一九九四）、米地・今泉（一九九五）、米地・今泉・三浦（一九九七）。いずれも、岩手大学教育学部研究年報。

奥）はリアス海岸ではない。したがって、三陸海岸＝リアス海岸は正確ではなく、三陸海岸の南部だけがリアス海岸である。

海岸線の形状の差異に対応して、水産物の面でも南北には違いがある。湾が奥まっていて波が穏やかな三陸南部の湾内には多くの養殖筏が設置され、カキやワカメの養殖が盛んである（写真1・写真2）。一方、太平洋からの荒波を直接受け止め、常に白波を伴う三陸北部の海岸に養殖筏は見られない（写真3）。北部の海底の岩棚ではコンブをはじめとした海藻が育ち、それを食べるウニが豊富に採れる。

写真1　大船渡湾の養殖筏。波の穏やかな湾内に、所狭しと養殖筏が浮かぶ。湾内の島は珊瑚島。大船渡市赤崎町蛸ノ浦から、2024年6月に撮影。

写真2　山田湾を埋め尽くす養殖筏・養殖ブイ。中央の島はオランダ島。山田町大沢から、2024年6月に撮影。

写真3　田野畑村・鵜ノ巣断崖。断崖に太平洋の荒波がぶつかる勇壮な景観で知られる。鵜ノ巣断崖展望台から、2017年4月に撮影。写真手前に見える根は、前年に岩手に上陸した台風10号による倒木のもの。

1　リアス海岸の成り立ち

リアス海岸とは、河谷に刻まれた山地が海に没して形成された地形であり、《沈水海岸》の典型的形態とされる。一方、三陸北部の海岸は、たとえば「海のアルプス」とも表現される田野畑村の北山崎海岸（口絵）や鵜ノ巣断崖（写真3）のように、海岸の岩場に外海の荒波が激しく打ちつけている場所が多い。これは《隆起海岸》の典型的形態とされる。

沈水海岸であるリアス海岸の形成には、地球規模の気候変動が関係する。現在を含む第四紀の気候は約一〇万年周期で寒冷期《氷期》と温暖期《間氷期》を繰り返し、現在は間氷期である。約二万年前は最終氷期と呼ばれる寒冷期で、北米や北欧にも現在のグリーンランドのように厚さ数千メートルもの氷床が形成されていた。大量の水が氷として陸上に蓄積されて海水が減ったため、約二万年前の海面高度は現在よりも一〇〇メートル以上低かった。当時の河川はこの低い海面高度に合わせて侵蝕し、深い谷が刻まれた。

縄文時代が始まる約一・七万年前頃から地球は次第に温暖化した。大陸氷床は急激に融解し、海面が一気に上昇した。最終氷期終了後の海面は平均して一〇〇年で一メートルのペースで急上昇し、これが約八〇〇〇年前まで続いて現在の海面高度に到達した。この急激かつ大規模な海面上昇に伴い、最終氷期の沿岸域にあった山地・河谷は次々と海に没し、その結果としてリアス海岸が形成された。これがリアス海岸の成り立ちである。世界の海はつながっている。ゆえに海面高度は世界中の海で同時かつ同様に変化する。

リアス海岸形成の歴史も三陸海岸特有ではなく、世界共通の現象である。そのため、極端に言えば約八〇〇〇年前には世界中すべての海岸がリアス海岸であった。

しかし、現在の各地の海岸は必ずしもリアス海岸ではない。日本列島で言えば、地図帳で見ても分かるくらい明瞭なリアス海岸は、志摩半島、若狭湾、宇和海、島では対馬や五島列島などに見られるが、東日本では小規模なものを除けば三陸海岸南部くらいである。

それでは、リアス海岸とそうでない海岸の違いは何か？　これは、急激な海面上昇が終わった約八〇〇〇年前に完成したリアス海岸が、現在まで保存されているか、それとも異なる形態に変化してしまったか、という違いである。シーラカンスやアマミノクロウサギなどの古い形質をもつ動物を「生きている化石」と表現するが、それを真似れば、リアス海岸も昔の海岸形状を現在に遺す「地形の化石」と言えるだろう。

2　リアス海岸と砂浜

リアス海岸の条件

リアス海岸の入り組んだ海岸形状が約八〇〇〇年間も維持されるためには、大きく二つの条件が必要になる。

条件の一つは、凸部が削られないことである。外海に面した半島・岬の先端には激しい波が打ちつける。もし岩石が軟らかければ急速に削られてしまう。太平洋に直接面し、ときには津波も襲来する三陸海岸の凸部では、岩石が相当に硬くなければ波蝕（波による侵蝕）に耐えられないだろう。北上山地は日本列島のなかでも最も古くて硬い地質からなる山地の一つであり、沿岸部も同様の硬い地質で構成されるため、三陸海岸の凸部は波蝕に対して抵抗性がある。これと対照的な海岸が福島県浜通りである。浜通りも三陸海岸と同様に海岸線に岩石が露出するが、三陸海岸と異なり軟らかい地質のため容易に削られてしまい、現在の海岸線は直線的で凹凸が少ない。

条件のもう一つは、凹部が埋まらないことである。リアス海岸の湾・入り江は、最終氷期の河谷が海に没した痕跡である。ゆえに、湾・入り江の奥には河川が流入している。河川は流域の山々から土砂を運搬する。河口部で土砂の堆積が進めば湾・入り江は埋め立てられ、リアス海岸の凹みは次第に小さくなってしまう。三陸海岸の場合、河川の流域である北上山地の地質が国内有数の硬さである。山が硬くて地すべりがほとんど起きず、山くずれも少ない。しかも短い河川ばかりで、河川流量もあまり多くない。これらの状況から、三陸海岸に流下する河川は運搬土砂量が少なく、リアス海岸の形態が完成した約八〇〇〇年前以来、湾・入り江の埋積はほとんど進まなかった。湾・入り江が埋まらなかったので港や養殖に適した波の穏やかな深い湾・入り江が存在するが、その代償として農業に適した河川沿いの平地は狭い。

付け加えるならば、三陸沿岸の海底勾配が急傾斜であることも、河口部で土砂の堆積が進まなかった原因の一つである。海底が急勾配だと河口から出た土砂は河口付近にとどまりにくく、海底の傾斜に沿って深海へ運ばれてしまう。これでは、やはり河口部に平野が形成されず、湾・入り江が埋まらない。海底勾配が急な三陸沿岸では陸から深海までの距離が短く、沿岸付近でも比較的深い海に棲息する魚介が獲れる。

リアス海岸の浜

沿岸地質が硬くて凸部が侵蝕されない。流域地質が硬くて河川運搬土砂量が少なく凹部が埋まらない。そのため昔の地形が現在まで遺されている。それがリアス海岸であるから、リアス海岸の海岸線では侵蝕作用も堆積作用も不活発なはずである。

では、実際の海岸は、どのような地形になっているか？　河川から大量の土砂が供給され、堆積作用が活発な海岸の場合、堆積物が主に泥ならば干潟、主に砂ならば砂浜になりそうである。反対に、波蝕が強く侵蝕作用が活発な海岸の場合、岩石剥き出しの磯（岩石海岸）になりそうである。他の海岸と比較することで、三陸海岸の特徴を見てみよう。

比較した海岸を図2に示す。①三陸海岸南部と同様に太平洋に面するリアス海岸として、②志摩半島と③宇和海を選定した。また、直線的で凹凸の少ない④三陸海岸北部[3]と似た条件の海岸として、志摩半島南隣の⑤紀伊半島と四国の⑥室戸岬を選定した。①〜⑥のいずれも背後山地・沿岸部ともに硬い地質からなり、山地が太平洋に面する。これに対して、広い平野が海に面する海岸の例として、⑦仙台平野と⑧上北・下北地域を加えた。

図3がその結果である。各調査地域の海岸線がどのような種類の海岸地形で占められているか、砂浜なのか、礫浜なのか、岩石海岸なのか、空中写真で判読し、その構成比を比較した。なお、人工海岸とは、テトラポッドやコンクリート護岸、港湾施設などである。①④三陸海岸については、東日本大震災の津波を受ける前と後に分けて分析した。

海岸線まで山地が迫る六海岸（①〜⑥）と背後が平野の二海岸（⑦⑧）を比較すると、平野の海岸では砂浜が圧倒的に高率である。そもそも土砂が堆積して形成された平野であり、その土砂から波で細粒分（泥）が除去されれば砂浜になるので、当然の結果と言える。

（3）　前ページまでの説明では、三陸海岸の北部がリアス海岸ではない理由を説明できていない。私の予想では、三陸海岸の南部・北部での地質構造（断層線）の入り方の違いが原因と推測する。つまり、南部では海岸線に直交する方向に地質的弱線が入っているため深い谷が形成されやすく、それが湾・入り江になった。それに対して、北部では海岸線に平行方向に弱線が存在するため谷が刻まれにくく、その結果として深い湾・入り江の元となる谷地形が最終氷期中に形成されなかった。このように推測するが、論文などできちんと論じられたものではない。

図2　三陸海岸と比較対象の海岸の位置。①三陸海岸南部　②志摩半島　③宇和海　④三陸海岸北部　⑤紀伊半島　⑥室戸岬　⑦仙台平野　⑧上北・下北地域。

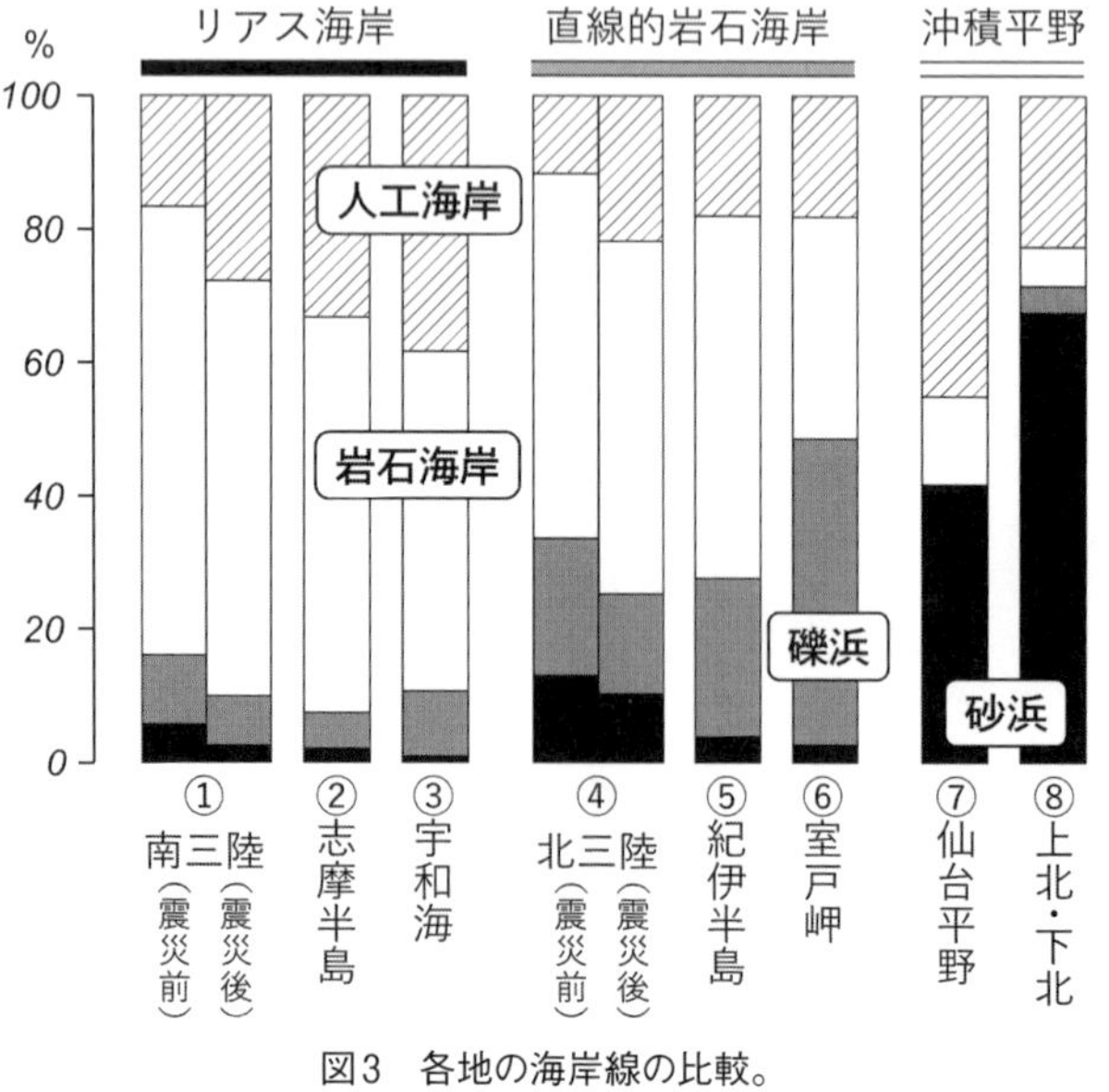

図3　各地の海岸線の比較。

なお、⑦仙台平野で岩石海岸の比率がやや高いが、これは調査範囲に松島が含まれるためである。

リアス海岸（①②③）では岩石海岸が大半を占める。礫浜・砂浜の比率は低く、とくに砂浜の比率は低い。三つのリアス海岸では、①三陸海岸南部の砂浜の比率が高めである。

直線的な海岸（④⑤⑥）でも岩石海岸が多いが、リアス海岸（①②③）に比べると礫浜の比率が高い。ただし、礫浜に関しては、それが堆積性を意味するか侵蝕性を意味するか、判断しにくい。堆積物なので砂浜同様に堆積性とも言えるが、海岸線に礫が存在するのは、たとえば背後の急斜面が崩れ、その土砂が一時的に海岸にとどまっているからかもしれない。海岸沿いの急斜面が崩れたのであれば、それは海岸付近で侵蝕が起きていると言える。また、河川から礫を含む土砂が運ばれ、その土砂のうちの砂サイズ以下の土砂だけが波によって持ち去られ、粗い礫だけ残されても礫浜になる。砂を持ち去っていったのであれば、もし河川堆積物中に礫が含まれていなければ堆積土砂はすべて侵蝕されうることになる。礫浜は、礫を運ぶほどではない強度の侵蝕がある海岸と考えると良さそうである。

三陸海岸は、①南部のリアス海岸でも、④北部の直線的海岸でも、他の太平洋岸の類似条件の海岸に比べると砂浜の比率が高めである。図3に表れているように、リアス海岸と砂浜は相性が悪い。局地的に何らかの条件が揃ったときだけ、リアス海岸にも砂浜が形成されると言えそうである。それでは、なぜ三陸海岸には他海岸に比べて砂浜が多いのか？次章で、その理由を考えてみよう。

3　三陸海岸に砂浜をもたらしたもの

三陸海岸の砂浜と地質

岩手県の海岸はすべて三陸海岸に含まれ、三陸南部のリアス海岸も北部の直線的海岸のどちらも岩手県に存在する。そこで、岩手県内の比較的大規模あるいは有名な砂浜について考えてみよう。北部の砂浜としては久慈川河口域や十府ヶ浦が、南部のリアス海岸の砂浜としては、山田湾オランダ島（写真2）、浪板海岸、吉里吉里海岸、根浜海岸、高田松原が挙げられるだろうか。もちろん、小さな砂浜であれば、この何倍もの数がある。

それでは、本来砂浜が形成されにくい三陸海岸に、これらの砂浜はなぜ存在するのか？実は、これらの岩手県の砂浜には共通点がある。それは、これらの砂浜の背後流域に花崗岩類（花崗岩、花崗閃緑岩、閃緑岩など）が広く分布することである。

花崗岩類には、風化すると粗い砂になりやすいという性質がある。岩石の種類によって、風化の仕方、割れ方、摩耗の仕方などに様々な個性がある。たとえば硬質泥岩（ホルンフェルス）であれば、［岩盤］→［数センチメートルサイズの角張った礫］→［粘土］というサイズ変化が卓越する。大船渡の碁石海岸に碁石サイズの礫が多いのは、地質が黒色の硬質泥岩だからである。黒い数センチサイズの角張った礫が浜に落ち、それが波によって互いに擦れ合うことで、碁石サイズの黒くて丸い礫が形成される。花崗岩類であれば、［岩盤］→［巨岩］→［粗い砂］→［粘土］というサイズ変化が卓越する。このような岩石の性質を反映して、花崗岩地域には粗い砂からなる砂浜が形成されやすく、硬質泥岩地域には手に取れるサイズの礫浜が形成されやすい。

この花崗岩のサイズ変化の特徴以外にも、花崗岩分布域に砂浜が多い理由がある。それは、東日本大震災の津波後に、三陸海岸、とくに南部から砂浜が減少したことに表れている(図3)。大津波の後、岩手県内最大級の砂浜であった高田松原や根浜海岸が消失した。その後、これらの砂浜は自然状態では復活しなかったため、人工的に砂を投入することで砂浜の一部を復元させた。明治期や昭和初期の津波後には復活した砂浜が、なぜ平成期の津波後には復活しなかったのか? その理由は、そもそもリアス海岸に大きな砂浜があった不自然さから推測できる。

三陸海岸の砂の供給源

三陸海岸の大きめの砂浜には、いずれも背後流域に花崗岩が分布すると述べた。その花崗岩分布域の地表面は特徴的な様相を呈する。

図4は、久慈川の支流、長内川の上流にあたる端神地区の陰影起伏図[4]である。久慈川の河口部には大きな砂浜がある。図4を見ると、左下の範囲の地表面がまるで溶けたようになっていて、その上側(北側)の尾根・谷が明瞭な地表面とは明らかに様相が異なる。この地表面が溶けたような範囲は、地質図では「閃緑岩・石英閃緑岩」の分布域に一致し、その上側の谷・尾根が明瞭な範囲は「付加体起源の玄武岩・混在岩」などに分類されている[5]。

図5は、釜石市北部、鵜住居川の上流の横内地区の陰影起伏図である。鵜住居川の河口

(4) 国土地理院のサイト「地理院地図」で表示できる機能の一つで、地形の起伏を強調して表示できる。

(5) 産総研のサイト「地質図Navi」に基づく。
なお、図4の右側は石灰岩分布域で、よく見ると地表面にドリーネの小さな穴がある。

図4　久慈川上流、端神地区の陰影起伏図。国土地理院「地理院地図」より。

図5　鵜住居川上流、横内地区の陰影起伏図。国土地理院「地理院地図」より。

部には、震災前までは根浜海岸という巨大な砂嘴が存在していた。図4ほど明瞭でないが、図5の中心やや左上側の範囲が右側の地表面と様相が異なる。地質図によると、図5の右半分が「付加体起源の海成岩・火砕岩」などの分布域で、少し地表面が溶けたような左半分は「花崗閃緑岩」の分布域である。

北上山地の花崗岩類分布域のすべてが、このような溶けたような地表面になっているのではない。それでも、内陸部では花崗岩類分布域の半分近い面積に当てはまりそうである。では、花崗岩類分布域のこのような地表面は何を示しているのか？　それは、江戸時代に八戸藩・盛岡藩・仙台藩で盛んに行われた《たたら製鉄》に関係する。

日本独自の製鉄法であるたたら製鉄は、原料に砂鉄（磁鉄鉱）を使用する。大量の砂鉄を効率的に集めるために、当時は《鉄穴流し《かんなながし》》という手法が用いられた。鉄穴流しとは、花崗岩類が風化してボロボロになった《マサ》と呼ばれる土砂を水路に流し、マサの中にわずかに含まれる砂鉄だけを集める方法である。現代人ならば砂鉄を集めるために磁石を使うことを考えるだろうが、マサに含まれる鉱物のなかで砂鉄の比重が一番大きいことを利用すれば、磁石がなくても砂鉄を選り分けられる。このような鉱物の選別方法を《流水選鉱》とか《比重選鉱》などという。

花崗岩類は鉱物粒子のサイズが大きく、風化すると鉱物間の結合が緩んで自然に砂礫状のマサになる性質がある。地表面付近のマサは簡単に崩せるが、花崗岩類に含まれる鉄分は少ないため、大量のマサを使っても少しの砂鉄しか採れない。そのため、鉄穴流しをすると地表は大きく攪乱され、河川には大量の不要土砂が排出される。その後、この土砂は河川を流下して河口部まで運ばれる。

これが、かつて製鉄が盛んであった北上山地の沿岸部、つまり本来砂浜が少ないはずの三陸海岸に砂浜が多く存在する理由である。

おわりに

江戸時代の北上山地は、中国山地に次いで製鉄が盛んな地域であった。本来、リアス海岸に流れ込む河川はあまり土砂を運ばないが、江戸時代の鉄穴流しによって、三陸海岸には風化花崗岩を起源とする粗い砂が人為的に大量供給された。結果的に、三陸海岸には他地域の同種類の海岸に比べて多くの砂浜が形成されることになった。

明治期以降、伝統的なたたら製鉄から、洋式の近代製鉄に変化した。必要な原料も変わり、砂鉄ではなく鉄鉱石が用いられるようになった。この変化によって鉄穴流しが行われなくなると、河川への流入土砂量は一気に減少した。それでも、河川の途中には流下中の土砂が存在し、少しずつ河口部への供給が続いた。リアス海岸の湾・入り江では砂浜を侵蝕する波蝕作用が小さいので河川からの供給土砂量が減少しても砂浜が維持されたが、東日本大震災の巨大津波によって砂浜が消失すると、もはやそれを復元するほどの土砂は河川には存在せず、砂浜が自然に復活することはなかった。

私たちにとって存在することが当たり前であった根浜海岸や高田松原の砂浜は、実は江戸時代の自然破壊の痕跡であり、三陸海岸の歴史のなかでは一時的な存在に過ぎない。北上山地を森林が覆い、山から出る土砂量が減った現代において、三陸海岸から次第に砂浜が消えるのは、人類が自然を破壊する前の本来の三陸海岸の状態に戻りつつあることと解釈できよう。したがって、現在の河川河口部に残されている多くの砂浜も、今後は縮小・減少傾向が続くものと予想される。

〔参考文献〕
米地文夫・今泉芳邦「地名『三陸地方』の起源に関する地理学的ならびに社会学的問題―地名『三陸』をめぐる社会科教育論(第一報)―」岩手大学教育学部研究年報、五四巻一号、一九九四年
米地文夫・今泉芳邦「地名『三陸海岸』の変遷に関する地理学的ならびに社会学的問題―地名『三陸』をめぐる社会科教育論(第二報)―」岩手大学教育学部研究年報、五四巻二号、一九九五年
米地文夫・今泉芳邦・三浦修「地名『三陸リアス海岸』に関する地理学的、社会学的問題―地名『三陸』をめぐる社会科教育論(第三報)―」岩手大学教育学部研究年報、五七巻一号、一九九七年
図3は、吉木ゼミの卒業生、宮本勘太氏の卒業論文のデータに基づく。
宮本勘太「リアス海岸の砂浜形成に与えた花崗岩地質の影響」令和三年度岩手県立大学総合政策学部卒業論文、二〇二二年

column

盛岡の墓地は明るい？

吉木岳哉

私が岩手県立大学に着任して数年経ち、学生と一緒に盛岡の街を歩いた時のこと。三ツ石神社の鬼の手形岩（写真1）から龍谷寺のモリオカシダレに近道しようと墓地を通った。その際、「お墓（墓地）って、こんなに明るい場所だっけ？」と感じた。それまで、墓地はやや暗い感じの場所という印象を持っていた。しかし、このときの墓地ではそんな印象は受けず、第一印象が「明るい」だった（写真2）。

写真1　三ツ石神社の鬼の手形岩（筆者撮影）

写真2　白御影の墓石が多い東顕寺の墓地（筆者撮影）

この街歩きの目的の一つが、盛岡が花崗岩の街であることを知ることであり、そのために花崗岩の天然巨岩である鬼の手形岩を訪ねた。なので、墓地が明るく感じた理由も、花崗岩（白御影）の墓石が多いからだろうと予想した。私が岩手に来る前に長く過ごした仙台では三滝玄武岩と呼ばれる黒い石材が知られ、仙台城の石垣にも使われている。黒い玄武岩の街・仙台から来たので、白い花崗岩の街・盛岡の墓地が明るく感じたのだろうと自己流で解釈し、そのまま放置していた。

それから一五年。卒論のテーマに迷っているゼミ生がいたので、私が長年感じていた「盛岡は花崗岩を使った墓石の比率が高い」という仮説の真偽について調べてもらった。こんなことを解明しても社会の役には立たないが、盛岡の街の特徴を見つける程度の役には立ってくれるだろう。

ある地域の特徴を知るには、他の地域と比較するのが手っ取り早い。そこで、盛岡を含む四地域で墓石に使われている石材の比率を比較してみた。比較対象地域は、盛岡から日帰りで調査でき、比較的古い時期から存在する墓地がありそうな鹿角、角館、宮古にした。鹿角周辺では「十和田石」と呼ばれる凝灰岩が有名で、今でも採石されている。角館では昭和期まで「大威徳石」と呼ばれる安山岩が採石されていた。宮古での採石の歴史は不明であるが、地質的には盛岡と同じく花崗岩である。墓石には建立年が刻まれることが多いので、墓石の建立年も調べた。

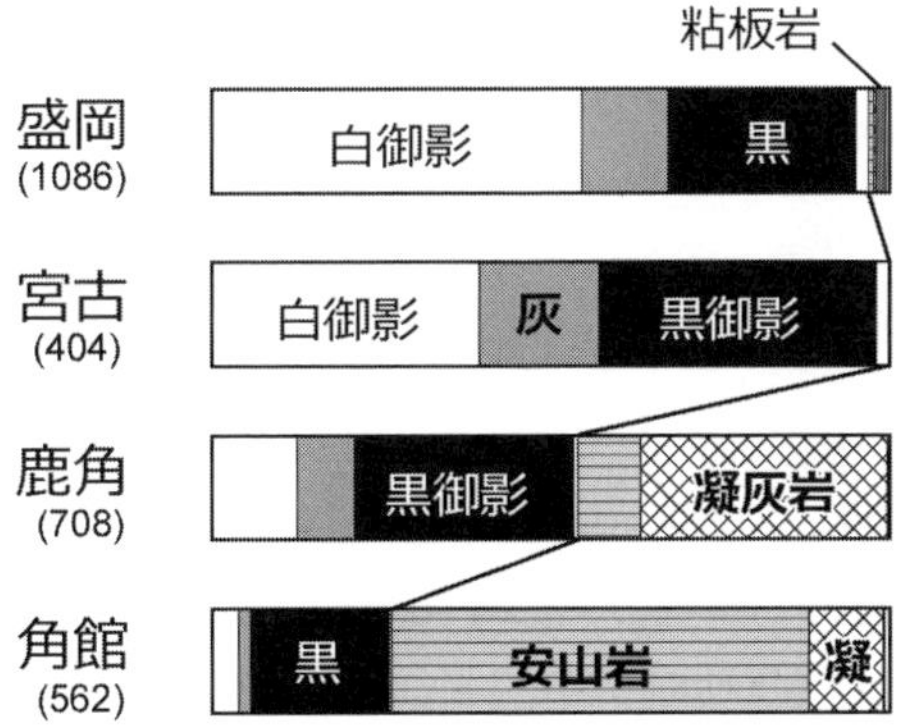

図1　墓石材の地域比較(全年代)。各地域の帯グラフを結ぶ線の左側が御影石、右側がその他の岩石の割合を示す。カッコ内の数字は調査墓石数。

まず、建立時期を問わず調査墓石すべてで比較する(図1)。盛岡では予想通り白御影(花崗岩)の比率が最も高く、過半数を占める。公営墓地を除外して歴史ある寺院墓地だけに限れば、盛岡の全墓石の七割が白御影になる。鹿角では凝灰岩が三割超もあり、角館では安山岩が過半数を占める。どの地域でも地元で採れる石材が多く使われている。また、御影石(深成岩)に限ると、鹿角と角館では黒御影(斑糲岩)が多く、宮古では白と黒が拮抗する。

次に、建立時期による墓石材の比率の変遷を比較する(図2)。古い時期の墓石材は、地域性がさらに明確になる。一九世紀の墓石は、宮古では白御影、鹿角では凝灰岩、角館では安山岩がほぼすべてを占める。二〇世紀になると変化し、次第に御影石

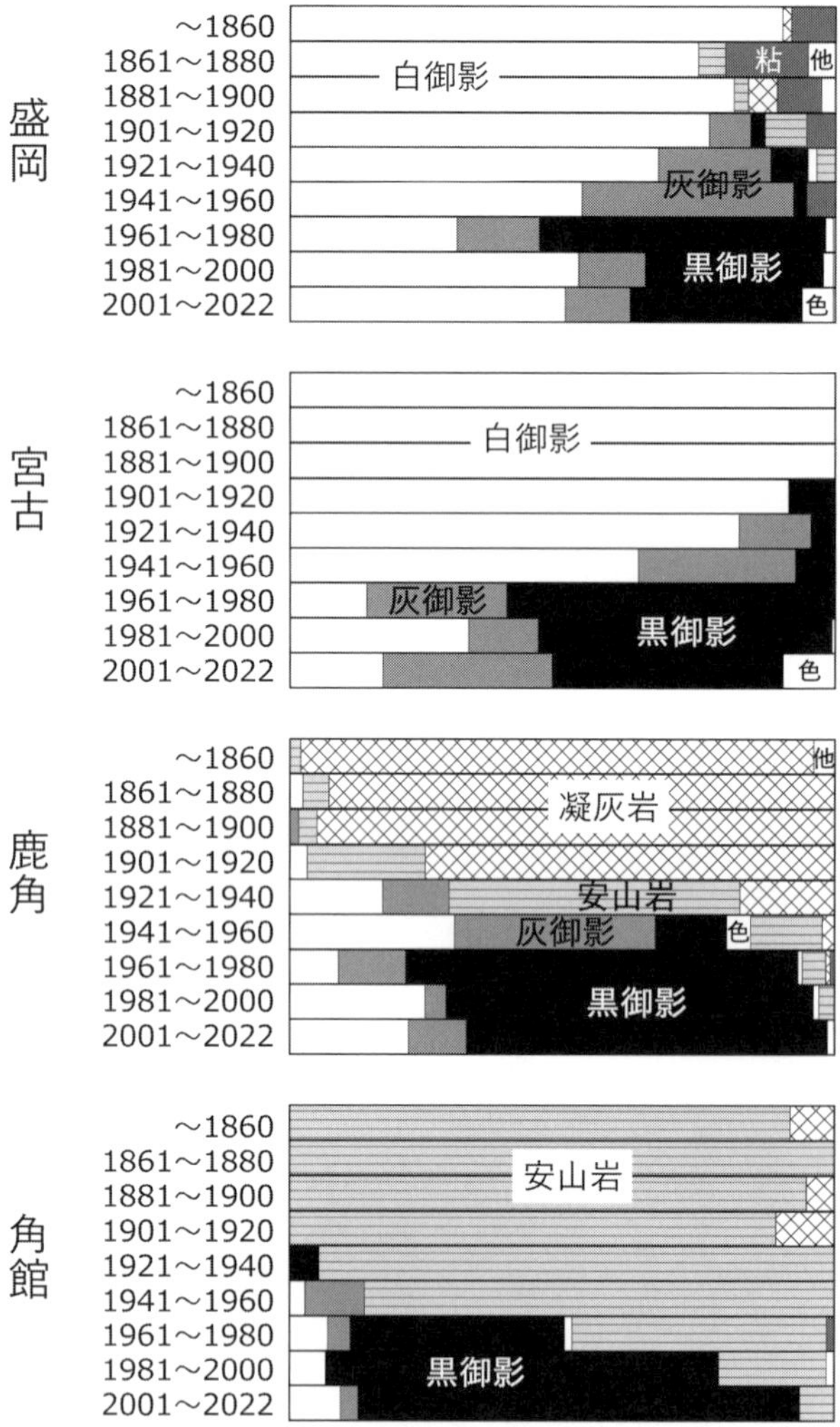

図2　4地域における墓石材の時代変化。低率でしか出現しない石材の凡例は着色していない。「色」は白・灰・黒以外の御影石（緑・赤など）、「他」はその他の石材（砂岩、変成岩類、レンガなど）を示す。

の比率が高くなる。鹿角で多かった凝灰岩は軟らかくて風化しやすく、現在の感覚では墓石には不向きである。凝灰岩は時期とともに急速に利用が減少し、一九四〇年までにほぼ消滅した。角館で多かった安山岩は凝灰岩に比べれば硬いが、御影石と異なり磨いても光沢が出ない。戦後になると黒御影・灰御影（閃緑岩）の墓石の増加に反比例して安山岩の墓石が減少し、大威徳山の採石場が閉鎖されると急速に比率が低下した。比較的最近建立された墓石にも安山岩のものが見られるが、これは男鹿地域で産出する「男鹿石」と推測する。鹿角や角館での墓石材の変遷の背景には、地元産石材の質的劣勢と、遠方の重い石材を安価に運べる鉄道の開通時期を合わせて考える必要がありそうだ。

盛岡では、昔も今も白御影の比率が高く、白御影よりも黒御影の比率が高い他の三地域とは傾向が異なる。盛岡では、古くからの墓石の色調面での伝統が今も根強く残っていることをうかがわせる。盛岡の古くからの花崗岩採石場は閉鎖されて久しいが、街から一五キロメートルほど離れた姫神山麓では「姫神小桜」と呼ばれる花崗岩石材が現在でも採掘されており、この準地元石材の利用も盛岡の白御影の比率維持に役立っている。

古い時期に着目すると、盛岡では江戸時代でも白御影以外の多様な墓石材が少なからず見られ、とくに他の三地域には無い粘板岩の存在が目立つ。この粘板岩は、石巻で産出する「稲井石」とみられる。本書でも渋谷氏が詳しく紹介しているが、江戸時代の北上川は舟運が盛んで、北上川河口の石巻との間を多くの舟が行き交っていた。陸路で運ぶには大変な労力を要する石材でも、舟であれば運べたのだろう。また、盛岡でもわずかに見られる凝灰岩や安山岩の墓石は、他地域出身の一家が盛岡に移り住むことになった際に先祖の墓を移したことを示すのかもしれない。古い時期に建立された多様な石材の墓が帯グラフに表れるほどの比率で存在することは、盛岡がこの地域の中心都市として古くから栄えてきた歴史を示すと解釈したい。

Googleのストリートビューで関西地域の墓地を見てみると、盛岡以上に白い墓ばかりで、さらに明るい印象を受けた。今回調査した盛岡以外の三都市では時期を追って黒い墓石が増え、秋田県の二都市では黒御影が最も多い墓石になってしまった。盛岡も黒御影や灰御影、外国産の赤・桃色系や緑系の御影石が増えたが、それでも白御影が最も多い。石材や建材は街の景観的特徴を作り出す重要な要素の一つである。あちこちに残る城下町時代以来の白御影石材のためか、盛岡は墓地だけでなく、街並みも仙台や角館や鹿角などの他の東北の都市に比べると明るい雰囲気がすると私は感じている。盛岡の街が持つ色調の個性が今後も維持されることを願っている。

〔参考文献〕

三浦早紀子「墓石に用いられる石材の地域性と時代変化」岩手県立大学総合政策学部卒業論文、二〇二三年

岩手県の自然は豊かなのか？

――島田直明

はじめに

写真１　盛岡市内の田園地帯から見た岩手山

「岩手県の自然は豊かだと思いますか？」という問いかけをすると、多くの人は「豊かである」と答えるであろう。盛岡から見る雄大な岩手山（写真１）、多様な高山植物が見られる八幡平や早池峰山、壮大な景観が見られる浄土ヶ浜をはじめとする三陸海岸など、自然が豊かであるからこそ、優れた風景があると思われるのではないだろうか。

自然は、大気、水、土壌、動物、鳥、植物など、いろいろな要素に分けることができるが、ここでは植生[1]や植物に着目して、「岩手県の自然は豊かなのか？」について、考察していきたい。

（１）ある場所に生育している植物の集団。植物群落。

1　岩手県の植生分布

はじめに岩手県の植生分布について、奥羽山脈、北上山地、三陸沿岸、北上川流域に分けて、概観したい（巻頭口絵カラーの植生図参照）。

奥羽山脈の高山帯では八幡平の八幡沼周辺や烏帽子岳（乳頭山）麓の千沼ヶ原、栗駒山山麓の名残ヶ原などにヒナザクラやミツガシワ、ワタスゲなどが見られる高層湿原のお花畑が広がっている（写真2）。亜高山帯では八幡平や岩手山などにオオシラビソやコメツガ

写真2　八幡平の高層湿原

写真3　八幡平のブナ林

の針葉樹自然林、焼石岳や栗駒山などにミヤマナラやミネカエデなどの落葉低木自然林が分布している。これらの森林の下部の山地帯にはブナ自然林が広がっている（写真3）。ブナ林の下部では人の手が入った二次林[2]や植林地が見られる。

北上山地の高山帯では早池峰山の山頂付近にハヤチネウスユキソウやヒメコザクラなどの早池峰山固有種をはじめとする高山植物が見られる。亜高山帯では早池峰山・薬師岳周辺や五葉山山頂付近にオオシラビソやコメツガの針葉樹自然林（写真4）、山地帯では薬師岳下部や県北の安家森周辺にブナ林などの自然林が分布している。しかし、山地帯のほとんどは二次林や植林地などの植生である。また、北上山地の山頂付近は平坦な地形を活かし、牧草地や放牧地（写真5）に利用されている。以前放牧地として利用されていた高原地帯のうち、その後利用されなくなった地域ではシラカンバ林が広がっている（写真6）。

（2） 伐採後の切り株から萌芽再生するナラ類を中心とした森林。以前は炭や薪を取るために採取されていた森林。

写真4　五葉山の針葉樹自然林

写真5　平庭高原のシバ草地

写真6　平庭高原のシラカンバ林

三陸沿岸は、北上山地から連続する山地が海辺まで及んでいる。三陸海岸は南部ではリアス海岸、北部では海成段丘の断崖が見られ、平坦地は少ない。北山崎や浄土ヶ浜、碁石海岸などの景勝地の断崖ではスカシユリやハマギク、コハマギクといった崖地に生育する植物が生育している（写真7）。三陸海岸では砂浜はほとんど発達しないが、有家浜、十府ヶ浦、明戸海岸など県北部を中心に、比較的まとまった砂浜があり、ハマヒルガオやハマナスなどの海浜植物が見られる（写真8）。海岸近くではタブノキやヤブツバキ、ヒサカキなどの常緑広葉樹が生育している。これらの種の太平洋側の分布北限は三陸南部であり、宮古市以北では分布していない。巻頭の植生図では、これらの林は表すことができないほど小面積である。山地帯では十二神山やトド山、霞露ヶ岳など半島にある山地ではブナなどの自然林が分布しているが、ほとんどは二次林や植林地となっている。

写真7　浄土ヶ浜のスカシユリ

写真8　十府ヶ浦の海浜植物群落

北上川流域の低地は水田中心の耕作地であり、低地周辺の丘陵地はリンゴなどの果樹園や二次林、植林地となっている。低地には盛岡や一関などの市街地も見られる。

2 自然は豊かなのか？　岩手県と他地域との比較

自然公園（国立公園・国定公園）

自然は豊かなのかという問いに対して、まず自然公園の面積から考えてみたい。

自然公園とは、優れた自然の風景地の地域を指定するものであり、国立公園・国定公園・都道府県立自然公園がある。国立公園や国定公園では原生的な自然環境（人の手がほとんど入っていない環境）が広く残っていることが指定要件（国立公園二〇〇〇〇ヘクタール以上、国定公園一〇〇〇〇ヘクタール以上）となっている。

岩手県にある国立公園（全国三五ヶ所）は十和田・八幡平と三陸復興の二ヶ所、国定公園（全国五七ヶ所）は早池峰と栗駒の二ヶ所、県立自然公園は五葉山や久慈平庭など七ヶ所が指定されている。国立公園が二ヶ所あるというのは、自然が豊かな証拠の一つといえそうだ。しかし、面積からみると少し違って見える。

岩手県の中で自然公園に指定されている面積は約七万二二〇〇ヘクタールであり、これは県土の五％に該当する。一方、日本の国土全体では一五％が自然公園に指定されている。全国と比較すると自然公園の占める割合が少ない。つまり「優れた自然の風景地」である原生的な自然環境は広くはないことが伺える結果となった。

自然植生

次は自然植生の面積から考えてみる。自然植生とは人の手がほとんど入っていない、もしくは人の手が入ってから数百年くらい経過し、自然植生と同等の状態になっている植生のことを指す。国立公園・国定公園の指定要件である原生的な自然環境とほぼ同義である。

自然植生（自然草地・自然林）の割合は岩手県一一％、全国一九％、東北一五％、関東六％、近畿三％となっている（図1）。岩手県の自然植生の割合は、関東や近畿のように開発が進んだ地域に比べると高い割合であるものの、東北や全国よりも低い結果となり、自然公園と同様の結果となった。

このように、自然公園や自然植生のような人の手が入っていない自然環境は、ある程度の面積があるものの、全国や東北地方と比較すると多いとはいえず、この視点からは岩手県の自然は豊かであるとはいえない結果となった。

では、岩手県の自然は豊かではないのであろうか。

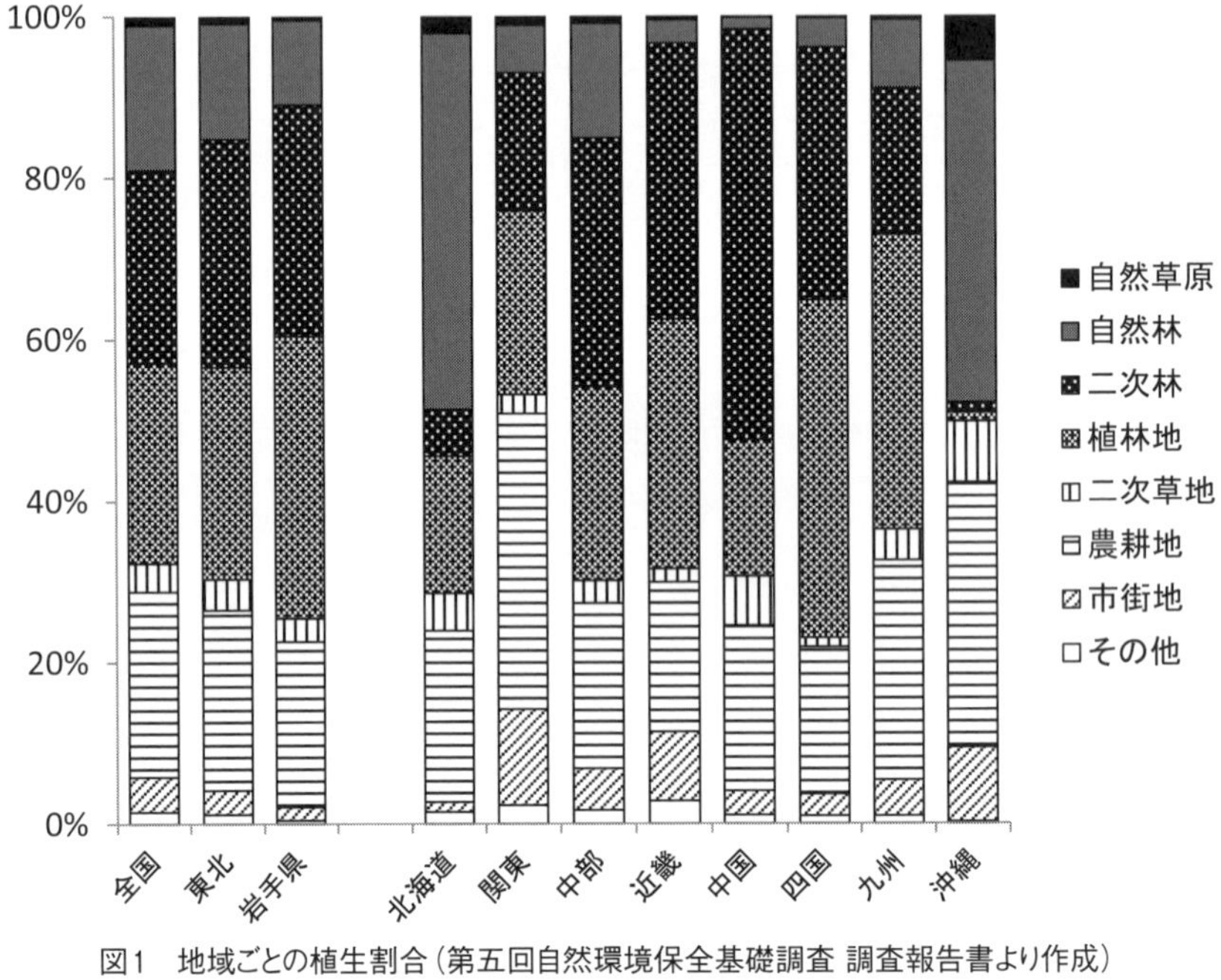

図1　地域ごとの植生割合（第五回自然環境保全基礎調査 調査報告書より作成）

写真9　岩手県の農村景観

写真10　農村内のススキ草地

3　里山の自然

里山とは?

岩手県には自然植生が少ないことがわかったが、では何が多いのだろうか。図1をみると二次林や植林地が多いことが読み取れる。これらが多く見られる場所は里山と呼ばれる地域である。

里山とは、岩手県内では普通に見られる農村の風景をイメージしてもらえればよいであろう。農村周辺の農地・森林(植林や二次林)・半自然草地・水路などで構成されるものである(写真9)。いずれも人の手が入っている植生である。

半自然草地とは、家畜の餌などにするための採草地や放牧地の草地であり、火入れや刈り払いによって維持されているススキやシバの草地を指す。このような草地は生物多様性が高いことが知られている。ススキ草地(写真10)は茅葺屋根の材料や牛馬の餌、シバ草地(写真5参照)は放牧地として利用されていた。特に北上山地は山頂付近に平坦地が広く、この場所を放牧地として利用して、牛馬の生産が盛んに行われていた。現在の採草地や放牧地は半自然草地から外来牧草の草地に置き換わった場所が多い。この草地の生物多様性は低い。
また、岩手県の里山にある二次林や植林は伐採されている場所や伐採から十年程度経過したと思われる低木林のところも散見され、人の手が入っていることが伺える。

里山の生物

里山には里山特有の生物が暮らしていることが知られている。二次林など森林に生育している植物ではカタクリ、キクザキイチゲ、フクジュソウ、サクラソウなど、草地に生育している植物ではアズマギク、オキナグサ、キキョウ、オミナエシなどが挙げられる（写真11）。これらの植物は人の手が入っている明るい環境で見られることが多い。

写真11　里山のサクラソウ

ところで、これらの植物は人の手が入るより前には、どのような環境で暮らしていたのだろうか。それは、自然撹乱（洪水・山火事・火山噴火など）によってできた草地や若い森林のような明るい環境に生育していたと考えられている。人が樹木を伐採し、田畑を耕す生活を始めると、その場所は日光の差す明るい環境になった。この人が作りだした環境（里山）に、これらの植物が生育するようになってきた。つまり人が暮らすために行ってきた活動が、意図せず里山に暮らす植物の生育地を整備してきたといえる。

近年では農林業の衰退によって耕作や伐採が行われなくなったことから、里山に暮らす生物も生育環境が減少してきている。一方で、自然撹乱は人間にとっては「災害」となるので、災害が起きないように環境整備が進められている。自然撹乱の環境に暮らしていた生物の元来の生育環境はなくなってきているといえる。

里山の生物にとって、元々の生育環境である自然撹乱地と、人の手によって非意図的に作られた生育環境が、近年ともに大きく減少している。そのため、先ほど挙げた植物の一部が絶滅危惧種となってしまった。

このような里山の自然から岩手県の自然の豊かさについて考えてみよう。

里山からみる岩手県

里山を構成する森林と耕作地の現在における利用状況から岩手県の現状を見ていこう。まず森林から確認する。森林に人の手が入り伐採されると樹木の年齢が若くなり、伐採されないと樹木の年齢が高くなることになる。若齢の森林が多ければ、その地域は現在でも人の手が入っている森林が多く、林業が盛んな地域であるといえる。

ここでは二〇二二年の森林資源の現況（林野庁）から、四〇年生以下を若齢林として、その割合を見る。若齢林の割合は、全国の天然林(3)では三%、岩手県の天然林では一四%（全国三位）となっている。また、全国の人工林では九%、岩手県の人工林では一二%（全国七位）となっている。いずれの森林においても全国平均より高い値を示している。これは林業が盛んで、森林が伐採され、利用されていることを表している。

(3) スギやカラマツのように人工的に植栽された人工林ではないものの総称。人の手がほとんど入っていない自然林および二次林を指す。

岩手県の森林から生産された素材（用材に用いられる丸太）の生産量は一二一〇・四万立方メートルで全国五位（令和四年木材需給報告書）、木炭の生産量は一八一九・五トンで全国一位（令和四年特用林産物生産統計調査）である。また、生しいたけの生産量は全国二位、乾燥しいたけは全国五位といずれもトップレベルである（令和四年特用林産物生産統計調査）。森林から得られるこれらの生産量が多いということも、岩手県の森林利用がよくされていることを示していると言えるだろう。

次に耕作地について考える。農業が衰退すると耕作放棄が進み荒廃農地が増加すると考えられることから、農地に対する荒廃農地の割合を計算した（令和五年度耕作地及び作付面積統計）。すると、全国では荒廃農地の割合が六・一％であるが、岩手県では二・七％であり、耕作放棄が全国に比べて進んでいなかった。つまり、農業が盛んに行われていることが伺える結果となった。

このように林業・農業ともに国内では盛んな地域であり、里山で暮らす生物にとっても良好な環境が維持されている地域であると言える。その証拠の一つとして、他地域では絶滅危惧種に指定されているカタクリやキクザキイチゲ、アズマギクといった植物が、岩手県ではごく普通に見られることが挙げられる。

つまり、里山の自然からみると岩手県の自然は豊かであると言える。

しかしながら、岩手県でも更に農林業従事者の高齢化が進み、農林業が衰退していくことが予想される。農林業が衰退すれば、里山で暮らす植物の中に個体数が減少する種も現れるだろう。岩手県の自然の豊かさは農林業が大きく関係しているため、今後の岩手県の植生、植物、そして生物への影響が懸念される。

農林業衰退の問題は、食料自給率の低下や地域コミュニティの維持などの社会問題のみならず、地域の生物多様性にも影響を及ぼすものである。

おわりに

植生や植物からみて「岩手県の自然は豊かなのか?」という問いに対しては、「豊かである」という答えとなる。その理由として、①十和田・八幡平国立公園をはじめとする人の手が入っていない自然植生がある程度残されていること、②人の手が入っている農林業に関わる植生が、現在でも利用されていて、里山に暮らす植物にとって良好な環境が維持されていること(写真12)の二点が挙げられる。多くの方は一点目の理由により岩手県の自然は豊かだと感じているかもしれないが、岩手県では二点目の理由も大きい。

しかしながら、今後岩手県でも農林業の衰退が進行し、里山に暮らす生物への影響が出ることが懸念される。

写真12　花巻市の里山景観

・写真は筆者撮影

column

東日本大震災後の海浜植生の現状と保全活動

―島田直明

東日本大震災と海浜植生

二〇一一年三月一一日、東日本大震災を引き起こした地震が発生した。地震に伴って大津波と地盤沈下が起き、東北の太平洋側地域では甚大な被害を受けた。沿岸域では海岸林の多くは流出し、陸前高田市高田松原や釜石市根浜海岸など岩手県南部では海浜植生が砂浜ごと消失した海岸もあった。一方、野田村十府ヶ浦や久慈市夏井川河口、田野畑村明戸海岸、宮古市津軽石川河口のように、ある程度の面積が残存した砂浜では、震災当年の夏季には海浜植生の速やかな自律的再生が確認された（写真1）。これらの砂浜では津波によって海浜植物の地表部が流出したものの、残存していた地下部の根茎や種子から再生してきたものと考えられる。

写真1　震災当年夏の十府ヶ浦

その後、再生した海浜植生が、防潮堤の復旧・復興工事などによって消失・荒廃するような影響を受けた砂浜も少なくなかった。

震災後、岩手県にある砂浜約四〇ヶ所の海浜植物相調査を行い、再生・変化する様子を記録してきた。この結果に基づき、海浜植物の種数が多い砂浜など保全すべき海岸を一八ヶ所リストアップした。岩手県南部では、そのうち五ヶ所しか該当せず、この地域では砂浜で普通に生育する植物が見られなくなるリスクも高いと考えられた。特に南部では海浜植生の保全が必要であると言える。リストアップした一八ヶ所のうち九ヶ所について、具体的な保全策について提言を取りまとめて論文とし、岩手県に提出した。このうち幾つかの砂浜では、提言に沿った保全対策が講じられた。

海浜植生の保全対策

提言した保全対策は、それぞれの砂浜の状態などによって異なるが、基本的には①現地保全区の設定、②根茎や種子を含んだ表土の移植（海岸外などに仮移植後、同一海岸に戻す）、③現地の種子による地元小中学校での苗づくりの三点である。③は補完的な手法という位置づけである。①②は復興工事の一部として作業していただいた。

①現地保全区の設定では、可能な範囲で大きく範囲設定していただいた。

それでも工事用地となった海浜植生の生育地は、②根茎や種子を含んだ表土の移植を行った。生育地の表土をバックホーで四〇から五〇センチメートル程度掘り取り、工事の影響がない場所に敷き均し（仮移植）、工事終了後に同じ砂浜に移植するものである。工事が四年ほどかかった場所もあり、仮移植地で雑草駆除などの保育活動も行われた。その後、砂浜への移植が行われた。十府ヶ浦では現在は海浜植生が再生し、ハマヒルガオ、ハマエンドウ、ナミキソウの群落が広がっている（写真2）。

写真2　保全によって再生した十府ヶ浦の海浜植生

補完的な作業である現地の種子による地元小中学校での苗づくりを、環境教育の授業の一環として取り組んでいる小中学校がある。その取り組みについては次の節で詳しく紹介する。

海浜植生の再生と環境教育

授業を実施した学校は野田村立野田小学校、山田町立船越小学校、陸前高田市立広田小学校、釜石市立釜石東中学校の四校である。近くに海岸がある学校にお声がけした。小中学校の総合学習の時間を用いて、以下のような内容で授業を行った。

①座学と海浜植物の播種：一回目の授業は五月から六月に行った。岩手県や学校周辺の砂浜の現状や、授業の意義などの説明を座学で行った。その後、プランターに地元の海浜植物の種子を播種した（写真3）。授業後の水やりなどの育苗作業をお願いした。

②海浜植物の観察：初夏に対象となる砂浜に出向き、自分たちが育苗している海浜植物を観察・スケッチを行った（写真4）。

③砂浜の観察：対象とする砂浜に出かけ、風力や地温などを計測し、内陸と砂浜の環境の違いを調査により明らかにした。

写真3　海浜植物の播種

写真4　海浜植物の観察

写真5　砂浜への苗の移植

④育苗した苗の植栽：一〇月ごろ一年間自分たちで育苗した海浜植物を対象とする砂浜に植栽した（写真5）。

作業後、一年間の授業の振り返りを行った。授業を行う前は、砂浜が身近にある小中学校の児童・生徒も、海浜植物の存在をほとんど認識していなかった。授業を通して、地域の自然環境への気づきが認められた。

このように復興工事の一環の保全対策や環境教育として保全活動を行うことで、海浜植生が再生してきた。今後は、海浜植生のモニタリング調査を行っていく予定である。

〔参考文献〕

島田直明・川西基博・早坂大亮「岩手県の砂浜植生回復に関わる生態学的な評価と保全対策の提案」『総合政策』一六巻、二〇一四年

島田直明「復旧事業における海浜植物の保全対策──十府ヶ浦の事例」日本生態学会東北地区会編『生態学が語る東日本大震災』文一総合出版、二〇一六年

島田直明「海浜植生の再生と環境教育」日本景観生態学会編『景観生態学』共立出版、二〇二二年

島田直明・平吹喜彦「東日本大震災の被災海岸：大津波から、着々と回復中」植生学会編『愛しの生態系』文一総合出版、二〇二三年

杜と水の都の一側面
――盛岡の清水を訪ねて――

辻　盛生

はじめに

進学で埼玉から岩手に来てもう数十年が経過したが、今でもその時の印象を強く覚えている。自転車であちこち出歩くのが好きだったこともあり、大学の寮で実家から持ち込んだ自転車を組み立て、地図を見てなんとなく気になった中津川に向かった。市役所のあたりで川を覗くと、川底の石が見える清流だったことに衝撃を受けた。県庁所在地の市役所の裏の川が清流なのである。出身地では、自転車で二時間近く交通量の多い道路を走り、ようやくたどり着けるような環境が、一〇分足らずでそこにあった（後に、その川にサケが遡上する状況を目の当たりにし、さらに衝撃を受けることになる。こういった衝撃の蓄積から、筆者は盛岡に住み着くことになる）。川を辿って上流に向かうと住宅地は切れ、田園風景が広がった。この田園は後に浅岸の住宅地となるが、当時は小区画の水田が残る景観だった。さらに支流の米内川に入り上流を辿ると、道の脇に水が落ちている場所があった（写真1）。

写真1　伊勢清水（写真右下手前の白い部分）

水を汲むためのパイプが配されており、飲めると判断して水筒に水を汲んで道すがら飲んだが、この水が後述の伊勢清水である。自転車で町中から三〇分程、そこは二車線の道路は通っているものの木々に覆われている。片方は米内川の清流、山側からは飲むこともできる水が道端に流れ落ちる。このあたりが、盛岡が杜と水の都と言われる所以なのだろう。なお、「中津川綱取ダム下流」は、平成の名水百選に「大慈清水・青龍水」と共に選ばれており、盛岡市で二ヶ所が選定されていることになる。

1　国内の地下水の現状と指標となる水質項目

地下水は、地表に降った雨が地中に浸透し、地中をゆっくりと流れることによって鉱物のミネラル等を溶かし込み、様々な水質を持つようになる。ナチュラルミネラルウォーターは、この地下水をろ過や沈殿、加熱滅菌以外の処理をせずに販売する天然水だ。この水質のバランスを示すのがヘキサダイヤグラム（図1）である。わかりにくいイメージがある水質を視覚的に示すもので、ここでは左側に陽イオン、右側に陰イオンを配し、左右に広がり、太くなるほどその含有量が多いことを示す。なお、ミネラルウォーター等で「硬度」

が記載されていることがあるが、これは、陽イオンであるカルシウムイオン、マグネシウムイオン量で決まる。[1] ヘキサダイヤグラムでは左と左下であり、陽イオンが増えれば一般的に陰イオンも増え、硬度が高い水はヘキサダイヤグラムも太くなる。

地下水は、人による土地利用の影響を受ける場合がある。土地利用の影響を示す指標として、硝酸イオンや塩化物イオンが取りあげられることが多い。硝酸イオンは、ヘキサダイヤグラムでは塩化物イオンと共に右上に示される。硝酸イオンは生物が生きていく上で不可欠な窒素を含み、肥料成分でもある。土地利用の影響を受ける場合、その原因としては畑地や果樹園の肥料、畜産、生活排水などが挙げられる。塩化物イオンはナトリウムイオンと共に食塩を構成する物質であることから、これも人為の影響を示す指標となる。

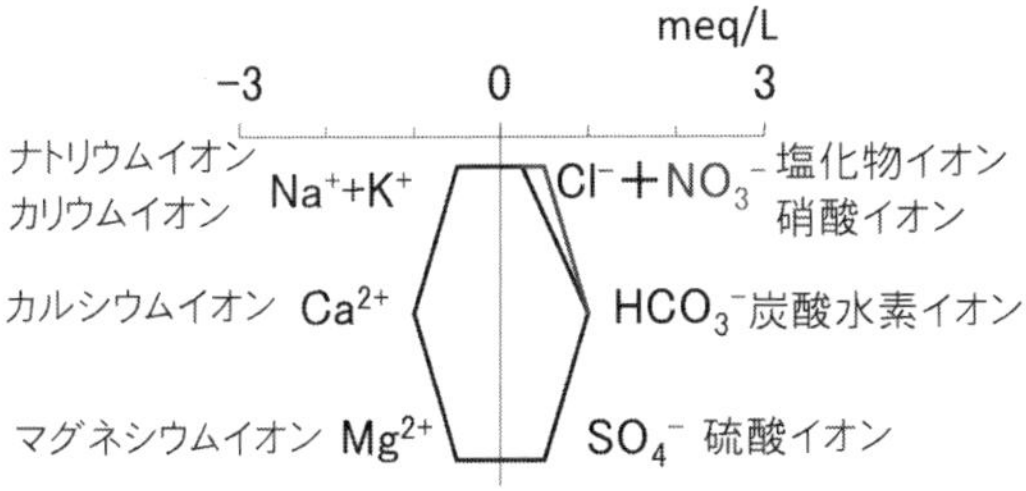

図1　ヘキサダイヤグラム

水中の硝酸イオンは、メトヘモグロビン血症の一因とされ、高濃度に含有する水を飲用した場合、貧血のような症状を示す。そのため、地下水中の硝酸性窒素及び亜硝酸性窒素[2]の環境基準は一〇mg/L以下とされている。なお、硝酸性窒素及び亜硝酸性窒素の環境基準は水道水質基準と同じであり、「生涯にわたる連続的な摂取をしても人の健康に影響が生じない水準」として設定されている。したがって、基準の濃度を多少超えた水を飲んでも、症状が出ることは考えにくい。なお、国内地下水の硝酸性窒素における環境基準超過率は、低下傾向が見られるものの三%前後と高い状態を維持し

（1）　硬度60mg/L未満を「軟水」、60～120mg/L未満を「中硬水」、120～180mg/L未満を「硬水」、180mg/L以上を「超硬水」としている（食品安全委員会二〇一七、清涼飲料水評価書）。ここでは、硬度の単位を「度」で表す。

（2）　硝酸イオン、亜硝酸イオンの窒素のみの質量で、それぞれ換算した濃度の和。

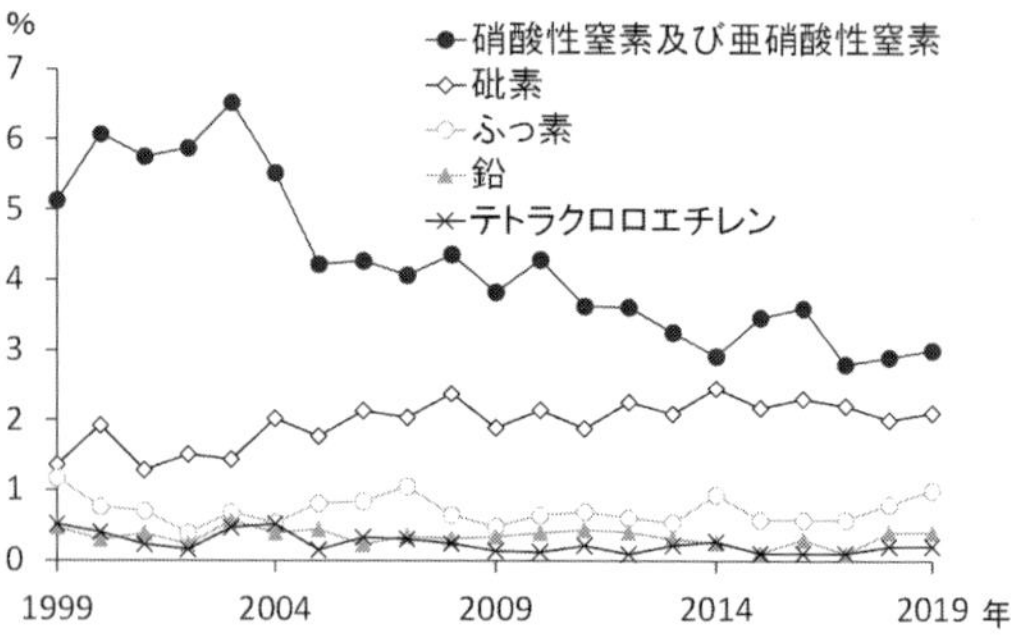

図2　地下水環境基準超過率の推移
（環境省「令和元年度地下水質測定結果」に基づき作成）

ている（図2）。窒素は、生物（人間）が必要不可欠としている物質であるだけにその規制、削減は難しい。幸いにも、本報告で紹介する各清水共に、この基準を超過するものは見られなかった。

飲用を考える場合、細菌についても気になる所である。水道法では、一般細菌[3]は一ミリリットル当たり一〇〇個を上まわらない値が基準とされる。ここでは、試験紙培地（柴田科学　一般細菌試験紙）による測定を三回実施した平均を各測定の値とした。なお本文中で単位を「個」としたが、一ミリリットル当たりの個数を示す。

（3）一般細菌は特定の菌を指すのではなく、河川や土壌、食品や空気中、人の体にも広く存在する様々な菌を示す。無害な細菌が多いが、人に害を与える細菌も含む。

2　盛岡市内の清水

盛岡市内の清水として、図3に示す一三ヶ所を選定した。湧水ではなく清水としているのは、ポンプアップを導入した箇所等も含まれることによる。比較を目的として、北上川（夕顔瀬清水付近）と、中津川（盛岡城址公園付近）、さらに白滝の河川水も加え、水質を示すヘキサダイヤグラムを図3中に配した。調査は、卒業生である木ノ下幸也君が二〇二〇年

図3　盛岡市内調査地点および各清水の主要水質（地理院地図に加筆作成）

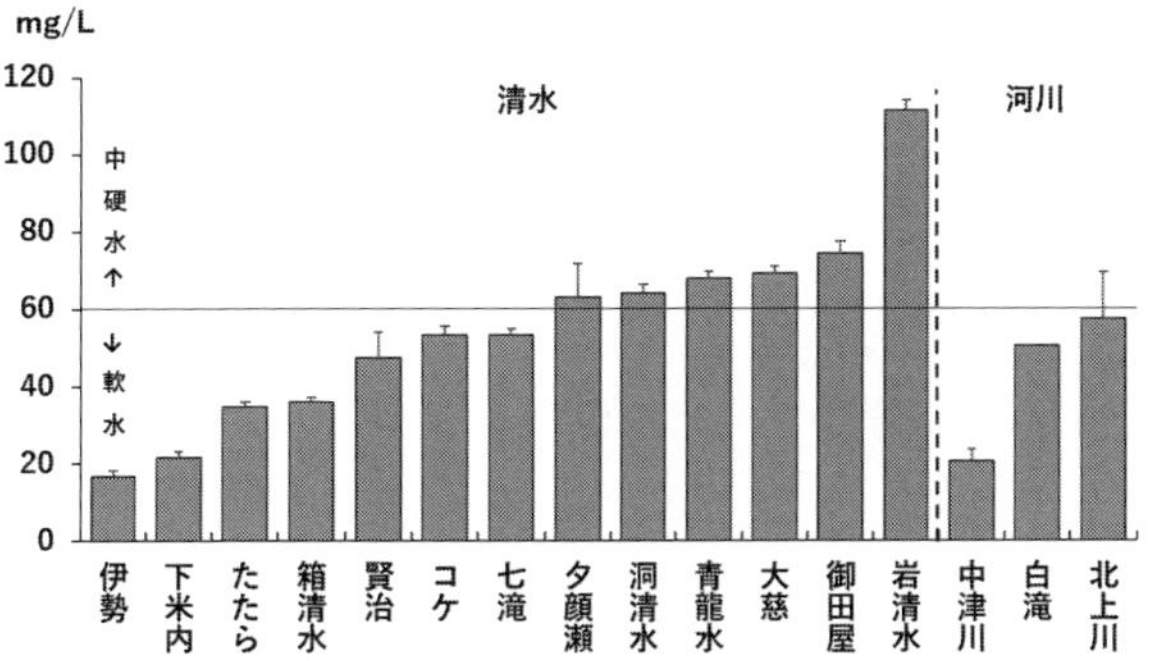

図4　各清水の硬度

エラーバーは標準偏差

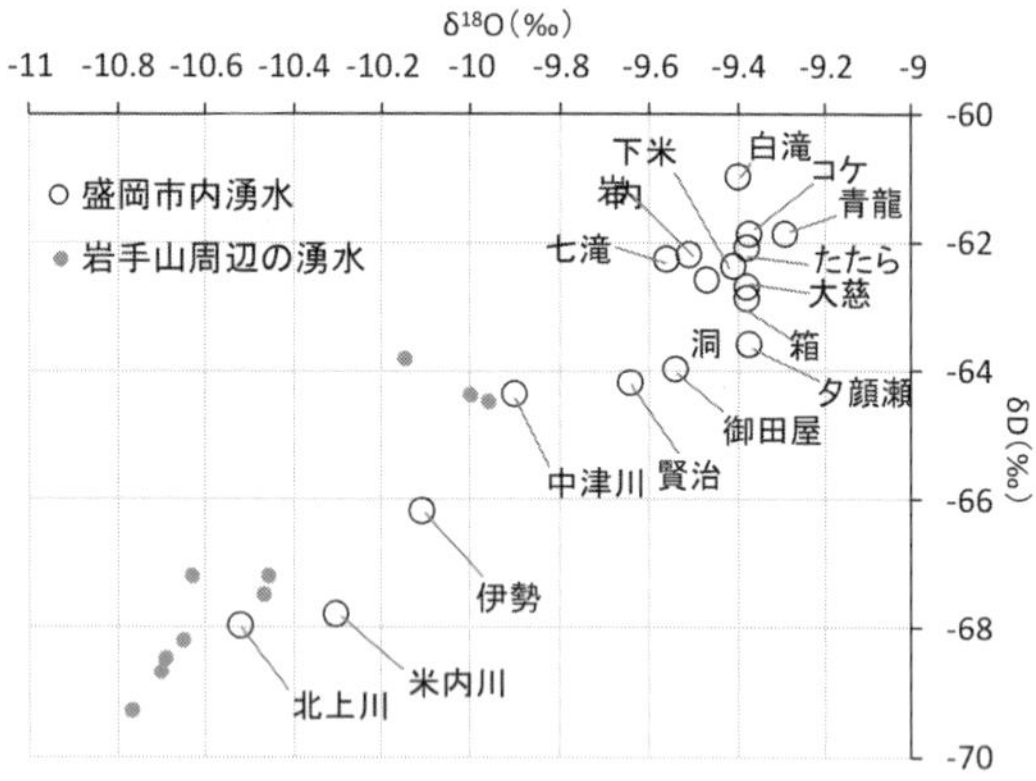

図5　水を構成する水素、酸素の安定同位体比

九月から二〇二一年九月の間、月に一回の頻度で一三回実施した調査結果を軸としたものである。防災利用に関する考察も木ノ下君の着想である。なお、白滝は二〇二四年二月採水の結果を用いた。

　併せて、各清水と河川水の水を構成する水素、酸素の安定同位体比[4]（以下「同位体比」とする）も求めた（図5）。これは、地下水や表流水の涵養域（ここでは大まかな標高の指標として用いた）を示すと言われ、図中の点の位置が近い水は水源が近いことを示す。同位体比の分析結果は二〇二一年一月調査時の水を用いた。なお、米内川においては、上米内橋付近で二〇二一年二月に、白滝は二〇二四年二月に採水を行った。

大慈清水と青龍水

　盛岡市の清水では、平成の名水百選にも選ばれている大慈寺町の大慈清水（写真2）が有名である。多段式の石造りの水舟と屋根を持つ風格のある清水で、観光スポットにもなっている。大慈清水の水舟は、一番上が飲料水、二番目が米とぎ場、三番目が野菜・食器洗い場と、用途が示されている。ここで特筆すべきは、一番上の飲料水が水舟に貯められた

（4）ここで扱う水素、酸素の同位体は、通常の原子よりも重く、降水になりやすい性質を持つ。同位体比が高い雨が先に降りやすいことを示し、山地の低標高域から高標高域に向かって同位体比は低くなる。ここでは、狭い範囲の分布であることから、標高の違いは概ね涵養域の違いを反映すると考えた。

清水をひしゃくでくみ上げて使用する点である。水を貯留した状態で放置すると、水と接触する水舟の表面に雑菌が生じやすい。しかし、大慈清水では、一般細菌の検出は調査期間中三回のみであり、測定値の最大も一個未満であった。これは、地域の水利組合で毎週実施するという清掃作業のたまものである。貯めた水をひしゃくですくって器に取り、飲用するスタイルには管理する方々もこだわりを持っており、このような努力があって水質を維持しているのだ。

一方、同じく大慈寺町の青龍水（写真3）も、趣のある屋根のかかる水舟を擁する。清水は水面上からパイプで流下させる方式である。一般細菌は二回確認されたものの、最大値は一個とこちらも極めて少なかった。

写真2　大慈清水

写真3　青龍水（積雪時）

ヘキサダイヤグラムの形状は大慈清水、青龍水とも近い。硬度はどちらも七〇度前後であり、「中硬水」に属するが軟水に近い。どちらも自噴しなくなったことによって、大慈清水は八メートル、青龍水は六メートルの井戸からポンプアップを行っている。北上川に近く、ヘキサダイヤグラムの形状も北上川に似ていることから、北上川の影響を受けているように思える。しかし、同位体比を見るとたたら清水、コケ清水に近いことから、東の北上山系の地下水であることがわかる。硝酸イオン、塩化物イオンの濃度が高めであることから、人為の影響を受けつつ盛岡市街の地中を浸透していると考えられる。その影響は青龍水の方が大きいが、水質基準を越えることはなかった。なお、大慈清水、青龍水共に、管理する水利組合で独自に盛岡市保健所による飲用水試験検査を受けており、水道法による水質基準に適合することを確認している。

たたら清水とコケ清水

盛岡市街を一望できる岩山（写真4）の、それぞれ南側、北側に位置する山付きの清水である。たたら清水は、国道一〇六号川目付近から岩山に向かう道路の擁壁から出る複数の管から流出し、コンクリートと自然石で作られた枡に落ちる（写真5）。硬度三五度前後の軟水で、硝酸イオン、塩化物イオン共に少なく、人為の影響が少ない水といえる。一般細菌は一度も検出されなかった。採水に訪れる市民が多いようで、調査の際に順番を待つことも多かった。毎分一二リットル前後の湧出量を、年間を通して安定して維持した。近くには「白滝」があり、森の中を清澄な水が流れ落ちる（写真6）。その脇の小道が旧宮古街道だ。白滝のヘキサダイヤグラムはたたら清水に近く、周辺の湧水が水源と考えられる。

写真４　岩山から見た盛岡市街東部と岩手山

写真６　杜と水を実感する「白滝」

写真７　コケ清水
湧出部の井戸は、管の奥にある。

写真５　たたら清水

コケ清水は民有地内にあるため、管理者の許可を得て調査を実施した。妙泉寺の趣のある建物脇にある清水で、古い井戸に湧出し、導水管を経て流出している（写真7）。硬度は五三度前後の軟水で、毎分一〇リットル程の安定した流量であった。一般細菌は最も多かった測定で二二個と、水質基準未満ではあるものの今回の調査中の最大値であった。一般細菌は常に検出され、年間平均は八個であり本調査中最多であった。残念ながら井戸は管理されておらず、井戸枠の中には落ち葉が入り込んでいる状況であった。細菌類は地下水中に含まれているのではなく、湧出後の環境の問題だろう。喉が渇く夏場の調査時には飲んだが、もちろんおいしい水である。

下米内清水と伊勢清水

下米内清水は、民家の庭先の道路際にある小さな清水である（写真8）。歩いていても、注意していないと気づかない。毎分一・五～二・五リットルと、少量ではあるが、年間を通して安定した湧出量であった。一方、伊勢清水は清水というより瀧であり、毎分七五～六五〇リットルと格段に多い上、年変動が大きい（写真9）。

水質を見ると、ヘキサダイヤグラムはどちらも細く、硬度は伊勢清水が一七度、下米内が二二度の軟水である。硝酸イオンも少なく人為の影響は小さいといえる。よく見ると、伊勢清水と中津川のヘキサダイヤグラムがそっくりである。同位体比を見ると、伊勢清水は他の清水から離れ、中津川と米内川の間あたりに位置した。伊勢清水の五〇メートルほど南には米内水力発電所の導水管がある。水は米内川上流で取水されており、その余剰水が入り込んでいるのかもしれない。一般細菌は、下米内清水で四個を一回観測したが、そ

写真8　下米内清水

写真9　伊勢清水

のほかは一個未満であった。伊勢清水では、五個前後が三回カウントされ、〇個は一回に留まった。流れ落ちる瀧の上に少し流れがあり、周辺環境との接触によると考えられる。

七滝清水と洞清水、岩清水

七滝清水は、名乗沢にある七滝神社脇の斜面の岩肌から複数湧出する（写真10）。そのうちの一つをパイプで導水し、汲みやすくしている。このパイプ経由の水量は毎分九～二五リットルであり、冬期に若干減少するものの比較的豊富である。硬度は五三度であり、軟水ではあるが高い部類である。一般細菌は、二月の調査で二〇個が最多であった。多かったのはこの一回であり、他は〇～二個であった。

洞清水は、国道四五五号脇の三ツ割三丁目住宅地内の少し奥まった場所にあり、分かりにくい（写真11）。近隣住民の方々に場所を教えていただき、たどり着いた。国土地理院の地図には地名として記載されていることから、清水は古くから親しまれていたものと考えられる。土と接する滞水した湧出部からコンクリート製の比較的深い三つの枡に流れ込む構造である。採水は湧出部から行った。このような条件だと一般細菌は多いかと思ったが、一〇月の一〇個が最大で、冬期は一個未満と少なかった。湧出量は冬期に極端に減少し、一月の調査では湧出はほとんど見られなかった。春には湧出量は戻り、毎分一五リットル前後、降雨直後の八月の調査では毎分三〇リットルを記録した。硬度は年間平均で六五度であり、中硬水に区分される。

岩清水は、住宅地にある大きなケヤキの袂から湧き出し、石造りの浅い枡に滞留する（写

写真10　七滝清水

写真11　洞清水

真12、13)。湧出量は目測で毎分五〜一〇リットル程度と思われ、それほど多くない。その水が滞留する構造であるため、緑藻類が目立った。住宅地や畑もあるためか、硝酸イオンが比較的多く含まれることも、緑藻類が増える理由と思われる。採水にあたっては、湧出部付近から大型のスポイトを用いて周囲をかく乱しないように行う必要があった。一般細菌は多寡が見られ、二三個が二回、一二個が一回、六個が一回、他は五個未満で〇個も三回観測した。緑藻類や落ち葉など、水中の微生物を増やす要因が多いことが影響したと考えられる。したがって、清水由来の細菌類ではないと思われる。特筆すべきは硬度で、一一〇度を超えた。地質の影響を受けていると考えられ、太いヘキサダイヤグラムを見ても違いが分かる。硬水に近い中硬水であり、市内では珍しい。飲用できる状態で湧出していればぜひ飲んでみたいと思う水だ。

写真12　岩清水の大ケヤキ

写真13　ケヤキの袂の岩清水

箱清水、夕顔瀬清水

箱清水は住宅地の地名にもなっており、ポケットパークとして整備されている（写真14）。屋根付きの井戸枠を備えるが、井戸の底まで一メートル以上あり、清水に直接触れることはできない。隙間からカメラで動画を撮ると、井戸の底に水の動きがあり、湧出していることがわかる。説明板には、道路整備の関係で湧出部が塞がれたものを、平成八年の道路改修に伴って移転復元したとある。地元の管理者から許可を得てポンプで採水した。ヘキサダイヤグラムは細く、硬度は三六度の軟水である。硝酸イオン濃度は高めであったものの、一般細菌は二個未満、〇個が九回であり、飲用に問題ないと思われる。湧出量にもよるが、ポンプアップ等で清水に触れる構造にできるのではないだろうか。

夕顔瀬清水は、北上川左岸の夕顔瀬橋上流側にある（写真15）。護岸がなされているが、清水までの階段があり、アプローチしやすい。湧出口の塩ビパイプの先に、採水しやすい工夫と思われるが、無造作に底面が切られたペットボトルが差し込まれている。ペットボトルには付着藻類が見られ、北上川が増水した際には水没する位置になるものの、一般細菌の検出は二回のみで、数も一個前後と少ない。硬度は六四度で、軟水に近い中硬水である。夏期は四～五リットルの湧出が見られたが、冬季間には湧出が途絶えることもあった。

賢治清水、御田屋清水

どちらも市街地の清水である。賢治清水は二五メートル程離れた位置にある宮沢賢治が使用したという井戸からポンプアップされている。盛岡城址公園脇の交差点の広場にあり、井戸を模した小さな建屋の脇から水が手水鉢に流れ出る（写真16）。御田屋清水は和風

写真15　夕顔瀬清水

写真14　箱清水

のポケットパーク内にあり、石造りの井戸枠と一〇メートルほどの流れを伴う（写真17）。賢治清水は、街中の清水ではあるものの、硝酸イオン濃度が低い。一方の御田屋清水の硝酸イオン濃度は比較的高く、人為による影響を反映している。賢治清水の硬度は四七度の軟水、御田屋清水は七四度の中硬水で、どちらも一般細菌は非検出であった。賢治清水、御田屋清水共に、水の同位体比は若干中津川寄りであり、中津川に近い立地でもあることから、伏流水の影響を受けていると考えられる。なお、賢治清水は一月から三月にかけて塩化物イオンの上昇が見られた。市内の雪捨て場となる近傍の河原の雪に含まれる凍結防止剤が影響している可能性が考えられる。また、御田屋清水は旧北上川のほとりに位置することから、北上川の影響も視野に入るが、同位体比からはその傾向は見られない。

写真16　賢治清水

写真17　御田屋清水

おわりに

この調査を開始した頃に自転車を再開した筆者は、伊勢清水や七滝清水で水筒に水を汲んで度々飲んでいる。やはりおいしい、ありがたい水である。ただし、清水を飲用する場合には、上流域の汚染源に注意を要する。本調査では大腸菌の調査を行っていないが、病原性細菌には注意が必要である。二〇二三年八月に、石川県の流しそうめんによる食中毒があった。この原因が流しそうめんに使った湧き水とされた。動物の腸内由来の細菌が原因とされることから、湧出後の二次的な汚染の可能性が高い。清水においても、地表を流れ下る距離が長かったり、滞留する場所がある場合は注意を要する。飲用する場合はあくまで自己責任であり、発症は免疫力の影響もあることから、体調にも留意する必要がある。病原性細菌に対しては、煮沸してお茶などに用いれば安全性は高くなる。他方で、最近ＰＦＡＳ（ピーファス）と言われる有機フッ素化合物の一種による地下水汚染がマスコミで聞かれる。化学工場が立地していた場所や特殊消化剤が使用される航空関連施設付近などが水源付近に存在する場合は注意が必要である。今回の調査地では対象となり得る施設は水源付近には無いが、毒性のある人工化学物質による汚染は、煮沸や一般的なフィルタリングでは防げず、長期に渡り影響する。水源を守る重要性を痛感する。

市内各所に存在する清水は、見る人に涼感や、飲める水があるという安心感を与える。水と触れあうことができる清水は観光資源にもなり得る。災害時には飲料水としての役割が期待できる。実際、大慈清水では東日本大震災で水道が止まった際、自動車から電源を取ってポンプを動かし、飲み水を確保したと伺った。観光資源としての役割や日常の潤いを得られることも大きな恩恵だが、非常時の役割も意識しつつ、一定の管理を行い維持することが大切であると感じる。他方で、飲用可能な水質でありながらも、湧出後の水の取り回しからそれがかなわない清水もある。直接水と接することができるような工夫が日常を豊かにすると共に、非常時にも頼れる水源になると思う。自然が豊かなイメージの盛岡ではあるが、普段見慣れている何気ない自然の恵みを大切に活かすことが、街の魅力をさらに高めるはずである。水が盛岡に住み着く人を増やしてくれるかもしれない。

〔参考文献〕

木ノ下幸也「盛岡市街地周辺に点在する湧水の水質評価と主に災害時を想定した利用の検討」岩手県立大学総合政策学部卒業論文、二〇二二年
食品安全委員会『清涼飲料水評価書』、二〇一七年
宮下雄次「神奈川県内における硝酸性窒素汚染地下水の水質—窒素安定同位体比と土地利用との関係」『神奈川県温泉地学研究所報告』三六巻、二〇〇四年
松尾美央子「メトヘモグロビン血症」『耳鼻』六五巻、二〇一九年
厚生労働省健康局水道課水道水質管理室「水道法水質基準等の設定の考え方について」、https://www.mhlw.go.jp/stf/shingi/2r9852000000ypmm-att/2r9852000000ypu6.pdf
林武司「酸素・水素安定同位体を用いた地下水調査」『地下水技術』四七巻八号、二〇〇五年

column

希少淡水魚タナゴの保全
——大学と地域住民の協働による取り組み——

鈴木正貴

盛岡の名前がついていた魚

岩手県内に生息している淡水魚にタナゴがいる。本種は、関東から東北地方太平洋側にかけてやや不連続に分布する日本固有種で、オスは繁殖の時期になると体の前半部が紫色に染まり、腹部が黒色を帯びる（武内二〇一九）。興味深いのは繁殖行動で、メスは体から伸びる長い管を淡水二枚貝類の中に差し込み、その管を介して卵を産みつける（写真1）。一方、淡水二枚貝類も子どもが大きくなるためには一時的に魚に寄生する必要があるが、産卵に利用されてしまうタナゴには寄生できない。このように、タナゴが生息するには淡水二枚貝類と、タナゴ以外の魚（たとえばヨシノボリ類など）という三種類の生きものが同所に生息していなければならない。

写真1　屋内実験で撮影されたタナゴの産卵行動

生きものには、学名という世界共通の名前がある。かつて、タナゴの学名の一部には、「*moriokae*」という盛岡の地名が使われていたことがある（たとえば、小山一九五七）。それほど、岩手県内において馴染み深い魚であったのだろう。しかしながら現在、本種は生息数を減らし、絶滅の危機に瀕している（環境省レッドリスト二〇二〇：絶滅危惧ⅠB類、岩手県レッドリスト二〇二四：留意）。なぜ、このような事態になってしまったのだろうか。

タナゴが減った理由とは

タナゴが主に生息しているのは、湖沼や河川、農業水路が流れる水田地帯である。流れの緩やかなところから速いところまで多様な流速の水環境に対応可能で、ため池のような閉鎖水域でも繁殖して世代交代をしている（北村二〇二〇）。ところで、全国のおよそ六割の水田地帯では、圃場整備事業が実施されている。この事業は、農地の区画整理や農業水路のコンクリートU字溝化などを行い、作物を生産する農家に作業の簡便化や省力化といった恩恵をもたらす。また、近年、農業用水として利用されなくなり、維持管理が困難となったため池は、堤体の決壊などによる被害を未然に防止するため廃止されつつある。これらの事業による大規模かつ急速な環境改変は、タナゴや淡水二枚貝類の生息環境を劣化させてしまう。とくに、本種の繁殖に必要な淡水二枚貝類の多くは、それ自身が絶滅の危機に瀕していて、人工増殖技術も確立していないから、ひとたび生息地を失えば復活させることは困難である。すなわち、タナゴは生息環境を失うだけではなく、淡水二枚貝類が減少することで繁殖の手段も失ってしまうのである。

大学と地域住民の協働による保全活動

筆者の属する岩手県立大学の研究チームは、北上川に沿って広がる水田地帯にある二つの地区で、タナゴと淡水二枚貝類の保全に取り組んでいる。一つの地区では、これらの生息するため池が、圃場整備事業に伴う新たな水源確保と堤体の老朽化を理由に廃止となったので、事業対象から外れた場所に移植先となる池を造成することにした（写真2、菅野二〇一六）。もう一つの地区では、これらの生息する土水路が、コンクリートU字溝に改修されることになったので、生息密度の高い上流部は現状維持とし、その下流側に新規敷設したコンクリートU字溝に、底面に土砂が溜まる工夫をして淡水二枚貝類の生息場の創出を試みた（写真3、吉野二〇一八）。いずれの地区の取り組みも、大学研究者と学生が足繁く現場に通って生息状況を調査し、地域住民にその結果を丁寧に説明したことが契機の一つとなって実現したものである。一方で、これらの保全工法および手法は、永続的な維持管理が必要となる。現在、大学と地域住民が協働で維持管理を行っているが（写真4）、地域住民の高齢化が顕著となるなかで、今後の維持管理体制をどのように構築していくのかが大きな課題となっている。

・写真は筆者撮影

写真2　造成されたタナゴの移植池

写真3　コンクリートU字溝に淡水二枚貝類の生息環境を創出する試み

写真4　地域住民と学生による水路の維持管理

〔参考文献〕

武内啓明「タナゴ」『山渓ハンディ図鑑十五　日本の淡水魚』山と渓谷社、二〇一九年
小山真一郎「タナゴ」『岩手県産淡水魚類』中央印刷、一九五七年
北村淳一「タナゴ」『日本のタナゴ生態・保全・文化と図鑑』山と渓谷社、二〇二〇年

菅野佳雅「絶滅危惧種タナゴの保全池としての人工池の機能検証」岩手県立大学総合政策学部卒業論文、二〇一六年
吉野日菜子「コンクリートU字構におけるヨコハマシジラガイの生息環境創出の試行」岩手県立大学総合政策学部卒業論文、二〇一八年

第2部

岩手の歴史

蝦夷《えみし》と呼ばれた人たち
――志波城と古代の岩手・盛岡周辺――

今野公顕

はじめに

東北自動車道を盛岡インターから南下すると、左手に大きな門や土塀が見える。国指定史跡「志波《しわ》城《じょう》跡」である。発掘調査で見つかった遺構を埋め戻して保護し、その真上に復元整備された。約千二百年前の平安時代の政府は国の外の人々「蝦夷《えみし》」を治めるため、このような役所を造営した。岩手に住んだ蝦夷とは、どのような人々だったのだろうか。地域の歴史を知ることで、今に至る地域の「個性」が浮かび上がる。

写真1　志波城跡全景（南東から）
盛岡市教育委員会2017『史跡志波城跡―第Ⅱ・Ⅲ期整備報告書』より

1　蝦夷とはなにか

蝦夷（エミシ）とは

「蝦夷」は「エゾ」と読み北海道やアイヌを指すことも多いが、古代史[1]では「エミシ」と読み、当時の都人達が東北地方に住んだ人々を指した呼び方である。

『日本書紀』には、神武《じんむ》天皇軍が八十梟帥《やそたける》を破った戦勝歌として「人々はエミシを一人で百人並に強い人だと言うが、我々には刃向かいもしなかったよ」とある。六四五年の「乙巳《いっし》の変《へん》（大化の改新）」で殺された権力者・蘇我蝦夷《そがのえみし》は歴史の教科書に登場する。エミシという言葉には、強い人、恐れ多い人などの意味があったのだろう。一方、古墳時代の四七八年、倭王武《わおうぶ》（雄略《ゆうりゃく》天皇か。）が中国皇帝に「東は毛人《えみし》を征すること、五十五国。西は衆夷を服すること六十六国。」と文を送った（『宋書』倭国伝）。この毛人や衆夷は中華思想に基づく国外蛮族を指す。中華思想（華夷思想）では、国は天子（皇帝）の徳によって治められ、その外の化外《けがい》の民が徳を慕って朝貢する国が良いとされた。蛮族は、東西南北で東夷《とうい》・西戎《せいじゅう》・南蛮《なんばん》・北狄《ほくてき》と呼ばれた。六～七世紀の飛鳥時代以降の日本政府は、中国の先進的な制度や文化を吸収し、律令《りつりょう》制度（法令に基づく税・官僚・地方統治などの諸制度）を整え、天皇を中心とした国家形成を目指した。その化外の民とされたのが、天皇の統治が及んでいなかった北陸や東北、九州南部や南方の島々の人々だった。

五～六世紀の律令制以前の宮城県以南には、豪族居館や農耕集落、前方後円墳があった。

（1）日本史の時代区分。研究の視点により諸説ある。おおむね旧石器・縄文・弥生時代を原始、国家形成期の飛鳥・奈良・平安時代を古代、荘園制や武士の時代の中世、封建制の近世などと区分される。

豪族は都の大王と盟約を持ち、国造（くにのみやつこ・こくぞう）として地方を統治した。この範囲が、やがて律令体制整備によって国の範囲となった。岩手県内の前方後円墳は、奥州市胆沢の「角塚古墳《つのづかこふん》」一基のみで、最北の前方後円墳とされる。胆沢以北の岩手県内には、古墳時代の人の暮らしの跡は極めて少ない。この頃の東アジアは地球規模の気候変動の影響により冷涼で、岩手県内陸北部には農耕が定着していなかったためだろう。

盛岡周辺には、気候が温暖化した七世紀以降に集落が平野部に発生し、激増する。この集落増加は急激で、鉄製農具も出土することなどから、多くの人々が農地を求め北上して来て、定住したものと考えられる。やがて東北に適応した生活文化を育み、天皇の徳の外にいた彼らが、都人から政府統治外の蛮族＝蝦夷とされた。

つまり「蝦夷」は人種ではなく、政府統治範囲外の東北の人を区別した「政治的」な言葉である。歴史や文化の違いから、我々と彼らを区別することは、今も世界中で見られる。政府の政策や争い(2)を経て、九世紀初頭には政府統治範囲が盛岡周辺まで北上した。蝦夷は、元蝦夷を意味する「俘囚《ふしゅう》」として始めは区別されたが、政策により他の公民と区別されなくなっていった。平安時代末〜鎌倉時代頃には、読み方が「エゾ」に変化し、北海道とそこに住む人たちを指すようになっていったと言われる。

(2)　三十八年戦争といわれる。八世紀後葉から九世紀前葉まで、東北各地で断続的に続いた蝦夷と政府軍の戦乱。宮城県北部沿岸の蝦夷反乱を契機に、徐々に北上した。

蝦夷の社会

七世紀以降の盛岡周辺の集落における一般的な建物は、竪穴建物《たてあなたてもの》であった。方形に地面を数十センチメートル掘り下げて床とし、周囲に土を盛り、柱を立て、壁の一辺にカマドを設け、屋根を葺《ふ》いた。地域差はあるが、当時の日本列島の標準的な建物である。竪穴建物跡を発掘調査すると、土器や鉄製の農具・工具・狩猟具・武具・馬具、砥石などの石製品、まれに器などの木製品や穀物、豆類、動物の骨など当時の人々の暮らしの痕跡が出土する。出土が少ない植物質の道具なども、多く使われていただろう[(3)]。

農耕による食料の安定的な入手は、人の流入と人口増加を促した。七～八世紀頃の集落は、平野部のやや小高い所に、一辺五メートル以上の大型竪穴建物と四メートル以下の中小の竪穴建物数棟で構成された。血縁関係のある家父長と一族の集落と考えられ、集落内に階層階級差があったことがうかがえる。

また、七～九世紀前葉頃、北東北から北海道石狩平野には、末期古墳と呼ばれる直径三～一〇メートルほどの丸い塚状の墳丘墓が密集して作られた。この時期の他地域にはほぼみられない北東北以北の蝦夷独特の葬送である。墳丘には、鉄刀や鏃などの武具や馬具、勾玉などの玉類、政府から入手した帯金具や銭貨などの副葬品を入れた棺が埋葬された。武人的な性格を持っていた蝦夷リーダー層が、伝統的な装身具と政府から入手した物を身にまとい、葬られたのだろう。

文献記録[(4)]には、和我君計安塁《わがのきみけあるい》、斯波村夷胆沢公阿奴志己《しわむらのいいさわのきみあぬしこ(き)》など蝦夷リーダーの名前が残る。政府と関係があった村のリーダー名で、和我（北上市周辺）、斯波村（盛岡市の雫石川以南から紫波町付近）のように、姓に地名が見られる。地域ごとに独立したリーダーが政府と直接関係を持っていたことを表し、国のような広域をまとめる組織は無く、利害によって敵味方様々な部族性社会だったと考えられている。

（3）日本は湿潤な気候で、火山性の酸性土壌が多く、有機質や金属は土中で腐食し残りにくい。

（4）文字の記録は政府側にしかない。

蝦夷と政府の抗争

政府は統治範囲拡大政策の拠点として、北陸~東北地方に「城柵《じょうさく》」という施設を建設した。古代城柵は、戦国時代などの城とは、時期も構造も性格も異なり、いわゆる防塁防壁ではなく、政府の軍事と行政の拠点施設である。内部に儀式を行う政庁があり、天皇の威光を蝦夷に示す役割も担った。新潟県の渟足柵《ぬたりのさく》（六四七年）や磐舟柵《いわふねのさく》（六四八年）から、徳丹城《とくたんじょう》（矢巾町西徳田・八一一年頃）まで、東北各地に二十数カ所造営された。

この地域の国司(5)には、独特の対蝦夷任務があった。蝦夷をもてなし位階や禄物を与える「饗給《きょうごう(きょうきゅう)》・撫慰《ぶい》」、動向を探る「斥候《せっこう》」、軍事力行使の「征討《せいとう》」である。その舞台が城

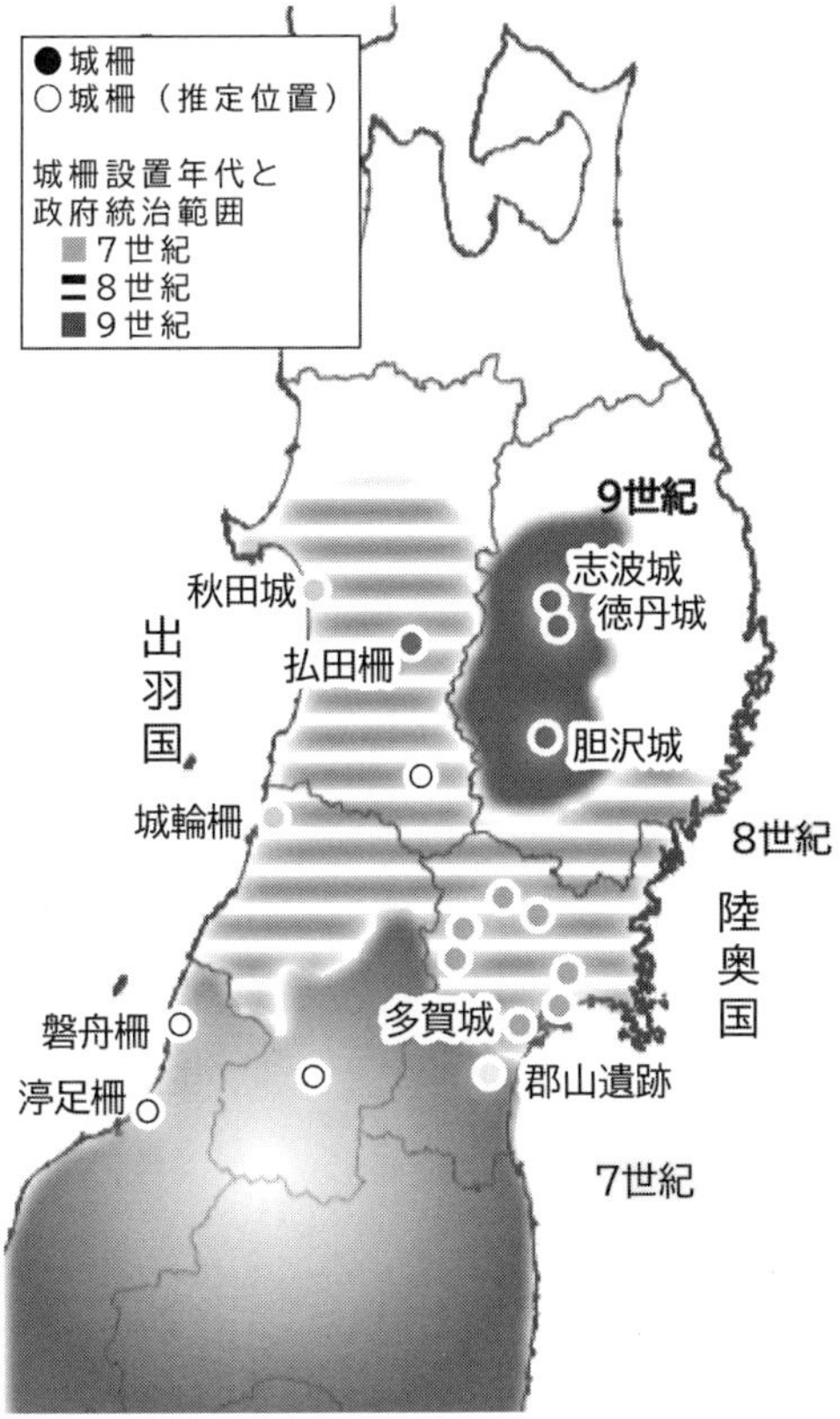

図1　古代東北の政府統治範囲の変化
国土地理院地図に加筆作成。

（5）国の政府から派遣された役人。

柵だった。政府の対蝦夷政策の基本は、饗給・撫慰をとおして村ごとに統治することだった。蝦夷リーダーにとっては、地位の差別化や権力強化につながっただろう。政府側についた俘囚は、城柵で役人となる者や民兵武力組織の俘囚軍として各リーダーに率いられ反抗する蝦夷との戦争に従事したものもいた。この過程では、蝦夷同士の利害争い、官人からの差別、政府による東北南部以南からの移民や関西などへ蝦夷移配などの同化政策に伴い、政府と蝦夷の軋轢《あつれき》も生じ、蝦夷が武力反乱を起すこともあった。岩手県域における武力反乱記録の例をあげる。

【文献一】出羽国志波村《しわむら》の賊《ぞく》、叛逆し国と相戦う。官軍利あらず。下総、下野、常陸等国の騎兵を発し之を伐つ。（『続日本紀』宝亀七（七七六）年五月二日条）

【文献二】陸奥の軍三千人を発して胆沢の賊を伐つ。（『続日本紀』宝亀七（七七六）年十一月二十六日条）

【文献三】陸奥鎮守将軍紀朝臣広純《きのあそんひろずみ》言《もう》さく「志波村の賊、蟻結《ぎけつ》して毒ほしいままにし、出羽国の軍、之と相戦いて敗退す」と。（『続日本紀』宝亀八（七七七）年十二月十四日条）

このように八世紀後半以降、政府記録に「志波《しわ》村」や「胆沢《いさわ》」が登場する。志波村は出羽国（秋田〜山形県域）軍を苦しめ、関東からの援軍により鎮圧された記録がある（文献一・三）。この頃の盛岡南部周辺の人々は、秋田県横手市から大仙市付近にあった出羽国の城柵・雄勝城と関係が深かったことがうかがえる。この政府軍と戦った志波村蝦夷の様子は、その一五年後に変化する。

胆沢の阿弖流為《あてるい》、母礼《もれ》と、志波の阿奴志己《あぬしこ(き)》

前項の争いから十数年後、延暦《えんりゃく》七〜八（七八八〜七八九）年、政府は陸奥国府多賀城（宮城県多賀城市）から胆沢へ、大規模な軍事侵攻をした。これを胆沢の大墓公阿弖流為（阿弖利為《あてりい》）らは、巣伏《すぶせ》の戦い（奥州市水沢周辺）で撃退した（『続日本紀』）。

しかしこの三年後、胆沢公《いさわのきみ》阿奴志己ら志波村蝦夷は、陸奥国府に「天皇の下につきたいが、伊治村（宮城県北部）の俘囚に遮られるため、戦ってでも朝貢する道を開きたい」と遣いを送った（『類聚国史』延暦十一（七九二）年一月十一日条）。同七月には蝦夷・爾散南公阿破蘇《にさなのきみあわそ》も政府側につき、十月に陸奥国俘囚の吉弥侯部真麻呂と大伴部宿奈麻呂は蝦夷を懐柔したとして位が贈られた。同十一月には、爾散南公阿破蘇らが都の朝堂院に招かれた（『類聚国史』）。これらのことから、政府は戦争と共に懐柔工作も積極的に行っていたことがうかがえる。

志波村の阿奴志己の姓は胆沢公であり、胆沢の人だと政府から認識されていた。阿奴志己は抗戦を続ける阿弖流為らと意見の相違があったのだろうか、七九二年までに胆沢から志波へ移り、阿奴志己と志波村の人々は政府との戦争を回避した。

政府はその二年後の延暦一三（七九四）年に坂上《さかのうえの》田村麻呂《たむらまろ》を副将軍として再び胆沢へ侵攻し、延暦二〇（八〇一）年には坂上田村麻呂を征夷大将軍[6]として三度目の侵攻をし、田村麻呂は戦勝を報告した。翌八〇二年、田村麻呂は桓武《かんむ》天皇の命を受け、「胆沢城《いさわじょう》」（奥州市水沢）を造営した。胆沢城付近には関東等から四千人の移民が送られた記録が残る。その三ヶ月後、阿弖流為と母礼は五百余人を引き連れ降伏した。田村麻呂は二人を連れ帰京し、天皇へ報告し、二人を胆沢に返し統治にいかすことを進言した。しかし、公卿たちは

（6）鎌倉時代以降の征夷大将軍は武家政権最高位だが、奈良〜平安時代初期までは、臨時蝦夷征討軍長官で、いわば特別職国家公務員の役職。

「虎を養って患《わずら》いを残すことになる」と頑《かたく》なに聞き入れず、二人は天皇の軍に弓を引いた賊将として、当時の通常の処分どおりに処刑された（『日本後紀』・『日本紀略』）。

翌延暦二二（八〇三）年、坂上田村麻呂は桓武天皇の命を受け「志波城」を造営したが、志波村への移民の形跡はない。すでに志波村は政府側であり、戦乱も無く人口減少が無かったためだろう。遺跡発掘調査成果からも、盛岡周辺の集落遺跡には、志波城造営前後で大きな変化がない。志波村蝦夷は勢力を維持し、末期古墳を作るなどの伝統文化を保持し続けられたのだ。一方、これ以降、専門工人が窯で焼く硬質な土器である須恵器《すえき》が集落に多く流入し始める。志波村蝦夷達は、志波城をとおして物や新技術を手に入れたのだろう。

この志波村の様子と阿弖流為の助命から、坂上田村麻呂は蝦夷勢力を生かした安定した社会をとおして、戦いや移民等による財政的社会的負担削減の効果を狙ったと考えられる。[7]

2 志波城

記録に見える城柵・志波城、志波郡

古代の「シワ」地名の漢字表記は「志波」や「斯波」が見られる。志波城造営前後の主な記録には次のものがある（文献四～六『日本紀略』、文献七『日本後紀』）。

【文献四】　越後国の米三十（千ヵ）斛《こく》、塩三十斛を造志波城所に送らしむ。（延暦二十二（八〇三）年二月十二日条）

（7）　蝦夷勢力を生かしたこの地域独特の統治体制の中から、地域の統治を任される有力な俘囚リーダー層が育ち、後の安倍氏・清原氏・藤原氏などの強大な権力を持った豪族の発生につながったと考えられる。

【文献五】　造志波城使、従三位《じゅさんみ》行近衛中将《ぎょうこのえちゅうじょう》、坂上田村麻呂辞見す。彩帛五十疋、綿三百屯を賜う。（延暦二十二（八〇三）年三月六日条）

【文献六】　陸奥国言うさく「斯波城と胆沢郡と相去ること一百六十二里、山谷険にして往還難多し。郵駅を置かざれば、恐らくは機急を開かん。伏して請うらくは小路の例に准じ一駅を置かん」と。之を許す。（延暦二十三（八〇四）年五月十日条）

【文献七】　陸奥国に和我、稗縫、斯波の三郡を置く。（弘仁二（八一一）年一月十一日条）

文献四は、越後国（新潟県周辺）から造志波城所（志波城造営事務所）へ米と塩を送付させた志波城初見の記事である。その翌月、造志波城使（志波城造営長官）として坂上田村麻呂は天皇に出発の挨拶をした（文献五）。その二ヶ月後、胆沢郡と志波城の往来に苦労するため、間に駅（馬や宿を配備した公的施設）が置かれた（文献六）。この時点で志波城が機能していたことがわかる。志波城造営八年後に、今の北上市から盛岡南部周辺に郡が設置された（文献七）。政府は各地に国と郡という行政区画を設定し統治したが、蝦夷は村のリーダーと政府が直接交渉をしてきたため、統治安定後に郡が設置された。郡家《ぐうけ》（郡役所）はなく、城柵（志波城、後に徳丹城）が複数の郡を管轄する地域特有の状況であった。

志波城の構造

発掘調査成果から分かった志波城跡の構造を見てみる。志波城の主要構造物は、北から約六・五度東を基準方位とし、整然と配置されていた。外郭は、九二八メートル四方を上幅約五メートルの外大溝、八四〇メートル四方を築地塀《ついじべい》(8)で区画されていた。南と東の築地塀から一町（約一〇八メートル）外側には、外大溝と同規模の大溝（通称一町溝）が並行し、

(8)　土を型枠にいれ突き固める版《はん》築《ちく》技法で作られた土塀。古代の官衙《かんが》（役所）や寺院などで用いられた。

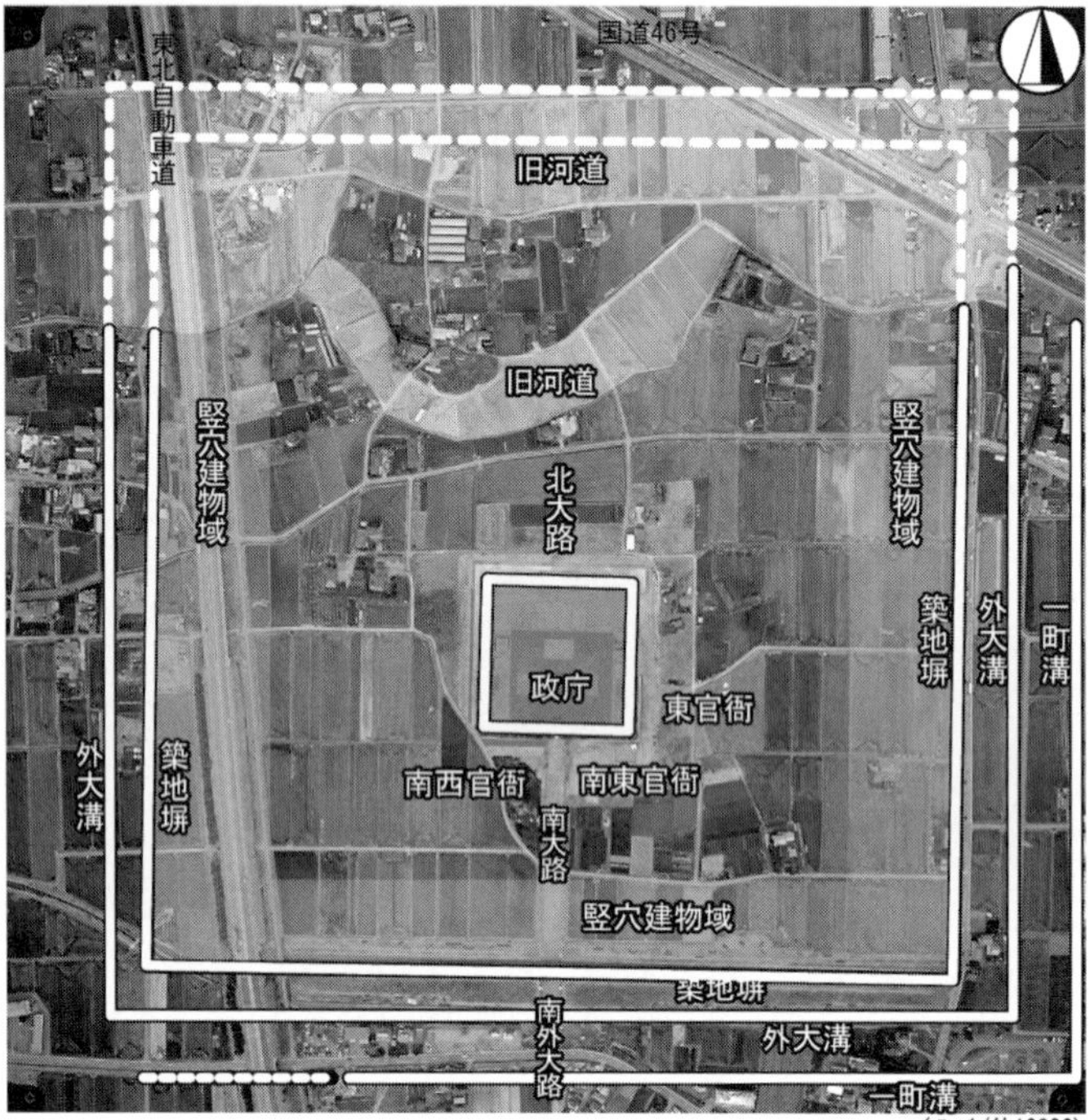

図2　志波城跡全体模式図
（第50回古代城柵官衙遺跡検討会資料より）

写真2　復元された志波城外郭の南門・築地塀・櫓

図3　志波城跡出土遺物
（盛岡市教育委員会「志波城跡と蝦夷（エミシ）」2016年より）

厳重な三重区画だった。外郭築地塀には約三〇メートル間隔で櫓《やぐら》が並び、中央には重層の外郭南門がそびえた。門には、政庁へ続く幅一八メートルの南大路が一直線に延びた。この外郭規模は城柵最大級である。

城内中央南寄りに、一五〇メートル四方を築地塀で囲み、四方に門を設けた城柵最大の政庁があった。政庁は都の朝堂院を模した儀式の場所で、高床の正殿と脇殿が、南面する六六メートル四方の広場の三方に配置されていた。政庁の外には実務官衙《かんが》[9]建物群があった。特に南東側は、中央広場を囲み建物が並んだ。南大路左右には小鍛冶を行った工房などの竪穴建物が並んだ。南大路中央付近には総柱の建物が左右に建ち、蝦夷朝貢の儀式の場だった可能性がある。外郭築地塀内側の約一一〇メートルの範囲には、千二百～二千棟ほどの[10]兵舎や工房として使われた竪穴建物が密集した。城内にこれほど多くの竪穴建物を配する城柵はなく、多くの兵が駐屯したことがうかがえる。外郭北辺には、雫石川から分岐する小河川が取り込まれていた。物資運搬のため、国府多賀城や胆沢城と、北上川から雫石川の舟運で結ばれていたのだろう。

北辺部がえぐれているのは、雫石川の洪水跡である。今も一～二メートルほどの段差が残る。この洪水は、志波城廃絶後の十世紀頃のものと考えられる。外郭西辺外大溝跡の発掘調査で、十和田a火山灰（九一五年頃降灰[11]）の上に、土砂が一気に堆積した様子が確認されている。城内のほかの溝跡の埋没状況も共通しており、十和田a火山灰降下後に大規模な洪水に見舞われたことがわかる。

なぜ志波城は洪水を被る場所に造営されたのだろうか。恐らく造営時には、洪水を想定しえない適地だったのだろう。志波城政庁域の旧地形は周囲より標高が高く、古くから近

（9）役所。行政実務を行った建物。

（10）志波城跡内は全面積の約二十数％程度しか発掘調査がされていない。面積平均棟数からの推測。

（11）九一五年頃、今の十和田湖が形成されたとされる大規模な噴火時の黄白色から灰白色の火山灰。青森～宮城県に及ぶ広域に降った。発掘調査の際に、古代の遺構の時期を知る目印となる。文献記録には、農作物に被害があった様子や京都でも灰により日が陰ったことが記録されている。

隣に住む人達によれば、雫石川の御所ダム建築前に水害が起きた時、志波城周辺は水をかぶらなかったそうだ。志波城は北上平野北端の沿岸や北方への交通の要衝にあたり、物流に使う川のそばで、多くの兵が駐屯できる広大な平野の微高地であり、周囲に親政府派の志波村集落があるという適地だった。洪水は、気候変動の影響や志波城造営と多くの兵の薪《たきぎ》等への利用のために、多量の木材を雫石川上流から伐採した影響が考えられる。

鎮守府志波城

志波城には、陸奥・出羽の対蝦夷軍政統括拠点である鎮守府(12)機能がおかれた可能性がある。

志波城造営翌年、政府は糒《ほしいい》（米等を蒸して乾燥させた保存食）や米を、陸奥国中山柵（場所不明）に集結させ、坂上田村麻呂を征夷大将軍に任命し、次期遠征準備を始めた。田村麻呂は、陸奥出羽按察使《あぜち》（国司監督官）や鎮守将軍を兼任し、東北の行政と軍政の全権を担っていた。

志波城の記録には、他の城柵とは異なり、所管を示す国名が見られない。また、城内から鎮守府を表す「府」と書かれた墨書土器が出土している。志波城の広大な敷地と多数の竪穴建物は多くの兵を駐屯させることを意図し、三重の防御施設により防御を固め、城柵最大級の外郭南門や政庁など、他の城柵以上の荘厳化が図られていた。

以上及び後述の徳丹城移転時の状況から、志波城は東北の全権を担った坂上田村麻呂の主導による次期遠征計画に基づき、鎮守府の所管で造営され、多賀城から鎮守府が移転された、もしくは移転する計画があった可能性が考えられる。

（12） 古代陸奥国に置かれた軍政府機関。はじめ陸奥国府多賀城内に置かれていた。遅くても、八〇八（大同三）年までには多賀城から別な場所へ移転していたとみられるが、正確な場所は不明。国府から独立して陸奥国北部の行政と軍事を統括したと考えられる。

志波城の終焉

桓武天皇は、延暦二四（八〇五）年に、藤原緒嗣《ふじわらのおつぐ》と菅野真道《すがののまみち》に天下の徳政を討論させ（徳政相論《とくせいそうろん》）、藤原緒嗣の「軍事と造作（対蝦夷戦争と平安京造営）停止」の意見を採用し、行財政改革を実施した。その後、文室綿麻呂《ふんやのわたまろ》は征夷完了を宣言し、徳丹城を新たに造営し志波城を移転した。文室綿麻呂は、志波城が水害にあうことを移転理由とした記録が残るが、徳政相論により軍事行動が中止され、広大な志波城が不要になったことも理由だろう。

移転先の徳丹城の面積は、志波城の約九分の一である。志波城の機能を移転するなら、同規模が必要だろう。また、志波は広域地名だが、徳丹は志波郡内の小地名である。同郡内の同機能移転であれば、出羽国の雄勝城のように、[13]名称変更の必要は無い。志波城停廃の後に胆沢城が大規模改修され鎮守府が置かれたことから、我賀、稗縫、斯波の三郡統治機能は徳丹城へ、鎮守府機能は胆沢城へ移転したのだろう。志波城は約一〇年間と短命ではあったものの、国家の大事業の最前線重要拠点だった。

（13）天平宝字三（七五九）年に、今の横手市付近の雄勝郡に置かれた。大仙市の払田柵（ほったのさく）は、年輪年代測定による年代測定成果から八〇一年頃に造営された名称変更されていない第二次の雄勝城と考えられる。

3　国史跡志波城跡

志波城を巡る歴史　発見から国史跡指定

江戸時代の盛岡藩が作った『南部領物絵図』などの古絵図には、志波城跡の場所は四角の囲みがあり、「方八町　八幡殿陣場跡」と記されている。江戸時代には、築地塀の痕跡が現地に残り、前九年合戦（一〇五一年）時の源頼義・義家の陣跡と伝えられていたのだ。

一方、志波城の場所は不明だった。候補地がいくつかあり、今の志波城跡の場所もそのひとつの「太田方八丁遺跡」だった。一九七六年、岩手県教育委員会は東北縦貫自動車道建設に伴い発掘調査を実施した。その結果、多くの竪穴建物跡、掘立柱建物跡、大溝跡、築地塀跡などが見つかった。岩手日報では、「太田方八丁は志波城跡」、「幻の志波城」（一九七六年二月一日）などと発見を報じた。その後、盛岡市教育委員会が継続して発掘調査を行い、一九八四年九月一四日の官報において、太田方八丁遺跡は「志波城跡」として国史跡指定告示がされ、文化財保護法に基づき保護されることになった。

保存整備と活用

盛岡市は、平成五〜二九年度に、調査成果を元に、外郭南門や築地塀、櫓などの大規模造営、竪穴建物兵舎群などの軍事的緊張感、政庁や官衙建物などの行政機能など、志波城跡の特徴を現地に表現し、出土遺物展示や歴史ドラマとアニメなどで歴史を学べる案内所を整備し「志波城古代公園」として公開している。地域の住民有志や地元町内会が組織した「志波城跡愛護協会」を指定管理者とし、彼らが来園者ガイドや草刈り等の維持管理を担っている。

おわりに――志波城跡が保護された意義

蝦夷の集落遺跡ではなく、志波城跡が保存されたのはなぜだろうか。志波城跡は、その調査研究成果だけでなく、多くの古代集落の調査研究があって、桓武天皇、坂上田村麻呂、阿弖流為、阿奴志己、そのほか名も残らない多くの蝦夷たちの歴史を知るきっかけとなる。政府の歴史、蝦夷の歴史、両者を語るシンボルとして保存された。このように文化財や歴史文化遺産は、それひとつだけではなく、多くの歴史文化遺産の調査研究成果が結びついて、価値や意義が明らかになり歴史的シンボルになる。今に残る歴史文化遺産は、それぞれが地域の個性的な歴史を伝える舞台装置であり、ひとつだけでなく多くとの関係で価値を発揮できる。ここに、法に基づき指定され保護された文化財の意義がある。

近年、我が国では歴史文化遺産を観光資源や地域資源等として活用することが推進されている。この中では、観光資源として収益を上げることが難しい大多数の歴史文化遺産は活用価値が低いと見なされているように感じる。歴史文化遺産には、調査研究による学術的な本質的な価値と、それによって見いだされる地域の個性を語る価値がある。観光は、この地域の個性を語る価値の活用方法のひとつである。観光だけでなく、住民が地域の歴史文化遺産に関与し、愛着を持って集うシンボルとすることもこの価値の活用方法であり、持続可能な地域作りにとって大切な「地域の誇り」の醸成につながる地域の個性を物語る資源である。今後の社会にとって重要な要素だ。

今の私たちも志波城跡に立てば、蝦夷や派遣されてきた兵士、役人らが眺めた雄大な景色を体感できる。次は、あなたの住む地の過去に、思いを巡らしてみてほしい。

〔参考文献〕
盛岡市遺跡の学び館『第一回企画展図録「陸奥国最前線—志波城跡と蝦夷—」』、二〇〇四年

盛岡市遺跡の学び館『第二一回企画展図録「大島遺跡に見る蝦夷社会の変容」』、二〇二三年
盛岡市教育委員会『志波城跡と蝦夷（エミシ）』盛岡市文化財シリーズ第四三集、二〇一六年
盛岡市教育委員会『史跡志波城跡―第Ⅰ期整備報告書』、二〇〇〇年
盛岡市教育委員会『史跡志波城跡―第Ⅱ・Ⅲ期整備報告書』、二〇一七年
盛岡市教育委員会　各年度『史跡志波城跡―発掘調査概報・報告書』
古代城柵官衙遺跡検討会『古代城柵官衙遺跡検討会第五〇回記念資料集』、二〇二四年
古代城柵官衙遺跡検討会　各年度資料集
工藤雅樹『古代蝦夷』吉川弘文館、二〇〇〇年
鈴木拓也『東北の古代史4　三十八年戦争と蝦夷政策の転換』吉川弘文館、二〇一六年
津嶋知弘「志波城と蝦夷社会」、蝦夷研究会編『古代蝦夷と律令国家』高志書院、二〇〇四年
中塚武『気候適応の日本史―人新世をのりこえる視点』吉川弘文館、二〇二二年

column

山頂の集落——北東北独特の蝦夷《えみし》集落——

今野公顕

岩手県の古代史を語る上で欠かせない遺跡が、盛岡以北の山間部にある。志波城の時代から時代の下った蝦夷達の激動の歴史を紹介したい。

志波城の時代から約一五〇年後、都で貴族が栄華と覇権を競っていた平安時代後半の一〇世紀後半〜一一世紀半ば頃、平野部の集落が激減し、盛岡から秋田以北では高地性集落、囲郭《いかく》集落などと呼ばれる山頂に立地したり堀で囲んだりした独特な集落が出現する。(図)

岩手県内の事例

八幡平市寺田の「子飼沢山《こがいさわやま》遺跡」、「暮坪《くれつぼ》遺跡」は、七時雨《ななしぐれ》山南側の標高約五〇九メートルの子飼沢山、標高約四三〇メートルの暮坪山の山頂にある。平野から見通せない山頂平坦部を中心に、数十のくぼみがある。これらは埋まりきっていない平安時代の竪穴建物の跡で、八幡平市(旧西根町)出身の福島大学の工藤雅樹らが発掘調査を行った。斜面を切り落として急傾斜を作り出した小規模な堀で山頂の平坦面が囲まれ、その内側の中心部に大きめのくぼみが並び、周囲に小ぶりなものが分布する。発掘調査の結果、竪穴建物跡は火災で焼失した痕跡があり、一〇世紀後半頃の土器や鉄の刀子《とうす》や鏃《やじり》、炭化した穀物塊などが出土した。

九戸村大字江刺家の国指定史跡「黒山《くろやま》の昔穴《むかしあな》遺跡」は、折爪岳《おりつめだけ》麓の周囲を急斜面に囲まれた標高約四三〇メートルの尾根上に、竪穴建物跡である数十のくぼみが確認できる。発掘調査で、一〇世紀末頃の土器や鉄鏃、鎌などの鉄製品、木地椀などが出土した。

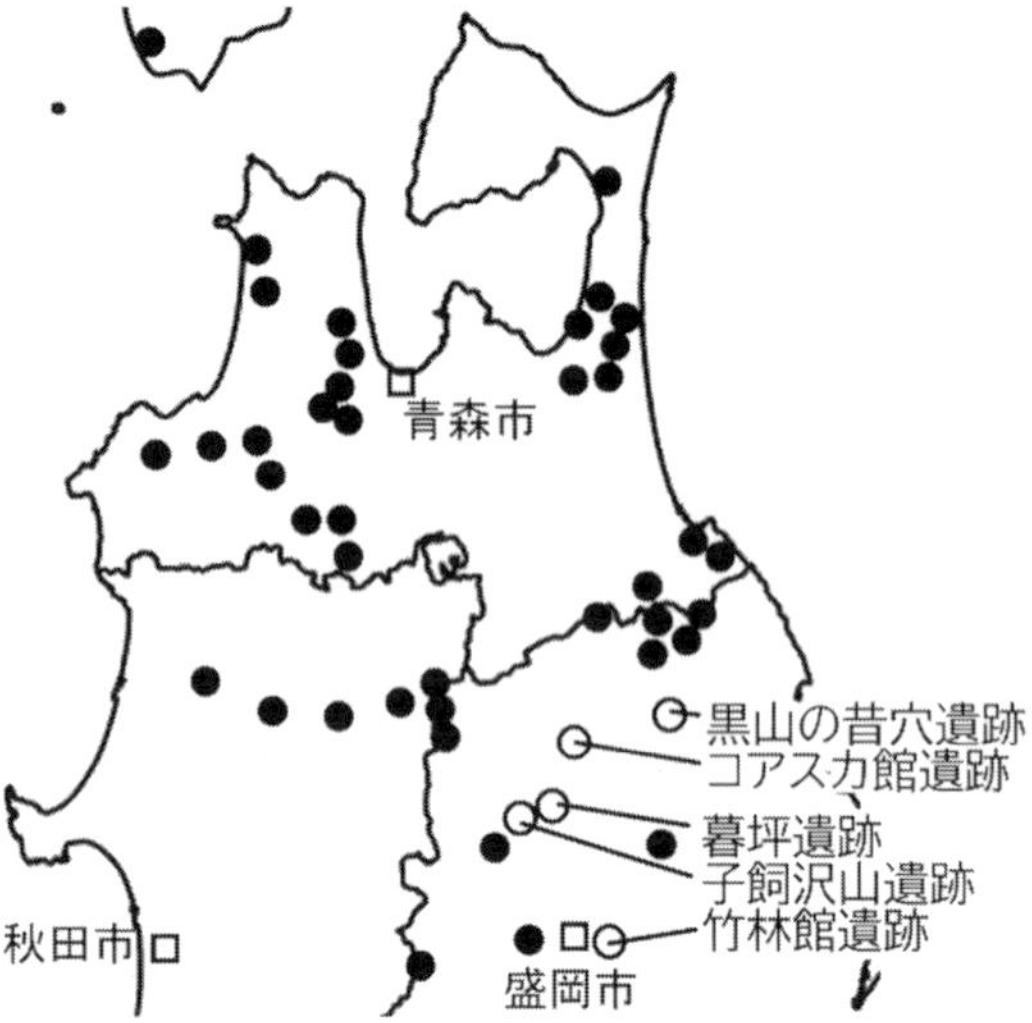

暮坪遺跡（八幡平市寺田）

竹林館遺跡（盛岡市上米内）

図　北東北における平安時代後期の防御性集落の分布

社会背景

工藤雅樹は、この種の集落は蝦夷の部族性社会だった社会背景から発生したと考えた。不便な山頂に立地したり、堀や塀を巡らしたりする集落は、弥生時代の瀬戸内海沿岸、古代ローマ、古代中国、北海道のアイヌなど、時期や場所は様々だが、いずれも広域統治がない部族性社会の動乱期に発生している。領主が広域を治める社会では城館が営まれるが、部族性社会では部族集落ごとに身を守る必要性があったのだろう。

平安時代後半にこの種の集落が見られる地域は、九世紀初頭に城柵による政府の直接統治がされず、政府の影響が弱かった地域であり、リーダーに率いられる伝統的な蝦夷の社会構造が色濃く残っていた地域だったと考えられる。

では、この蝦夷達は何から身を守ったのだろうか。一〇世紀には政府の大規模な軍事行動が見られないことから、政府軍とは考えがたい。一方、気候変動の研究によれば、この時期は高温乾燥と冷涼湿潤な気候の変化が激しく、農耕に厳しい時期だった。十和田火山の噴火や、全国的に政府の地方統治が緩み、動乱、疫病、災害が多い緊張した社会だった記録が文献にもみえる。以上から、食糧不足などの社会不安から治安が悪化し、伝統的な蝦夷社会が残っていた本地域では、他の部族から集落を守るために、この種の集落が発生したと考えられる。漆器生産等の木地師集団が生業のために山に集落を営んだという考えも指摘されているが、この時期のこの地域にのみ特徴的に発生することや同時期に大規模な堀を巡らすものも存在することから、筆者は工藤雅樹の指摘した防御を意図した集落だったと考える。

一一世紀半ば以降、東北北部への影響力を持った安倍氏や清原氏の時代になると、統治が安定したのか、この種の集落は姿を消す。

まさに、北東北の人々がたくましく生きた激動の歴史を物語る個性的な遺跡たちである。

〔参考文献〕

盛岡市遺跡の学び館『第一回企画展図録「陸奥国最前線―志波城跡と蝦夷―」』二〇〇四年
福島大学行政社会学部考古学研究室「西根町子飼沢山遺跡、暮坪遺跡、岩手町横田館遺跡発掘調査概報」『岩手考古学　第八号』岩手考古学会、一九九六年
福島大学行政社会学部考古学研究室「西根町子飼沢山遺跡、暮坪遺跡発掘調査概報Ⅱ」『岩手考古学　第一二号』岩手考古学会、二〇〇〇年
九戸村教育委員会『黒山の昔穴遺跡調査報告書』九戸村文化財調査報告書第八集、二〇〇五年
九戸村教育委員会『黒山の昔穴遺跡と関連遺跡―黒山の昔穴遺跡総括報告書―』九戸村文化財調査報告書第一二集、二〇一一年

column

前九年合戦における安倍氏の柵・楯

室野秀文

平安時代後半の一一世紀半ば、安倍氏は、陸奥鎮守府胆沢城の在庁官人（役人）の代表格となった。胆沢・江刺・和賀・稗貫・斯波・岩手の奥六郡は鎮守府領であったが、安倍頼良（後の頼時）は一族・子弟を各地に置いて統治し、奥六郡は実質安倍氏の影響下にあった。やがて頼良は、奥六郡より南の磐井郡や国府多賀城周辺域にも影響を及ぼしはじめた。その結果、陸奥守と軋轢を生じ、前九年の合戦へと突入。約一二年の合戦の末、岩手郡厨川柵《くりやがわのさく》・嫗戸柵《うばとのさく》（ともに盛岡市）で安倍氏は滅亡した。

『陸奥話記《むつわき》』には安倍氏の拠点となった一二の柵が記されるが、その実態は謎が多い。『朝野群裁《ちょうやぐんさい》』に収められる太政官符《だじょうかんぶ》には、小松楯《こまつのたて》・鳥海楯《とのみのたて》・嫗戸楯《うばとのたて》と標記されることから、柵と楯は同じ意味であり、楯・柵・逆茂木《さかもぎ》などを横に連ねて囲い、防備した楯（館）や居宅などを指すと考えられる。また、同様の構えの砦や陣なども該当するとみられる。さらに、「柵」の訓も「たて」とする文献史学の指摘もある[1]。それでは、遺跡が明らかになった、胆沢郡金ヶ崎町西根の国指定史跡鳥海柵跡を中心に、柵の実態を確認しよう。

胆沢郡鳥海柵は、胆沢城から北西一・六～二キロメートルにあり、胆沢川北岸の金ヶ崎段丘上に立地している。この合戦では、奥地の安倍富忠との戦闘で負傷した安倍頼時（頼良）が、鳥海柵に帰り落命している。この柵には安倍頼時とその子宗任（鳥海三郎）、家任（鳥海弥三郎）も居住しており、安倍氏の本拠地であった。柵の段丘は東西の沢地形で深く刻まれ、南から二宮後《にのみやうしろ》地区、鳥海地区、原添下《はらそいした》地区、縦街道南《たてかいどうみなみ》地区の四地区に分割されている。このうち二宮後地区は、孤島のような台地上に竪穴建物、掘立柱建物（二間×三間、一間×一間）、掘立

図1　鳥海柵跡全体図

金ケ崎町教育委員会（2023）に基づき筆者作成

柱列、溝、鉄滓《てっさい》集積地などが確認されている。さほど大きな建物はないものの、宴に供される小皿や坏などの土器も多く出土し、この空間内において、身分秩序を確認しつつ合意形成をはかる、政治色の強い宴会が行われていたことがわかる。鉄滓の集積から、武器や農工具など、鉄製品の加工・修繕が行われていた可能性がある。また一間四方の掘立柱建物は、位置と構造から櫓《やぐら》であり、台地上の眺望のために設けられていた。二間×三間の建物や竪穴建物は、滞在中の生活の場、作業場であったらしい。二宮後地区は、比較的簡易な建物と竪穴建物、櫓などで構成される、有事に備えた要害《ようがい》（城砦）と考えられる。

鳥海地区は西方を一条の空堀で区切り、広い矩形の平坦地を確保している。南東部には兵舎と考えられる二間×五間の掘立柱建物、北側沢沿いには大形柱穴の一間×一間の櫓跡、平坦地の中央付近には小形の掘立柱建物が数棟存在する。後述の原添下南東部の居館のような、象徴性や居住性の高い建物はなく、多くの人馬を収容するための駐屯地であろう。

原添下地区では、台地南東部の直角の堀を西辺、北辺とし、南辺を沢地形、東辺を段丘崖とした、方形区画を造っている。内部には二間×五間の身舎《しんしゃ》に四面廂《しめんびさし》を備えた掘立柱建物と、二間×七間の長屋状掘立柱建物の二棟の東西棟が、北側に前殿・南に正殿といった双堂《ならびどう》形式で建てられ、方形区画内の中心施設となっている。西方に工房と推定される、長方形の竪穴建物二棟、南方に方形竪穴建物一棟、北西隅には一間×一間の櫓が二棟重複している。北辺中央付近には、門とみられる建物もある。この方形区画は人工の堀と段丘崖や沢による曲輪《くるわ》を構成し、内部の建物は象徴的な双堂形式の大型建物二棟を中心とし、ほかに工房らしい竪穴建物群で構成される。北西隅には櫓、北辺に門を構えて、居住性も防御性も高い居館を構成している。安倍氏当主の居館と考えられる。国内の武家居館のうち、堀を伴う方形居館としては、最も早い事例だろう。

原添下台地の西方では、溝で区画された宅地の南西隅の溝区画が確認され、小規模な二間四方の櫓状建物が伴う。地形や地割から、五区画ほどの宅地が推定され、一族の居宅群と推定される。南側の沢には、屋敷側から流れ込んだ多数の小皿や坏が出土していて、居宅群においても、儀礼的饗宴が頻繁に催されていた。

縦街道南地区の東側段丘崖寄りには、七世紀から八世紀の縦街道古墳群があり、南北両側を堀状の沢で画される。この西方の平坦地から、二間×三間の身舎に四面廂東西棟の大形建物と、二間×一間南北棟の侍廊が逆L字形に配置されている。周囲には網代塀か板塀の痕跡らしい細い溝も確認できるが、建物と方向を異にしており、その関係については検討を要する。この建物は原添下南東部の当主居館の建物よりも、大きな柱で整然と建てられた四面廂建物であり、その規模からも、国司や鎮守府将軍のような賓客を迎え、政治的儀礼行為を挙行するための公館であったと考えられる。原添下南東部の方形居館が北面しているのは、この公館との関係を重視した配置であるのかもしれない。

発掘調査の結果から、鳥海柵は最初に南端の二宮後と縦街道南の公館（大形四面廂建物）が存在し、次の整備段階で鳥海、原添下の両地区が整備されるという変遷が判明している。[2] 当初、防備を固めていたのは二宮後地区のみであり、後に鳥海地区の駐屯地や、原添下地区の方形居館、屋敷群が整備拡充されたことになる。鳥海柵跡では、このほかにも、鳥海地区の堀の外側に、柱は小さいが二間×三間の身舎に四面廂の東西棟建物二棟が並んでおり、西側に区画溝もある。安倍氏に近侍する者の居宅であろうか。

磐井郡河崎柵《かわさきのさく》疑定地（一関市川崎町）は、北上川と張山の間の道を遮断する二条の堀が確認され、一一世紀・一二世紀の土器も出土。調査者は交通遮断施設としての河崎柵跡と主張する。[3]

和賀郡黒沢尻柵《くろさわじりのさく》は、考古学的には未確定ながら、黒沢尻の地名・地形からみて、北上市川岸の安倍館以外には考えにくい。

岩手郡厨川柵・嫗戸柵も、考古学的に未確定であるが、近年の発掘調査成果から盛岡市大館町《おおだてちょう》遺跡、大新町《だいしんちょう》遺跡、小屋塚《こやづか》遺跡付近と推定される。また北上川沿いの安倍館（栗谷川城）、前九年一・二丁目館坂付近は嫗戸柵の可能性が指摘されている。さらに、西青山一丁目の赤袰《あかぼろ》遺跡では、竪穴建物跡や掘立柱建物跡、溝、土器窯

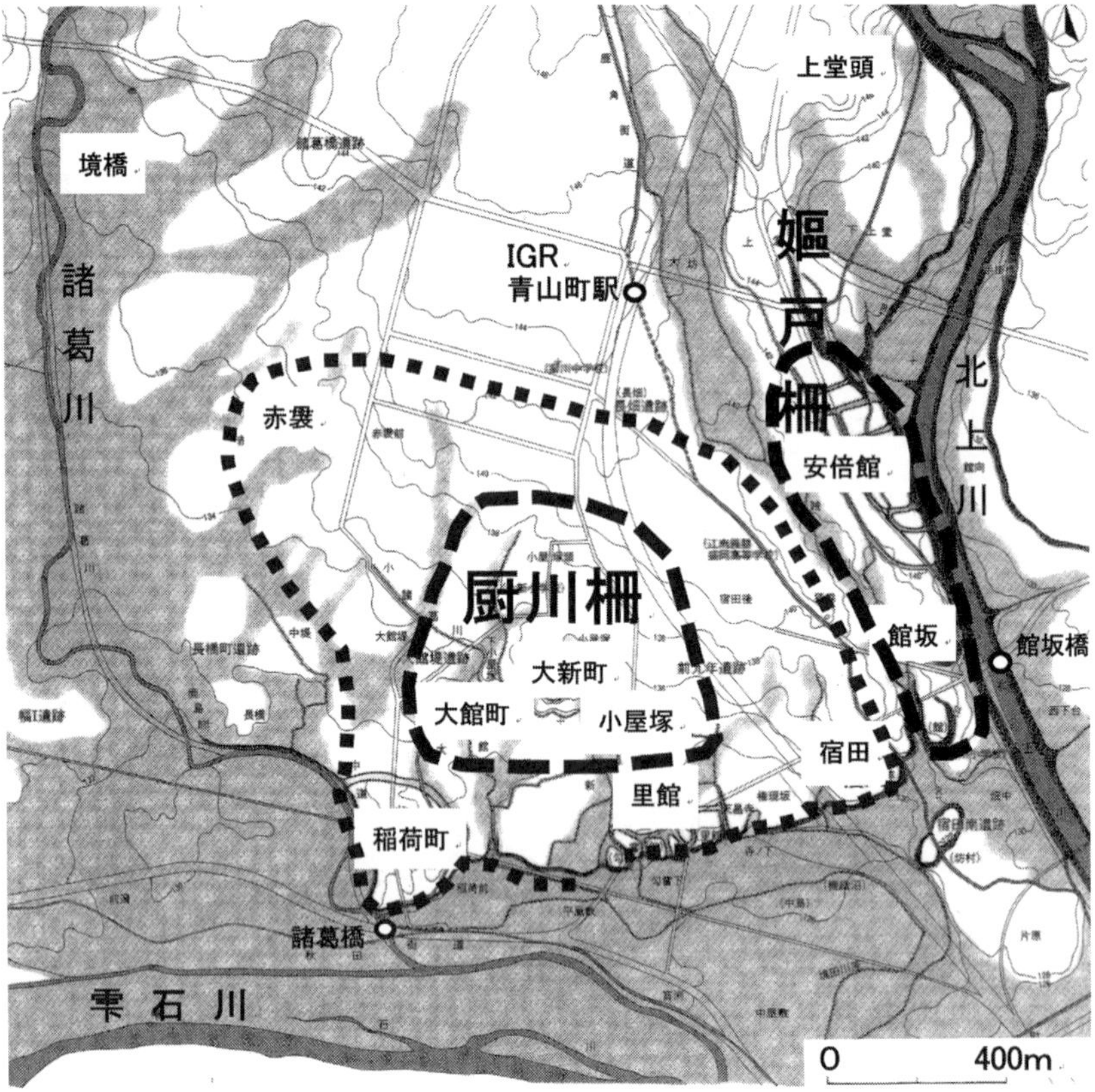

図2　厨川柵・嫗戸柵推定値

盛岡市遺跡の学び館（2012）に筆者加筆。

が発見され、小皿、坏、高台坏が大量に出土した。竪穴建物は鉄製品の加工などの工房から、土器整形のロクロを備えた土器整形施設を経て、土器焼成の窯へと変遷しており、ここで生産された土器類は、大新町遺跡・小屋塚遺跡などの、安倍氏の拠点施設へと供給していたことが確認された。大新町、小屋塚の遺跡からは同質の土器が出土し、竪穴建物や掘立柱建物、溝、柵などが確認されている。ほかにも、上堂頭遺跡（上堂四丁目）では掘立柱建物と土器が出土、境橋遺跡（西青山三丁目）と宿田遺跡（前九年）、大館町遺跡（大館町～大新町）では、同時期かやや先行する土器が出土している。以上の遺跡が分布するエリアは、岩手山起源の火山噴出物で形成される滝沢台地南部を中心としており、この範囲内に厨川柵・嫗戸柵が存在するものと考えられる。なお、厨川に近い滝沢市大釜の大釜館《おおがまだて》遺跡では有力者の居宅と考えられる大形掘立柱建物の遺構があり、至近の溝から一一世紀後半の土器が多く出土した。[4] また、この地の西方にある八幡館山《はちまんたてやま》遺跡は中世山城跡であるが、山頂部から大釜館と同時期の土器破片が多く出土している[5]ことを付記しておきたい。

安倍氏の柵は鳥海柵のように、恒久的な館と防御施設を整えた、拠点的な柵のほか、平時の居宅などに応急的防御を施したものまで存在したらしい。臨時的な柵であれば遺構は残りにくく、考古学的究明が困難な事例も存在したであろう。安倍氏の柵の解明には、一一世紀遺物を出土した遺跡はもちろんのこと、伝承地も含めた調査研究が期待される。

〔注〕

(1) 樋口知志「奥羽における古代城柵の衰退と『館』の形成」鈴木靖民編『日本古代の地域社会と周縁』吉川弘文館、二〇一二年

(2) 浅利英克「鳥海柵とは何か」樋口知志監修『安倍・清原氏の巨大城柵』吉川弘文館、二〇二二年

(3) 羽柴直人「安倍氏の「柵」の構造—交通遮断施設—の視点から」『平泉文化研究年報第4号』岩手県教育委員会、二〇〇四年

(4) 吉田努・井上雅孝「滝沢村大釜館遺跡出土の古代末期の土器について」『岩手考古学第6号』岩手考古学会、一九九四年

(5) 室野秀文・井上雅孝・神原雄一郎「滝沢村八幡館山遺跡について—11世紀の土器が出土した山城—」『岩手考古学第19号』岩手考古学会、二〇〇七年

〔参考文献〕

金ケ崎町教育委員会『鳥海柵跡第二三～二四次発掘調査報告書』二〇二三年

盛岡市遺跡の学び館『検証！　厨川柵』（第一一回企画展）二〇一一年

盛岡市教育委員会『赤袰遺跡第三次・第四次発掘調査報告書』（平成二六・二七年度）二〇一八年
盛岡市教育委員会『厨川柵と嫗戸柵』（盛岡市文化財シリーズ第四五集）二〇一九年

九戸政実と南部信直の居城

柴田知二

はじめに

岩手県の最北、青森県との県境に位置する二戸市に史跡九戸城跡はある。約四三〇年前の戦国時代に豊臣秀次を総大将とした奥羽再仕置軍に攻められ、名実ともに日本の中世が終わりを告げた城だ。城主の名は九戸政実。

その後、戦国時代を生き抜き、糠部の覇者となった南部信直が居城したこの城は、福岡城と名を改めて、南部氏が盛岡城に移るまで居所として在った。九戸城は云わば日本史と糠部地域の歴史を語る古城と言える。

1　指定理由

九戸城跡は岩手県二戸市の中心に位置する。一級河川の馬淵川と支流である白鳥川が合流する交通の要所に築かれている。市内は馬淵川によって開析された河岸段丘が南北に延びており、九戸城は河岸段丘の段差を縄張りに取り込んで構築されている。

昭和一〇年に国の史跡に指定されており、指定告示には「馬淵川と白鳥川との合流地点にあり。天正一九年九戸政実、宗家南部氏に叛し此の城に拠る。南部氏援を豊臣秀吉に求めたるを以て、秀吉、秀次をして浅野、蒲生、堀尾等の諸将率いて之を攻めしむ。政実防戦頗る努めたりしも衆寡敵せずして降り、茲に於て奥羽地方平定し全国統一に帰せり。城は河流の交点に位置する台地を利用して空濠を掘り、本丸・二ノ丸・若狭館・外館・松ノ丸等の郭を形成し、本丸の一部に石垣を存す。東

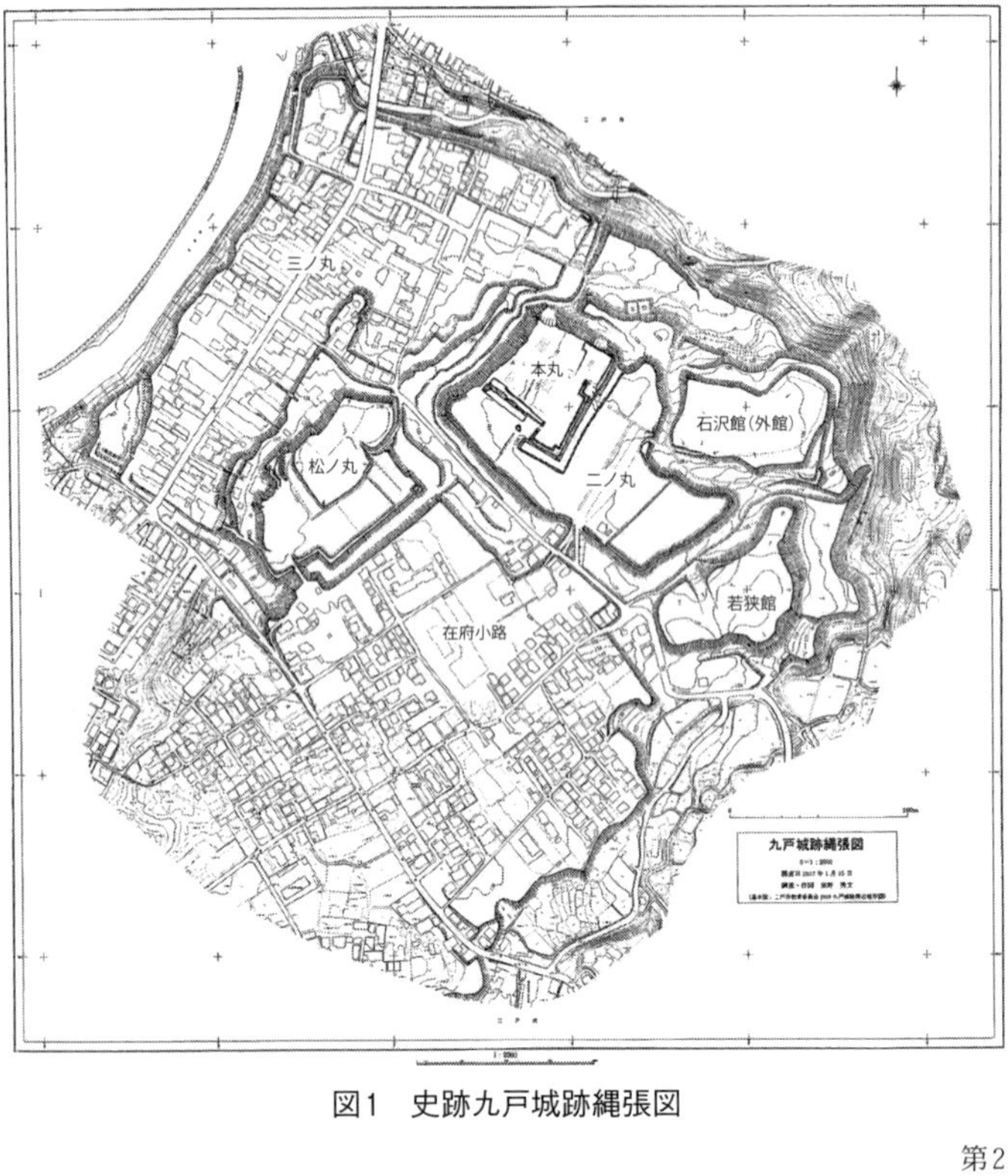

図1　史跡九戸城跡縄張図

北地方稀に見る大規模のものなり。」とある。

指定の理由としては、一つは豊臣秀吉の全国統一に帰した最後の合戦の地であること。二つは石垣を持った城であること。三つは東北地方でも稀にみる大規模な城郭であることが挙げられている。また令和四年三月一五日には福岡城時代の家臣団居住地である在府小路地区の一部が追加指定されており、令和五年一〇月時点の指定面積は、二三万五二〇九・四一平方メートルである。

2　公有地化と環境整備

昭和五三年度に二戸市は史跡九戸城跡保存管理計画を策定し、史跡の保存のため土地買上事業に着手している。平成元年度からは史跡の保存、整備のため、本格的な環境整備事業に着手し、平成二年度には史跡九戸城跡整備基本計画を策定し、同年には史跡九戸城跡整備指導委員会を設置している。

土地買上事業は本丸、二ノ丸、石沢館、若狭館、松ノ丸等を対象として始まった。当初の対象面積は一八万五二四八平方メートル、平成一七年には旧法務局用地を加えた一八万九六二

写真1　史跡九戸城跡遠景

〇平方メートル。令和四年には追加指定した在府小路を加えた二〇万八一〇・一八平方メートルで、令和五年度までの公有化率は約九三%となっている。

環境整備事業は平成元年から始まり、平成九年まで本丸を対象とした発掘調査のほか、石垣の写真測量を実施している。調査の結果、本丸に残存する石垣が九戸氏の時代ではなく南部氏の時代に構築されたことが明らかになっている。また、平成一〇年から平成二六年までは二ノ丸の内容確認調査を実施しており、九戸氏時代の遺構が残存していることが明らかとなり、曲輪の変遷についての知見が得られている。

この他、本整備に先立つ仮整備として、本丸・二ノ丸地区の芝張り、さわやかトイレの

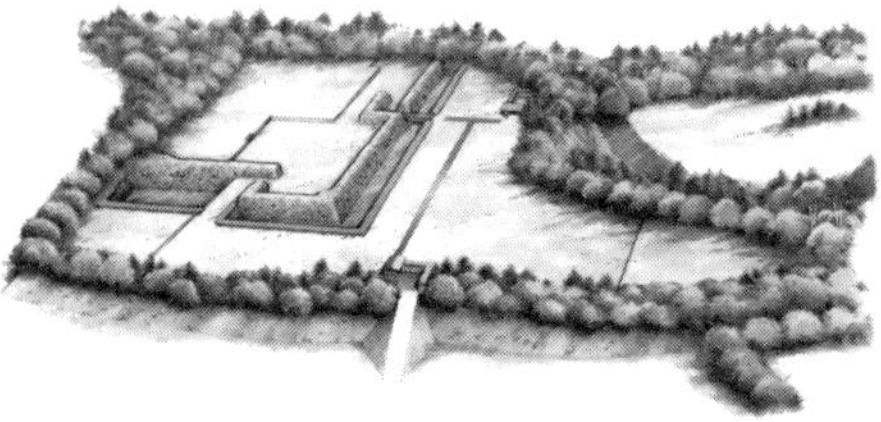

図2　第2期整備基本計画完成予想図

写真2　史跡九戸城跡整備指導委員会

写真3　史跡九戸城跡内容確認調査

設置、総合説明板の設置のほか、平成一一年度に発生した土石流の復旧として、ジオファイバー工法により法面養生工事を実施している。

平成二九年度には史跡九戸城跡第二次整備基本計画を策定し、「調査結果に基づく整備の推進」、「地元の要望に伴う環境整備の実施」、「周辺開発事業に伴う活用の推進」の現状の課題等の解決を図ることとしている。また平成二七年度に策定された第二次二戸市総合計画との整合性を図りながら、現在は、令和元年度に策定された史跡九戸城跡基本設計に基づく、本丸及び二ノ丸の整備を進めるほか、令和七年度までの石沢館の内容確認調査を進めている。

3 九戸城の構造

九戸城は、本丸・二ノ丸・松ノ丸・若狭館・石沢館・三ノ丸の六つの曲輪から構成される。近年では、これに加えて本丸北曲輪が新たに設定されている。馬淵川、白鳥川、猫渕川を北と東西の城域の境とし、馬淵川の縁辺部には土塁が残存している。また福岡城の時代には三ノ丸に町場を取り込んだ総構えの様相を呈しており、中世の九戸城の上に、近世の福岡城が乗っている二重の城郭構造となっている。

九戸氏が居城とした当初の城郭（九戸城）の範囲は、白鳥川に沿って並ぶ本丸、二ノ丸、石沢館、若狭館と推定される。中世城館の特徴は、若狭館、石沢館の広大な平坦面が広がる曲輪や地形に沿った横堀などにその痕跡が見られる。また、平坦な曲輪が連なる構造となっていることから、九戸政実他の諸氏が並列関係にあったことを示すと共に、北奥地域の拠点城館の特徴を持っている。

近世城郭となった南部氏の居城（福岡城）は、本丸と二ノ丸、松ノ丸、在府小路の範囲がその中心と推定される。福岡城は石垣、礎石建物、隅櫓をもつ近世的な城郭で、直線に掘られた堀を持ち、その両側には石垣が築かれている。城郭を構成する曲輪が連結し、本丸を最上位とした階層的な構造となっており、南部信直を頂点とした当時の社会状況を反映している。

4 時期と変遷

九戸城は一五世紀から天正一九（一五九一）年の時期に機能した九戸氏の居城で、石垣や天守を持たない中世的な城館である。築城の時期については諸説ある。文献史料等からは、「参考諸家系図」に「光政、修理、此時九戸より封を二戸の荘に移して白鳥城に居る～」又は一戸町の実相寺の由緒書きに「～領主九戸殿より～」とあることから、九戸光政の頃の明応年間（一四九二～一五〇一年）頃に築城されたとする説。また、永禄一一（一五六六）年に九戸政実が鹿角郡を奪還した戦功で給されたとする説がある。発掘調査の結果からは、本丸、二ノ丸から貿易陶磁器が一九三点出土しており、内訳は貿易Ⅰ期が三一点、Ⅱ期が一一三点、Ⅲ期が四五点、Ⅳ期が四点である。確認される貿易陶磁器の年代が一五世紀中頃から顕著にみられることから、少なくとも一五世紀には城郭として利用されていた

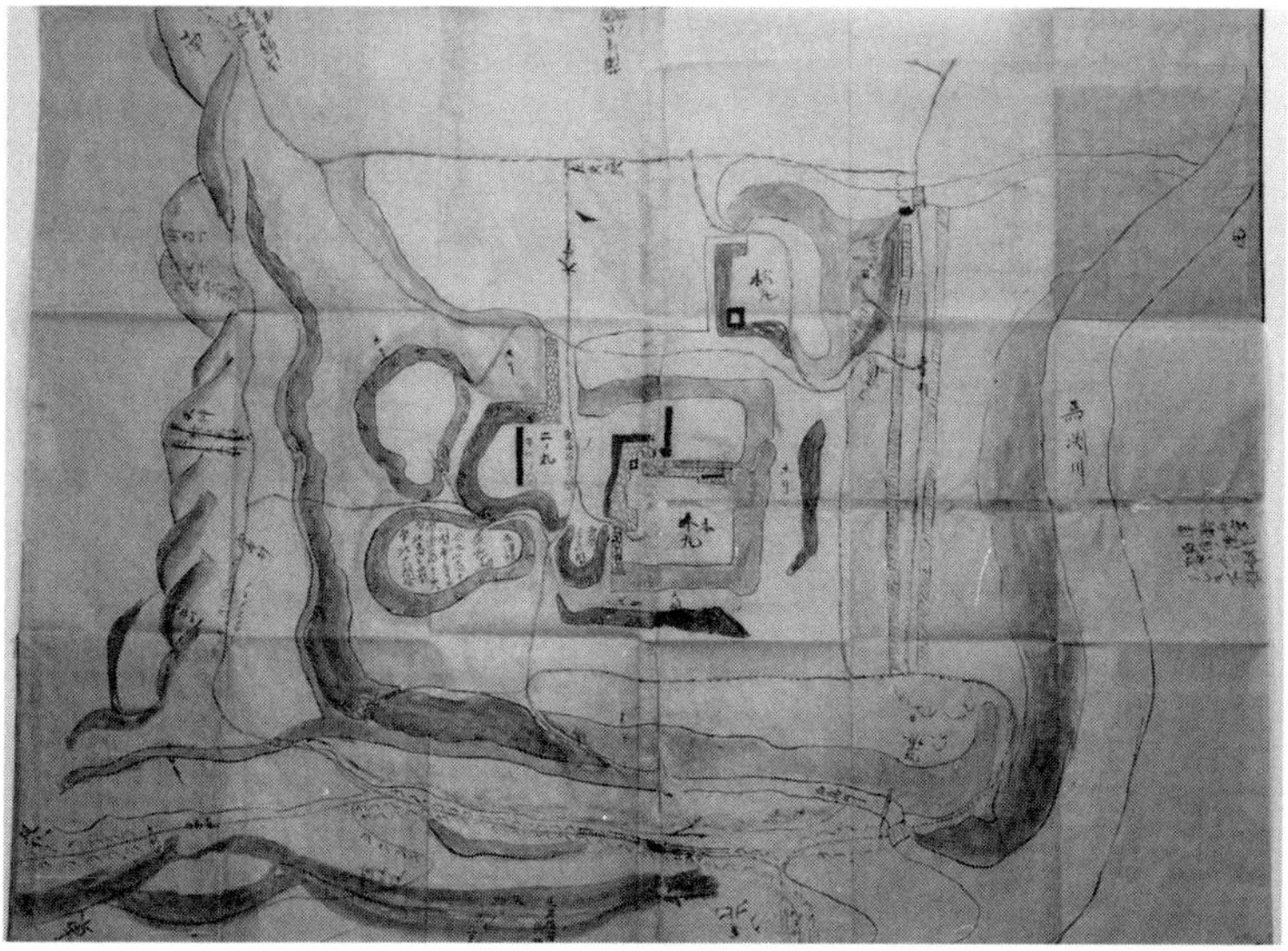

図3　九戸城跡古絵図

ことが判明している。天正一九年には豊臣秀次を総大将とする再仕置軍によって攻められ開城し、再普請されて南部信直に下賜された。

福岡城は天正一九（一五九一）年から寛永一三（一六三六）年の時期に存続する。天正一九年の奥羽再仕置後、浅野長吉（長政）、蒲生氏郷らによって豊臣系の城郭に築き直され、南部氏の居城となり福岡城と改名した。南部信直の後、南部利直の長子である家直（経直）が城主となるが早逝し城代が置かれ、寛永一三年には廃城となっている。

考古学的には、二ノ丸上段平場の地区発掘調査の結果から、城の時代区分は大きく四期に分けられている。九戸城時代はⅠ期の築城期、Ⅱ期の改築期に分けられ、Ⅲ期の福岡城期、Ⅳ期の廃城期が設定されている。

Ⅰ期は三段階に細分される。二ノ丸の東側上段平場がＶ字形の断面をもつ薬研堀によって区切られて独立した曲輪として存在していた。薬研堀は幅が一一・二メートル、深さが五・五メートルで、土壌分析の結果から一時的に水堀であった可能性がある。曲輪には二ヶ所の虎口が開かれ、上段平場への出入り口の門の両側には柵が取り付いている。柵跡は曲輪縁辺部の一部に留まっているが、薬研堀によって区切られた上段平場の曲輪縁辺に沿って、全体に巡らせていたと推定される。平場のほぼ中央にＬ字状の大型掘立柱建物跡と大型の竪穴状遺構を配し、鍛冶関連の施設と推定される小型の竪穴状遺構を取り込んだ独立性の高い様相で、主郭的な機能を有していた可能性がある。

Ⅱ期は二段階に細分される。二ノ丸東側上段平場を区切っていた薬研堀が埋め戻されて、現在の二ノ丸の姿になる。

この薬研堀の下層から一五世紀第２四半期から第４四半期の蓮弁文青磁碗が出土している。また、二ノ丸東側上段平場全体が造成されると共に、門跡等の施設は撤去される。Ｌ字状の大型の掘立柱建物跡は北に移動し、収蔵施設と推定される小型の竪穴状遺構が

写真４　史跡九戸城跡出土遺物

写真５　二ノ丸大手土橋の石垣

配され、段差下の平場には身舎梁二間の両面庇の掘立柱建物が見られる。

Ⅲ期は福岡城期で二ノ丸の段差等の変化は無く、縁辺部に土塁が構築される。上段の平場には竪穴状遺構のほか、いくつかの掘立柱建物跡が想定される。また二ノ丸大手、搦め手虎口が整備され、二ノ丸大手は内門と外門が設置され、土橋の両側には石垣が構築される。

Ⅳ期は廃城期で、二ノ丸大手付近の掘立柱建物、カマドと推定される石組炉が検出されるが利用度は低い。

5　九戸氏の歴史

九戸氏は、古代の王朝国家期の九戸四門の制に由来する「戸の領主」である。糠部郡は一戸から九戸、東門、西門、南門、北門の行政区に分けられ、その名を冠した一戸、三戸、七戸、八戸などの戸の名を有する領主達がいる。九戸氏は光政頃から、糠部郡の七戸氏、八戸氏、久慈氏などの有力領主との婚姻関係を進めてきた。このような勢力の伸長に合わせて、本拠地である九戸から二戸に進出し、所領を拡大させていったと推定される。また、二戸への進出は、領土の拡張だけではなく、河川交通の要所である二戸の地に九戸城を構えることで外への進出の足掛かりとなり、他の権益も手中にした可能性がある。最近の研究では、発掘調査で出土した金属を精製加工する坩堝に金が付着していることが判明しており、砂金ではなく山金由来の可能性が報告されている。

九戸政実は後に南部宗家を継ぐ南部信直と争った南部家の有力者で、弟の九戸実親は、南部宗家である南部晴政の次女を娶っており、その有力ぶりが際立つようになっていた。宗家の座を南部信直（当時は田子信直）と政実の弟の九戸実親が争うが、北信愛らによって田子城から迎え入れられ南部信直が宗家を継ぐこととなった。また、史料等によれば九戸氏は鹿角、川崎、斯波の合戦にその名が見られ、政実の頃には南部家の主力を担うほどになっていたと推定される。また「光源院殿御代当衆並足軽以下衆覚」別名「永禄六年諸役人附」には関東衆として名を連ね、直接、幕府との繋がりをもつとされていたが、最近の研究では精密な史料批判が行われている。

6 九戸一揆

天正一九（一五九一）年に糠部の地で起きた一揆は「九戸政実の乱」「九戸の乱」などとも言う。ここでは最近の研究結果に基づき「九戸一揆」と言う。

前年の天正一八（一五九〇）年の小田原攻めの折、南部信直が小田原に参陣し、豊臣秀吉より朱印状を得て所領安堵をされる。これによって九戸氏や他の諸氏は南部信直の家臣として位置づけられた。また、同年の豊臣秀吉による奥羽仕置によって奥羽の諸大名の仕置がなされる。この時、岩手県においても小田原に参陣しなかったことを理由に和賀氏や稗貫氏などは改易となった。仕置軍が撤退後、京儀（検地と刀狩）を嫌って各地で一揆が発生する。天正一八年九月には仙北一揆、同年一〇月には和賀・稗貫一揆、庄内一揆、大崎葛西一揆が蜂起し、浅野忠政らの連署状では「糠部中錯乱」と表現されている。そして、天正一九年春に糠部において九戸政実を中心に、九戸一揆が蜂起する。

九戸一揆の原因は諸説あり、一つは、南部宗家を争った遺恨によるもの。二つは、秀吉の朱印状によって九戸政実が南部信直への家臣に位置づけられたことによるもの。三つは、もともと他の領主間の抗争があり、信直派、反信直派（九戸政実）の争いへ発展したとするものなどあるが、一般的には京儀を嫌ってと理解されている。戦の様子を描いたものは、後世に作成された軍記ものがほとんどで詳細は不明である。

これに対して豊臣秀吉は天正一九年六月に奥州奥郡為御仕置被遣御人数道行之次第を発し、八月二三日には仕置軍は和賀に着陣している。同年九月一日は九戸方の一戸にある姉帯城、根反城を攻めて落城させ、二日には九戸城を包囲している。この時に九戸城攻めに参加した上方の諸将は、蒲生氏郷、井伊直政、浅野長吉、堀尾吉晴らで、この他に津軽為信、南部信直らが布陣している。

写真6　二ノ丸大手付近から出土した人骨

一次史料である浅野家文書からは、九戸城の戦いは僅か三日で終了しており、四日には九戸城は落城していることが判明している。その後一揆勢一五〇の首を切られ、政実以下の主だった武将たちは捕縛され、三迫（宮城県）において首を刎ねられている。

また、近世の史書に依ればこの時の籠城者二〇〇〇人が、二ノ丸に押し込められ、なで切りにされたと伝えられている。平成七年度の二ノ丸大手付近の発掘調査では頭骨を欠いた刀傷痕のある人骨が複数体出土し、当時の犠牲者と推定されている。出土した人骨は十数体がまとまっており、頭骨を欠いていた。人骨の性別はほとんどが男性で二体ほどが女性で、全てが成人と推定されている。上腕骨の損傷や骨体が切断されているもの、銃弾が当たったものもみられる。こうした四肢の骨に見られる多くの刀傷痕から、なで切りのような行為が確認できる。

7 戦後の処理

戦後の南部信直は領内の安定に努め、文禄元（一五九二）年には領内の諸城破却が実施されており、「奥州南部大膳大夫分国之内諸城破却書立有之事」には領内の城名、城代が記されている。慶長二（一五九七）年には盛岡城の築城が始まり、慶長四（一五九九）年には戦国時代を走り抜いた南部信直が福岡城で亡くなる。家督を継いだ南部利直は、盛岡城に本拠地を移し、福岡城は利直の子である経直が城主となり、南部氏の本城としての役割を終えることになる。経直の早世後は城代がおかれたが、南部史要によれば盛岡城の新丸御殿築造に合わせて破却されたとされる。

破却後には町場が寂れたことから街道が付替えられており、江戸時代に編纂された「寛永国絵図」には城郭の東側を通っていた街道が、正保元（一六四四）年に作製された「正保国絵図」では城内を通るように描かれており、福岡城は古城と記されている。また寛文一〇（一六七〇）年に作成された「九戸御陣図」には、石垣が描かれていることから、福岡城の石垣はこの時に崩された可能性が指摘されている。

九戸一揆の戦没者を供養するため千体の観音像を納めた福岡龍岩寺には、正徳二（一七一二）年に久慈氏の末裔の八戸藩士である接待宗碩によって堂宇が建立されている。観音像は九戸村長興寺の奇峰学秀が製作している。

写真7　千補陀堂建立碑

写真8　観音菩薩立像・座像（龍岩寺）

おわりに

福岡城を居城とした南部信直はしばらくして盛岡へ移るが、慶長四年に福岡城にて亡くなる。その後、城主を家直（経直）に代わるも程なくして廃城となる。城に残る石垣破却の痕跡は廃城によるもの、または幕府の諸国巡見史が派遣された際に崩されたものと推定されている。江戸時代に九戸古城、古城となった九戸城は、明治には後に初代の民選岩手県知事を務めた國分謙吉の農業試験場が開かれる。昭和一〇年に国史跡に指定され九戸城跡となり、現在は史跡公園としての整備が進められている。

福岡城は豊臣秀吉が進めた天下統一の総仕上げの戦いの場であり、南部家の抗争の中心であった九戸城は、史跡としてその姿を現在に留めている。崩れ落ちた石垣は、その歴史の証人でもある。

〔参考文献〕
二戸市教育委員会『国指定史跡九戸城跡保存管理計画』、一九七九年
二戸市教育委員会『史跡九戸城跡整備基本計画』、一九九一年
二戸市教育委員会『史跡九戸城跡第二次整備基本計画』、二〇一八年
二戸市教育委員会『史跡九戸城跡発掘調査総括報告書』、二〇一七年
二戸市教育委員会『在府小路遺跡総括調査報告書』、二〇二一年

二戸市教育委員会『史跡九戸城跡発掘調査報告書（平成27年～令和２年度）』、二〇二四年
二戸市『二戸市史　第一巻　先史・古代・中世』二〇〇〇年
二戸市『二戸市史　第二巻　近世・近代・現代』二〇〇一年
市民歴史講座　地域の歴史を城館から探る　各年度資料
黒嶋　敏『中世の権力と列島』高志書院、二〇一二年
小林清治『奥羽仕置と豊臣政権』吉川弘文館、二〇〇三年
小林清治『奥羽仕置の構造』吉川弘文館、二〇〇三年

column

史跡を活かしたまちづくり

柴田知二

史跡九戸城跡は市街地の中心部に位置しており、観光資源の役割と共に市のシンボルとなっている。二戸市では、史跡を活用したまちづくりのため、現在、進められている史跡九戸城跡第二期整備と合わせて、公民連携によるまちづくりが進められている。

公民連携は、市と民間事業者、NPO、市民等がそれぞれの役割を分担し、目的決定、施設設備・所有、事業運営、資金調達を行うものだ。二戸市は、地域が抱える複合的な課題を解決するための基本的な考え方など、今後の目指す方向性を示す「二戸市公民連携基本計画」を平成三〇年度に策定している。計画では、市民と行政がお互いの力を発揮しながら、新しい人の流れと経済循環を生み出す、「公民連携による稼ぐまちづくり」を推進することとし、観光客数の減少や急激な人口減少と高齢化、市税や地方交付税等の減少に伴う財源不足、公共施設の老朽化など、市の抱える課題の解決を図ることとしている。

もとは、平成四年度からの宝さがしによるまちづくりに始まる。市内の九〇〇〇世帯を対象にした「わたしの宝さがし」アンケート調査を実施し、七三七一件の宝の情報は「自然」、「生活環境」、「歴史文化」、「産業」、「名人」、「要望」からなる六つの分野に分け、九地区一〇ゾーンに分けてテーマと計画を策定した。史跡九戸城跡がある福岡地区は二戸日本史発信ゾーンとして、「歴史に包まれた市民の憩いの場づくり」、「九戸城周辺の散策路づくり」がテーマとして設定されている。この概念は、現在進めている史跡九戸城跡の第二次整備基本計画の基本理念でも踏襲されている。

公民連携推進重点区域として、「金田一温泉周辺地区」「九戸城跡周辺地区」「天台寺周辺地区」を設定し、「に

九戸城跡周辺地区のワークショップの様子

のへの宝」を生かした活性化の方向性を定めている。共通の核となる宝を通じて面で繋ぐことで区域の魅力を向上させることとし、現在は、九戸城跡周辺地区はワークショップを開催し、地域が目指す将来像を描く作業を進めている。九戸城跡周辺地区では、土地の公有化と史跡の調査に重点がおかれたことから、市の中心部でありながら広大な未利用地となっているため、整備や活動を踏まえて、九戸城跡をはじめとした歴史的な面影や、多くの先人を育んできた土壌を生かし、公と民がそれぞれの役割を果たしながら、周辺地域に賑わいを生み出すことで、住んでいる人が誇れるようなまちづくりを目指している。

　文化財保護法改正に伴い、文化財（史跡）の活用が声高に叫ばれるようになった。一方で活用の視点が土地利用と観光資源に偏っており、文化財としての活用視点を欠いているようにも思える。また、国民共通の財産であり（共有性）、未来へ受け継いでいくこと（継続性）が必要だ。歴史遺産を活かすとは、現在において、また今の社会環境においてどのように位置づけ、価値を享受できるのか。そのためにはどのような活用が望ましいのか。社会のための歴史遺産とは、今どうあるべきか検討すべき課題も多いように思う。

近世の盛岡
——盛岡藩における文化の形成——

兼平賢治

はじめに

東北地方は、江戸時代に現在の県域を広域に支配した藩が多くあり、その藩が各地域に特徴的な歴史と文化を育み、現在にも受け継がれている。そして、いまも「津軽の言葉は〜」、「南部の人は〜」というように、青森県では津軽（弘前藩）と南部（盛岡藩・八戸藩）、岩手県では南部（盛岡藩）と伊達（仙台藩）などと、藩領域の生み出した地域性が、会話のなかに現れることがある。それだけ藩は、その後に大きな影響をあたえる存在であったのだが、例えば、東北地方の南部（山形県・福島県）や関東地方では、現在の県域を広域に支配したような藩が存在せず、また、藩領や幕府領、旗本領などが複雑に混在し、いわゆる「相給《あいきゅう》」と呼ばれる状態の地域が多く存在した。そうした地域では、藩に対して特別な感情を抱く住民が多くはない。岩手県民が藩に抱くイメージで藩を捉えていると、その違いに驚かされる。

さて、岩手県の県庁所在地である盛岡市を城下町とした盛岡藩南部家といえば、中村藩相馬家や鹿児島藩（薩摩藩）島津家とならんで、中世以来、同じ土地を支配し続け、幕末を迎えた藩、大名家として知られる。そして、藩主家となる南部氏は、甲斐国南部郷（現山梨県南巨摩《こま》郡南部町）を本貫《ほんがん》の地とし、鎌倉御家人の系譜を引いており、室町・戦国期には三戸《さんのへ》（現青森県三戸郡、聖寿寺館《しょうじゅじだて》・三戸城）に拠点を置いて勢力を誇った一族で、一五九一（天正一九）年の九戸《くのへ》一揆後は、領域を南部に大きく拡大するとともに、盛岡に城下町を整備し、盛岡の発展の礎を築いた。現在の盛岡の街並みは、城下町であった名残が多くみられ、街の魅力を構成する重要な要素にもなっている。

　盛岡藩南部家は、一般に中世以来の名族であると認識され、研究においても、長く同じ地域を支配してきた旧族外様《きゅうぞくとざま》大名とか、旧族居付《いつき》大名などと分類されて、家臣団を早くに形成・固定化させており、古くからの伝統や文化を重んじた大名家であると思われがちで

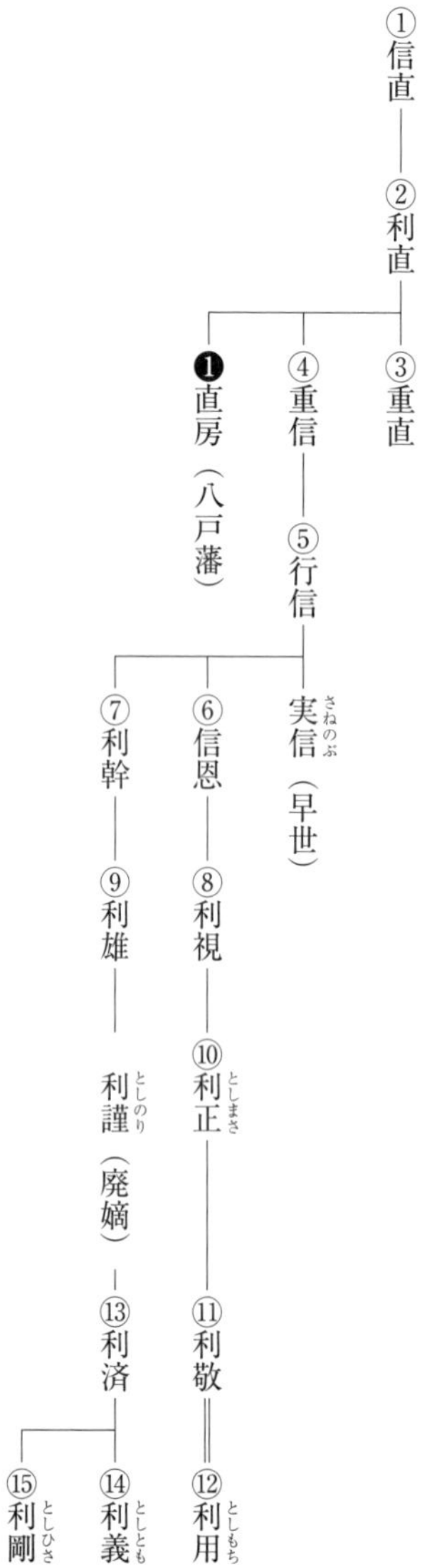

【盛岡藩南部家略系図】
数字は藩主就任順　直房は新設された八戸藩の初代藩主に就任　二重線は養親子関係

ある。確かにそうした側面をもつが、しかし、決してそれだけではなく、新たな文化を積極的に取り込んで、そのあり方を大きく変化させてもいた。そして、それこそが、今日の盛岡や岩手の文化を理解するうえでも、重要な要素であると考えている。

そこで本章では、文化の形成に大きな役割を果たした盛岡藩の藩主家である南部家に注目して、それが与えた影響について、藩主の個性にも留意してみていこう。

1　一七世紀——江戸への傾倒

豊臣政権における政治の中心は大坂と京都であったが、秀吉が亡くなり、五大老の筆頭である徳川家康が力をもつようになって、関ケ原合戦に勝利し、一六〇三（慶長八）年に征夷大将軍となって江戸に幕府を開くと、その中心は江戸に移った。そして、一六三五（寛永一二）年には、将軍との主従関係に基づき、大名は国許と江戸とを一年ごとに往復した。参勤交代である。大名はこれ以前から江戸に参勤していたが、制度的な運用がなされるようになった。将軍に奉公するために江戸に詰めるわけだから、江戸屋敷（藩邸）が置かれ、そこには、大名の政務と生活を支えるために多くの藩士も詰めた。

このように、政治の中心が江戸に移ると、大名は江戸で見聞きしたことも取り入れながら藩政を執ることになる。幕藩体制確立期の盛岡藩は、三代藩主南部重直《しげなお》の治世であった。祖父信直《のぶなお》は一方井《いっかたい》城（岩手郡）で、父利直《としなお》は三戸城で誕生し、重臣らと戦国乱世を生き抜いた人物であったが、重直は一六〇六（慶長一一）年に江戸で生まれ、そして江戸で育った、

図1　盛岡城を築き始めた南部信直（もりおか歴史文化館蔵）

図2　藩政の確立に努めた南部重直（もりおか歴史文化館蔵）

典型的な近世大名であった。よって、国許よりも江戸との親和性が高かった。

そして、この重直は、新たな支配秩序に適合するために、そして、藩政の確立を図るためにも、新たな知識や技能を備えた家臣を求めた。それが新参家臣であり、およそ二〇〇名召し抱えられているが、その多くが江戸で新たな知識や技能を身につけていた牢人やその子弟らであった。これまで南部家に仕えてきた譜代家臣ではなく、重直は新参家臣を重用しており、なかには家老に就任する者もいた。政治能力だけでなく、武芸や医術、筆道などに優れた人材も召し抱えられており、彼らは門弟を育てて盛岡に定着させている。家臣団の入れ替えといってよいほどの新参家臣の召し抱えは、盛岡藩の文化の形成を考えるうえで見逃すことのできない事実である。

このように新参家臣を重用した重直だ

が、彼に対する譜代家臣の反発は、一六六四（寛文四）年の重直の死によって表面化する。重直は不仲であった弟の重信《しげのぶ》を相続人に選定せず、他家養子を迎え入れることを幕府に願い出たり、当時の将軍である徳川家綱《いえつな》に相続人の選定を委ねたりするなどしていたが、選定がなされる前に病死した。そのため藩内には、改易《かいえき》の危機に陥《おちい》るのではないかと動揺が広がったとされる。

江戸時代に記された諸書は、他家養子の擁立を図る新参家臣と、弟重信の擁立を図る譜代家臣との対立構造を軸に、これを、いわゆる南部騒動として両者が激しく争ったように描く。しかし、当時の記録によると、弘前藩の密偵が盛岡藩に変わった様子がないことを報告しており、また、盛岡藩に派遣されていた幕府の馬買役人である公儀御馬買衆《こうぎおうまかいしゅう》が例年通り接待を受けて江戸に帰っていることから、新参家臣と譜代家臣とが一触即発という状況にはなかったとみてよいだろう。後世の記録では、武力行使も辞さない譜代家臣の勇ましさと正統性が誇張されて伝えられる一方、新参家臣は貶《おとし》められた。こうした意図をもって南部騒動は描かれたのである。

幕府は、一度は重直の意向にあわせて会津藩主保科正之《ほしなまさゆき》の子を相続人に検討したものの不調に終わり、最終的には幕藩体制の安定維持を優先し、他家養子ではなく、藩主家の一族の重信に盛岡藩の相続を認めている。譜代家臣も安心したことだろう。

これまで述べてきたこともあり、重直を暴君、新参家臣を悪臣とする歴史が、譜代家臣を中心にして後世に伝えられていくが、重直の死後、盛岡を去った新参家臣はほとんどいない。新たな知識や技能を備えた新参家臣はすでに必要不可欠な存在であり、その多くを取り込んだかたちで盛岡藩南部家の家臣団は世襲・固定化が図られることになった。そして、先に述べたように、新たな知識や技能は、門弟らが継承し盛岡の地で発展させていくことになった。

2　一八世紀前半――歴史と由緒を重んじる

このように、江戸の政治や文化を取り込んでいった盛岡藩南部家であるが、江戸への傾倒が強まることへの危機感を抱く藩主が現れる。それが、八代藩主南部利視《としみ》である。時代はちょうど八代将軍徳川吉宗《よしむね》の時代と重なる。

図3　盛岡で生まれ育った南部利視（もりおか歴史文化館蔵）

利視は、用務で江戸に上《のぼ》った藩士が「江戸言葉・風俗共ニ」学んで「御国言葉《おくにことば》を取り失」う状況になっており、江戸から国許に戻ってきた藩士が「御国之言葉・風儀共ニ笑」うようにもなっている、との認識を示したうえで、「江戸ニて御国言葉・風俗共ニ江戸者笑い候共取り繕」う必要はなく、「わらわれ申す事苦しからざる儀」と言ってのける。さらに、「江戸ハ将軍之御下」であるから「万事結構」ではあるが、「御国之儀は御国風を相守」ることが大事であり、「取り失い申さざる様ニ」するのがよいのだ、とも宣言する。

これは、盛岡藩の公的な日記である「雑書《ざっしょ》」（もりおか歴史文化館蔵）の一七四一（寛保元）年一月一三日条に記されていることであり、「御国言葉」は方言のことであり、「御国風」とは「おくにぶり」と読んで盛岡藩領における独自の風俗や習慣などを指すのだが、盛岡藩士の江戸傾倒、国許軽視に対する利視の危機感がよく現れている。さらに、翌年七月一〇日条では、「田舎者ハいなかものと人に笑われ、少しも苦しからざる事ニ候」として、自身を含めた盛岡藩領の者を「田舎者」といって憚《はばか》らず、江戸者に笑われたっていいではないか、とまで言っている。

利視にとって、「国風」の揺らぎは、秩序の乱れにもつながる、との認識から、このような危機感の表明になったが、それだけではなく、この利視の強烈な「御国風」への執心は、実は利視の生い立ちも大きく影響していると考えている。

利視は、六代藩主南部信恩《のぶおき》の実子であるが、母が利視を懐妊した状態のなか父信恩が死去したことから、叔父の利幹《としもと》が七代藩主に就任することになった。利視は藩主になる立場からはずれ、盛岡で生まれ育つ。利視の「御国風」への執心は、こうした生い立ちが影響していよう。そして、利幹の嫡子利雄《としかつ》がまだ二歳と幼少のうちに利幹が亡くなると、成長して一八歳になっていた利視に藩主の座がまわってくる。藩主となった利視は、本来自分こそが藩主の座に就くべき人間だったのであり、利幹はたまたま藩主に就任したのだ、との認識からだろう、利幹の政治を否定し、曾祖父重信（四代）、祖父行信《ゆきのぶ》（五代）、父信恩（六代）の政治に復させる指令を出している。直系を継ぐ者としての自覚が、そうさせたのだろう。

それにあわせて、藩主としての正統性をより強調するために、盛岡藩南部家の歴史と由緒を重んじていく。藩祖南部信直を淡路丸《あわじまる》大明神（のち桜山大明神と改称）として城内に勧請《かんじょう》したり、信直・利直文書を多く収録した「宝翰類聚《ほうかんるいじゅ》」（岩手県立図書館蔵）を編纂させたりしている。藩士の系譜集である「系胤譜考《けいいんふこう》」（もりおか歴史文化館蔵）も編まれた。しかも歴史や由緒を重んじることは、藩士や領民にまで徹底して求められた。先祖から伝わった品を麁末《そまつ》にせず子々孫々に相伝すること、嫡庶の関係を重んじること、家の象徴である家紋などを大切にすること、などである。藩主利視ばかりが歴史や由緒を重んじても、藩士や領民がその重要性を認識していなければ、藩主としての正統性の根拠たりえない。

このように江戸傾倒、国許軽視といった「御国風」の危機を、秩序の揺らぎ、そして藩主としての正統性の根拠を脅かすものと捉えた利視は、自身の生い立ちや藩主就任のいきさつもあって、南部家の歴史や由緒を重んじ、さらに藩士や領民にも求める政策を実施した。盛岡藩の文化のあり方に大きな変化を与えるものであった。

しかし、神道に傾倒していた利視は、江戸をはじめ他国を見聞する機会である伊勢参宮を奨励し、参宮の往復に認められる日数を増やしたことから、「見物」してまわり「慰《なぐさ》みに参宮」する者が現れ、許可なく参宮する抜参《ぬけまいり》も多くみられるようになるなど（「雑書」）、皮肉にも「御国風」の危機をさらに高めることにもなった。

3　一八世紀後半――外聞偏重のなかで

ところで、一七世紀は、戦乱が終息して平和が確固たるものとなり、人々が開発に力を

図４　溶岩噴出口から見下ろした焼走り溶岩流

入れて生産力が増し、徐々に余裕が生まれて生活が安定したことから、人口も爆発的に増加した。一七世紀が「大開発の時代」と呼ばれる所以《ゆえん》である。一方で、一八世紀は、開発に適した土地の多くが開発し尽くされており、しかも元禄大地震と宝永富士山噴火、享保飢饉、宝暦飢饉、天明飢饉と浅間山噴火と、度重なる災害や飢饉に見舞われて、人口も増減を繰り返し低調に推移した。よって「停滞の時代」とも呼ばれる。

　盛岡藩も同様であった。岩手山（当時は岩鷲山《がんじゅさん》）が焼走《やけはし》り溶岩流ができるほどの大噴火を起こし、また四大飢饉のうち元禄飢饉、宝暦飢饉、天明飢饉にも見舞われ、城下では享保・安永期に大火が発生した。寛政期には地震によって津波も発生している。さらに藩主の代替わりごとに、幕府から手伝《てつだい》普請《ふしん》（大井川普請、日光本坊普請、仙洞《せんとう》御所《ごしょ》普請）が課せられ、多額の費用を要して藩財政は逼迫の度合いを強めた。一八世紀後半にはロシアの南下によって蝦夷《えぞ》地《ち》警衛《けいえい》の負担も重くのしかかることになる。

　このように一八世紀は苦難の連続であったが、こうしたなかで盛岡藩南部家は、「外聞《がいぶん》」を特に重んじるようになり、このことが文化の形成に大きな影響を及ぼすことになる。結論からいえば、一八世紀後半以降、「外聞」という言葉が藩日記の「雑書」に多く記されるようになるが、その要因としては、一つには、一七世紀に形成された全国市場に取り込まれ、貨幣経済・商品経済が発展するなかで、遠隔地の商人が盛岡藩領にも多くやってきたこと、二つには、広域に発生する飢饉への対応が隣藩と比較され、藩主の為政者としての評判に大きくかかわったこと、三つには、ロシアの南下という対外的危機に直面したことで、幕府の役人が盛岡藩領を通過して江戸と松前とを往復する事態が発生したこと、が挙げられる。盛岡藩領に「他領者の目」、「幕府の目」が直接入り込み、あるいは、鋭く向けられて、実情が見聞に晒され、その評判が広められたり、幕府にも伝わる可能性が生じたのである。

藩主にとって常に幕府の監視のもとに置かれているような状態であり、嫌でも自身の評判にもつながる「外聞」を重視せざるをえなかったのである。なかでも一一代藩主南部利《とし》敬《たか》は、一四歳ではじめて御国入りした一七九五（寛政七）年に大規模一揆が発生し、領民が城下に迫って面目を潰された。利敬はこの時のことを「後年外聞取り戻し難し」と顧みている。

利敬は、「諸家中《かちゅう》之風儀、町家・在方《ざいかた》之者行業《ぎょうごう》之善悪ニ依《より》て、我等（利敬）兼日《けんじつ》之心懸《こころがけ》も表ニ現レ候《そうろう》」（「雑書」寛政一二年三月一五日条）と述べている。つまり、藩士の振舞や、町人・百姓らの行いの良し悪しによって、自身の常日頃の為政者としてのあり方も露呈してしまう、と心情を吐露しているのである。藩主だけが取り繕っても、「他領者の目」や「幕府の目」に映る藩士や領民の姿によって、藩主の為政者としての評判が決まるわけで、本性を見透かされる恐怖に襲われた。このため藩主による「外聞」偏重ともいうべき状況が生じ、その結果、利敬の関心は、藩士や領民の風俗統制にむけられていくことになる。

4　一九世紀前半──新たな御家柄と日本一統の風儀

利敬に風俗統制を断行させる根拠を与えることになったのが、蝦夷地警衛の見返りによって実現した利敬の官位《かんい》と南部家の家格の上昇である。利敬は、これまでの前例とは異なり、一八〇四（文化元）年に若くして四品《しほん》（従四位下《じゅしいのげ》）に昇進している。ほとんどの大名が従五位下にとどまり、盛岡藩主も在職年数が長い場合に四品に昇進することはあったが、利敬は特例であった。そして、一八〇八（文化五）年には、歴代藩主としてはじめて侍従《じじゅう》に任官し、石高《こくだか》も一〇万石から二〇万石に倍増した。蝦夷地警衛の功績が認められてのことである。石高が一〇万石以上で、藩主が侍従に任官した盛岡藩南部家は、御三家（尾張・紀伊・水戸徳川家）に次ぐ家格で、全国の大名家のなかでも二〇家ほどであった国持《くにもち》大名の仲間入りを果たしたのである。

ところで利敬は、四品に昇進するにあたり、幕府に内願（もりおか歴史文化館蔵）を試みていた。それによると、盛岡藩領を「辺鄙《へんぴ》之地」と表現し、「農工商之三民等」が利敬の教導を拒否することはないが、藩主の威光に対する敬意が「自然と薄」くなっている、との認識を示している。そのうえで、「四品昇進」が叶えば「農工商之三民」が利敬を「敬謹」するようになり、「国政之助」となり、「教訓之根元」が厚くなるとする。さらに「領内鄙《ひ》俗《ぞく》」（田舎びていること）と「至愚《しぐ》之人気《にんき》」（非常に劣《おと》った地域の人々気風）が「自《おのづか》ラ和順」して、領民を「御令条」で教え導くことができる、と述べている。

図5　「外聞」を重んじた南部利敬（もりおか歴史文化館蔵）

利視は「御国風」を重んじ「田舎者」でもいいではないか、と述べていたが、利敬は盛岡藩領を「辺鄙」といい、「御国風」を「鄙俗」と断じ、人々の性質を「至愚」と評している。そのため、念願叶って四品に昇進すると、「鄙俗」をあらためようと躍起になる。有名なのが女性の眉払《まゆばら》いである。江戸時代の女性は一定の年齢に達すると眉を剃るものだが、盛岡藩領では古くからの習わしとして眉を払わずにきた。それについて利敬は、領民は「御国風ニて宜《よろ》しき事」であると思い違いをして女礼《じょれい》ニもたがひ（違い）、ことやう（異様）ニて笑われ候いるが、眉を払わないことは「諸国一統之風儀、事故《ことゆえ》、眉はらい申すべく候」と命じている。

さらに利敬は、眉払いの意図について、眉を払わないのは「日本之風儀」ではなく、「蝦夷国同様之振合」と指摘し、「日本之風俗も薄く、諸法令もこれ無き異国之様ニ而《て》、他之見分も」不安だとし、「諸国之風儀と相違い、蝦夷同様之風俗故、日本一統之風儀ニ」したい、との思いを述べている（「雑書」文化二年三月二八日条）。もはや「日本」（＝「諸国」、ここでは旧国、六十余州＝全国のこと）と異なる「御国風」はあらためられるべきものであり、他領者から笑われることがないようにすることが求められた。しかも、「御小家之風儀ニ似寄《により》り候類《たぐい》は思《おぼ》し召《め》し入りに応じ申さず、御家柄不相当」と断じている（「雑書」文化五年八月一日条）。これまでの「御小家」のような「御国風」は認められず、南部家の新たな「御家柄」にあわせる必要があったのである。そして、こうしたなかで強く意識されることになるのが、江戸時代を通して「当世」（当世流）の中心であり、「将軍之御下」にあって「万事結構」なる江戸であった。

おわりに

一八〇八（文化五）年に国持大名の仲間入りをすると、「御家柄」にあわせて、いよいよ「異様《ことよう》」は一層排除され、「日本（諸国）一統之風儀」にあわせた「御国之風儀」づくりが進んだ。利敬は一八一二（文化九）年に「近代は諸国共ニ一統人気も開ケ、往古《おうこ》之風儀とハ都《すべ》て事替《ことか》わり候之事故、已来《いらい》、世上《せじょう》ニ打替わり候異風《いふう》之祝《いわい》等ハ験迄《げんまで》ニ手軽く相祝い候様致すべし」として、祝賀行事に変更を加えている（「雑書」）。翌年には端午の節句に幟《のぼり》を立てるのは「天下一統之祝之事」であるとして、その普及に努めた（「雑書」）。さらに一八一四（文化一一）年には、町家について「かさりニも相成り候間《あいだ》、二階造り抔《など》いたし、屋根高く致し申すべし」と街並みの見栄えを演出している。そうした効果は、城下に「小うた流行いたし、辻《つじ》踊り」が所々でみられるというかたちで早速あらわれている。盛岡城下のあり方にも変更が加えられ、「日本（諸国）一統之風儀」が確実に広まり始めたのである。

藩祖信直は、一五九〇（天正一八）年に豊臣大名として全国統一政権に組み込まれ、朝鮮出兵のため滞陣した肥前国名護屋《なごや》（現佐賀県）で全国の大名とつきあうなか、「日本之つきあい」（「南部信直書状」東京都府中市東郷寺蔵）を知った。彼は渡海しなかったが、国内で

「日本」とむきあうことになった。それから約二世紀を経て、再び盛岡藩南部家は「日本」とむきあうことになったのである。そして二世紀の間には、江戸傾倒・国許軽視が進む状況を憂《うれ》い、利視は「田舎者」として笑われても構わないとして「御国風」を重視したが、利敬は「外聞」偏重のなか、新たな「御家柄」にあわせようと、「異様」を排除し「日本一統之風儀」にあわせて笑われない「御国之風儀」をつくりあげようとした。

　このように、そのあり方を模索し続けた藩主家である南部家とともに、領民まで含めた盛岡藩領の文化もまた大きく変化を遂げており、決して古くからの歴史や伝統を重んじるばかりではなかったことがわかるだろう。そしてこのことから、今日の盛岡や岩手の文化を考えるうえで、やはりその影響を踏まえた議論がなされる必要があると考えるのである。

〔参考文献〕

兼平賢治『近世武家社会の形成と展開』吉川弘文館、二〇二〇年
兼平賢治『家からみる江戸大名　南部家　盛岡藩』吉川弘文館、二〇二三年

column

馬産地東北のなかの南部馬

兼平賢治

東北地方は、古代から近代まで一貫して馬の産地としてあり続けた。そのなかでも、鎌倉御家人の系譜をひく南部氏が支配した地域の産になる南部馬は、在来馬のなかでは体格が大きく、人によく馴れ噛みあうようなこともないことから、軍馬としてはもちろん、江戸時代には農馬として、馬の売買を行う馬喰《ばくろう》らによって、広く関東にまで流通した。また、蝦夷地がニシン漁や俵物生産で活気づくと、多くの人々が南部馬とともに津軽海峡を渡った。近代には日清・日露戦争などで徴発されて戦場に送られ、洋馬に体格が劣ることから品種改良のために混血が進んで、南部馬の純血種は絶えてしまう。在来馬のなかでは体格が優れていたがゆえに、純血種が失われたことは、なんとも皮肉なことである。

将軍が買い求めた南部馬

武士の世となった中世には、南部馬でも特に糠部《ぬかのぶ》の駿馬が武士の垂涎の的であった。糠部とは、現在の岩手県北から青森県東部の広範な地域で、まさに南部氏が勢力を誇った地域であった。そして、南部馬に強い関心を寄せ、その確保に努めたのが、のちに江戸幕府を開く徳川家康とその跡を継ぐ秀忠である。彼らは鷹とともに馬の確保に努めていたが、なかでも南部領に、将軍就任以前から「御鷹御馬御用《おたかおうまごよう》」の役人を派遣していた。武家の伝統から、その棟梁である征夷大将軍への就任を意識して、南部馬の確保に努めていたのである。

「御鷹御馬御用」役人の派遣は、江戸時代には幕府による公儀御鷹匠衆《こうぎおたかじょうしゅう》、公儀御馬買衆《おうまかいしゅう》の派遣へと引き継がれている。馬についていうと、将軍がわざわざ購入して入手するのは、盛岡藩領の南部馬と隣藩である仙台藩領の仙

写真1　南部曲家（矢巾町歴史民俗資料館）

台馬だけである。しかも、購入方法には変遷がみられたが、幕末まで購入が続くから、いかに征夷大将軍の権威を保つうえで、南部馬が重要であったかがわかる。

ところで、南部馬とともに仙台馬も購入されていた。仙台藩では、仙台藩領北部の岩谷堂馬市で南部馬が取引され、その南部馬がさらに仙台城下の国分町馬市や岩沼の馬市で関東などから来た馬喰らに購入されて関東に広く流通しており、その馬は「仙台馬」と称されたという。仙台藩領も優れた馬を輩出したが、馬喰が流通させていた仙台馬には、実は南部馬も多く混入していたのである。

盛岡藩領における人馬の関係

盛岡藩は馬産に力を入れており、領内には藩の牧である「御野《おんの》」があり、野馬が駆けまわっていた。領民も馬を飼育しており、里馬と呼ばれた。そして、領内には多いときで九万頭ほどの南部馬がいたという。人々は、農業に、運搬に、南部馬を必要としたから、常に身近な存在であった。まさに「人馬」一体であり、そのことをよく示すものが、人馬がひとつ屋根の下に住む南部曲家であろう。また、火事の際には、命を賭して馬を助け出す領民の姿もあったし、馬の無病息災を祈念し死馬を供養する馬頭観世音の石碑も多くみられる。

しかし、度重なる飢饉に見舞われた盛岡藩領では、人馬の悲しい現実もあった。馬を食べる対象とみなすことのなかった人々だが、命をつなぐために死馬を食べ、そのうまさと活力がみなぎることを知ると、次第に馬を屠り食べるようになる。これは飢饉という極限状態のなかでのことだから、馬肉食が日常化したとは考えていないが、一九世紀の天保飢饉の時には、「御野」の野馬の多くが行方不明となっており、食べられたのではないか、との報告が藩にあがっている。藩の馬である「御馬」の受難は、藩権力の衰退を示すものでもあった。

写真2　馬捨場跡の馬頭観世音の石碑（紫波町）

馬の名前

ところで、江戸時代、武士のなかでも将軍や大名が飼育し、権威をおびた「御馬」のなかには、例えば、盛岡藩主が「千歳」と名を授けたように、現在にその名を伝える馬もいる。では、領民が飼育していた馬はどうか。盛岡藩領に残る馬の管理簿をみると、「鹿毛、駒、五歳、五寸」など、「毛色、性別（駒＝牡馬、駄＝牝馬）、馬齢、体高（四尺を基準に記す、五寸＝四尺五寸のこと）」は記されているが、名前や呼称が記されることはない。よほどの名馬や逸話などを残した馬でなければ、その名を後世に伝えることは稀である。

それが近代になると、公文書に残る馬の管理簿には、「栗」といった毛色に由来する名前のほか、「花子」、「緑風」、「金剛」といった名前や、洋馬の輸入や混血が進んで「ハアレー」といったカタカナ表記の名前も記録されている。多くの馬が後世にその名を伝えるようになったのである。しかし、その管理簿には、「軍用」として馬を管理するための簿冊も含まれる。人々は馬に愛着をもち名前をつけて育てる一方、軍馬として戦場に送り出してもいたのである。

〔参考文献〕
兼平賢治『馬と人の江戸時代』吉川弘文館、二〇一五年

・写真は筆者撮影

北上川舟運がつないだ流域社会――

渋谷洋祐

はじめに

北上川は東北一の大河である。その流れは、岩手県北部の岩手町御堂《みどう》から同県中央部を南下し、宮城県石巻市で太平洋に注がれる。全長二四九キロメートルは全国第五位、流域面積一万一五〇平方キロメートルは全国第四位、文字通りの大河である。現在、岩手県内では「盛岡・北上川ゴムボート川下り大会」をはじめ、北上川に舟っこを運航する盛岡の会やNPO北上川サポート協会（一関市）等の活動により、時折、北上川に船が浮かぶ光景を目にすることができる（写真1）。本章では、船が往来する光景が当たり前であった江戸時代の北上川に焦点を当て、盛岡藩における物流の側面から、これまでの研究で明らかになっている情報を踏まえたうえで、新しい研究成果を盛り込みながら北上川舟運《しゅううん》の様相を紹介してみたい。

写真1　北上川舟運の歴史を活かした取り組み
写真提供：北上川に舟っこを運行する盛岡の会（2022年撮影）

1　北上川舟運とは

舟運と廻米

江戸時代には、物流手段として舟運が活躍した。船による交通や貨物輸送のことを舟運という。列島をとりまく太平洋側の東廻り航路、日本海側の西廻り航路を大動脈として、港湾からさらに内陸へは各地の河川や湖が舟運の航路として利用された（図1）。大型トラックや舗装道路がない時代である。大量の物資輸送を効率的に行うために海の道や川の道を拓き、利用したのである。

それでは、江戸時代、大量に輸送しなければならない物資とは何だったのだろうか。その中心は、何といっても幕府や藩が領民から収受する年貢米であった。集めた米は財政の源泉となる。また、多くの人が住む江戸や大坂には米の需要がある。したがって、市場がある大消費地への米の輸送と換金は、幕府や藩にとって必要不可欠なことであった。こうした事情を背景に、全国各地で一七世紀半ば頃までに、いわば公共事業としてインフラ整備が行われた。江戸時代を通じて行われた幕藩領主による米の輸送およびその米のことを廻米《かいまい》という。

北上川舟運のはじまり

当然ながら、北上川流域を治める領主たちにとっても廻米は必要であった。北上川の航

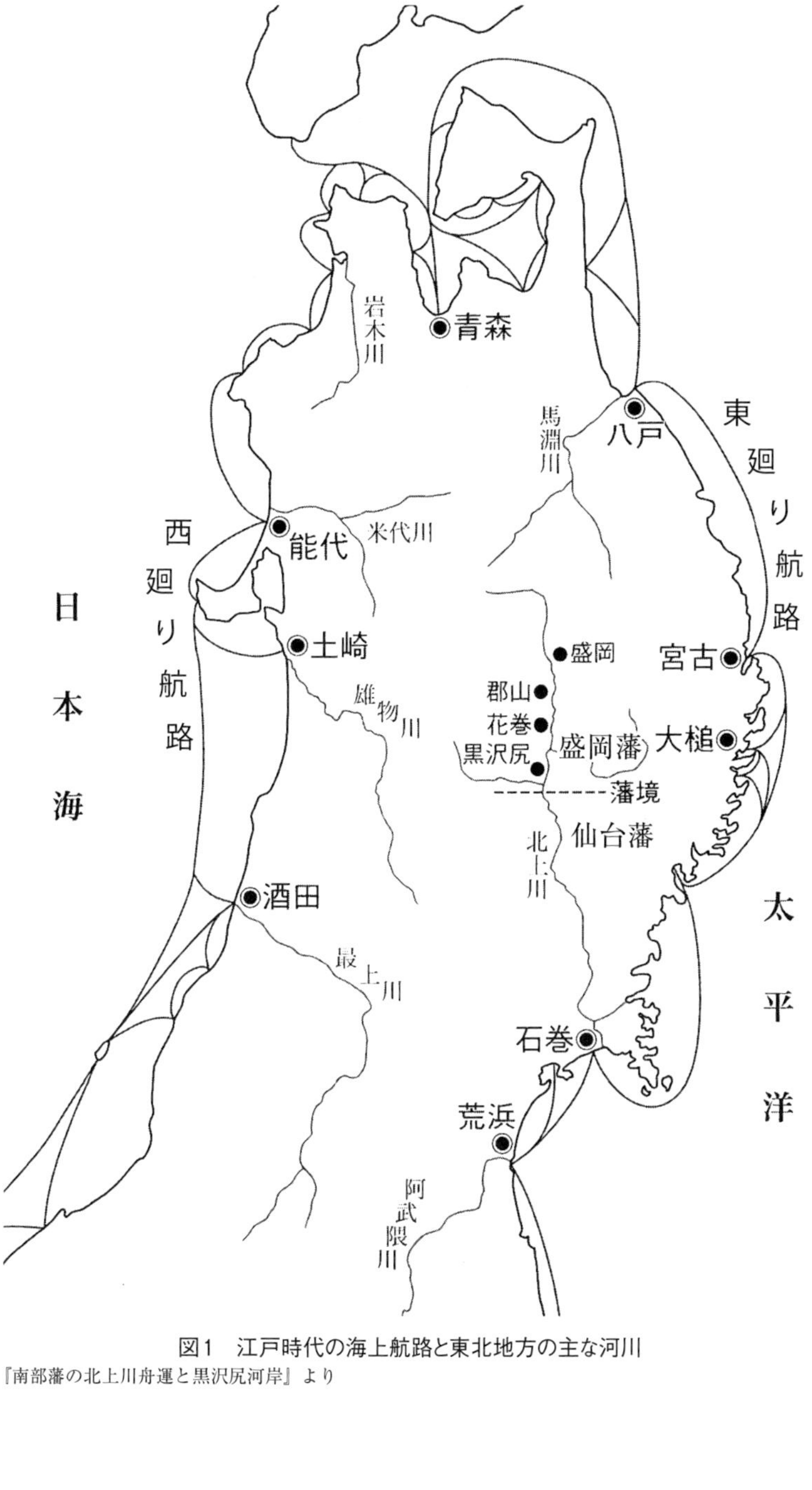

図1　江戸時代の海上航路と東北地方の主な河川
『南部藩の北上川舟運と黒沢尻河岸』より

路は新山河岸《しんざんかし》（現盛岡市・明治橋付近）から石巻湊（現宮城県石巻市・旧北上川河口）までの約二〇〇キロメートルとなる（図2）。この区間中、新山河岸から黒沢尻河岸付近（現北上市・展勝地桜並木対岸）までは盛岡藩領、同港から一・五キロメートルほど下流付近（現北上市）から石巻湊までは仙台藩領となる。新山河岸から黒沢尻河岸までは約五〇キロメートル、同港から石巻湊までは約一五〇キロメートルとなり、航路の四分の三は仙台藩領ということになる。

江戸時代を通じて、この航路で米を主とする多くの物資が運ばれたわけだが、それを安定的にしたのが仙台藩による河口周辺の大規模な改修工事であった。長門国（現山口県萩市）出身で伊達政宗に取り立てられ仙台藩士になった川村孫兵衛重吉により、元和年間（一六一五〜一六二四）から一六二六（寛永三）年にかけて、北上川・江合川・迫川を合流させる改修工事が行われ、鹿又《かのまた》（現宮城県石巻市）から石巻湊までの流路が確定する（図3）。これ以降、本格的な廻米が行われていくことになる。ちなみに、幕府が手がけた利根川を中心とする関東主要河川の一大改修工事は、一六二一（元和七）年頃はじまり、寛永期（一六二四〜一六四四）に集中して行われ、一六五四（承応三）年に完成している。北上川の航路整備も、こうした全国的なインフラ整備と軌を一にするものであったといえる。

廻米の側面から

それでは、これまでの研究によってどのような北上川舟運の姿が描かれてきたのだろうか。その多くは、ここまで述べてきたような廻米にまつわるものである。

例えば、仙台藩領の場合、流域各地の積出地に米蔵が置かれており、米を運ぶ船は「御《お》

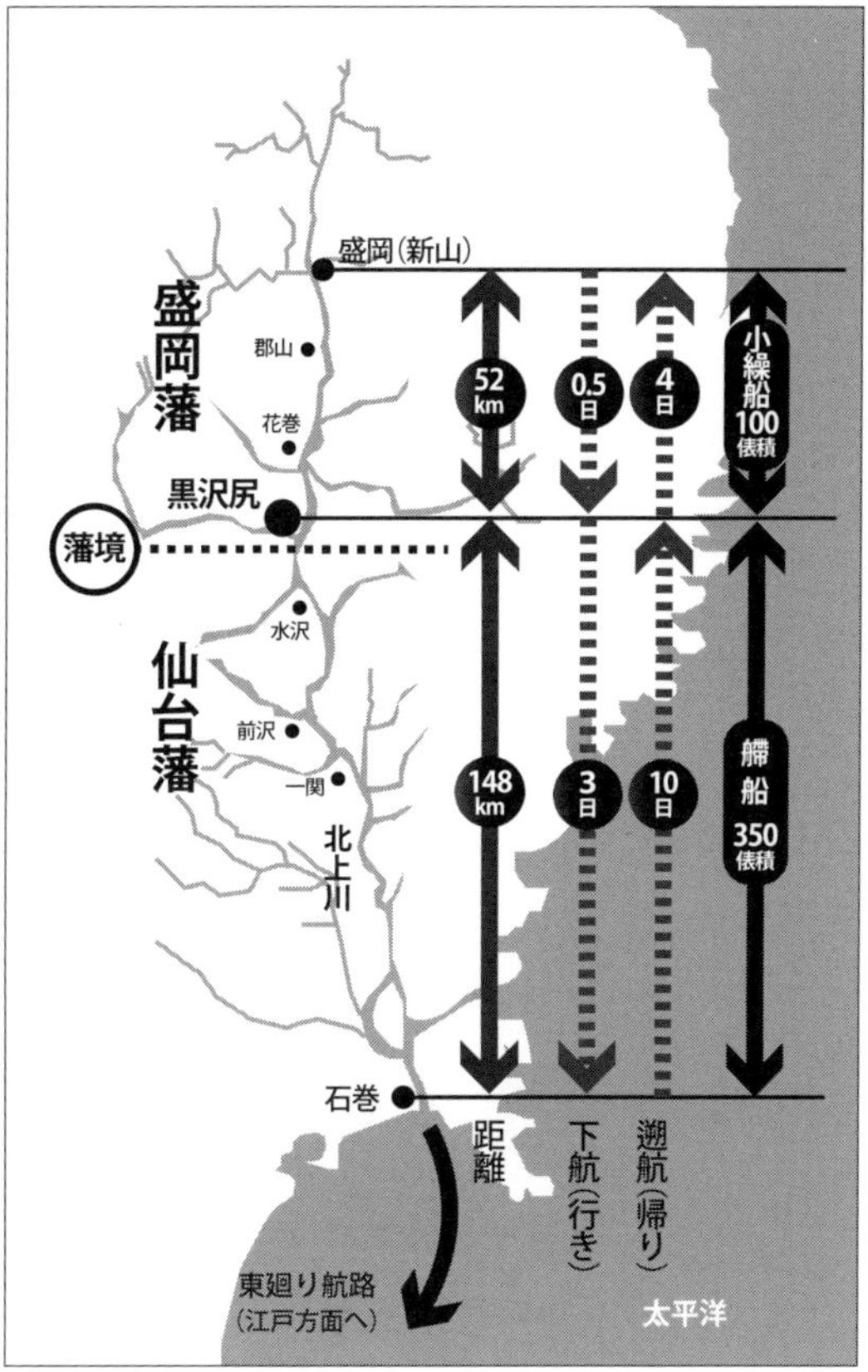

図2　北上川舟運行程図
『北上川舟運と海』より

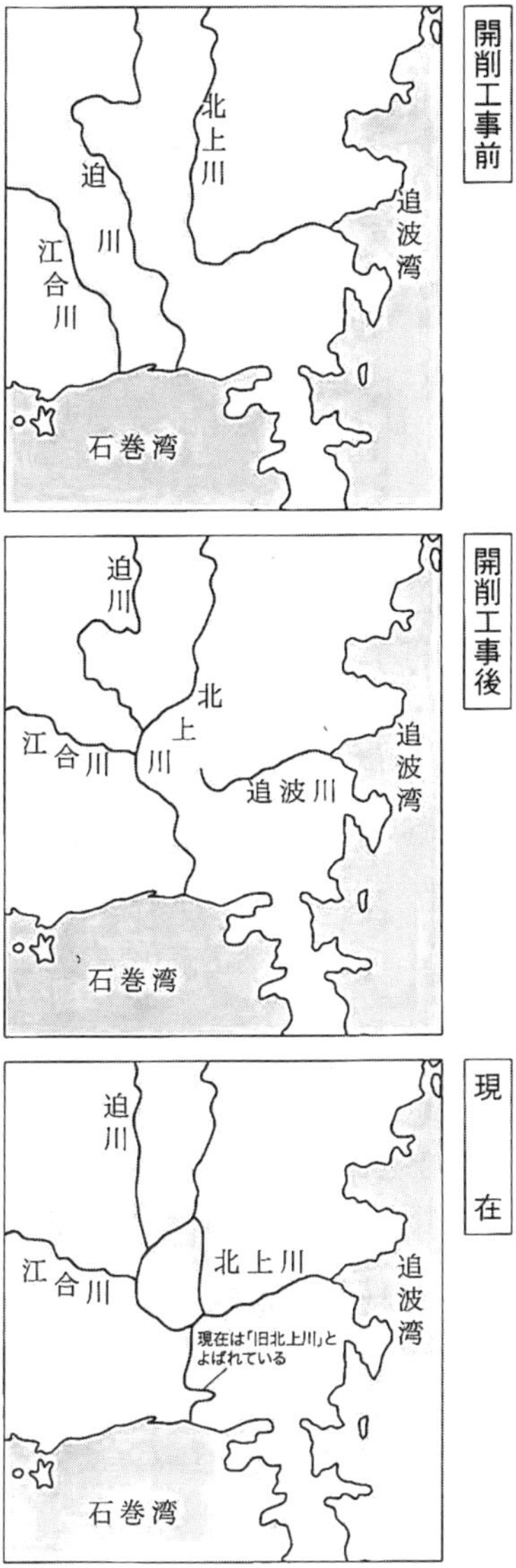

図3　北上川河口周辺の開削工事
『南部藩の北上川舟運と黒沢尻河岸』より

石艜《こくひらた》」と呼ばれ、この船の所有者は農業の傍ら舟運に従事するものであったこと、その船は藩が管轄するものであり、税が免除されていたこと等が明らかにされている。また、仙台藩では、年貢米のほかに、藩が農民から米を強制的に買い上げて、その米も江戸に輸送するため、積出地にある米蔵は、年貢米を収納する「本石蔵」と強制的に買い上げた米を収納する「買米蔵」にわかれていたという点も特徴とされている。近年では、奥州市教育委員会が所蔵する御艜肝入《おひらたきもいり》という廻米を司る役職を担っていた家の文書「下柳千葉家文書」に関する調査研究が進んでおり、廻米と地域社会との関係性等について、より実証的に明らかにされつつある。

一方、盛岡藩領の場合、黒沢尻河岸が廻米の積出拠点となり、艜船《ひらたぶね》とよぶ三五〇俵積の大型船で石巻湊までの輸送が行われている。盛岡藩領は北上川流域が主要な穀倉地帯であり、黒沢尻河岸より上流部となる新山河岸・郡山（現紫波町）・花巻からも米を主とする物資が積み出されていた。しかし、黒沢尻河岸より上流部からの米は、小繰船《おぐりぶね》とよぶ一〇〇俵積の小型船でいったん黒沢尻河岸まで輸送され、三五〇俵積の艜船に積み替えて石巻湊まで運ぶことが基本となっていた（写真2・3）。つまり、盛岡藩領の廻米は、黒沢尻河岸を中継港として行われたのである。その年によって隔たりがあるが、年間六万俵から一〇万俵近くに及ぶ廻米の効率化を考えれば、積み替える手間があっても、より大きな船で輸送しようとするのは当然の流れだったのだろう。現在の景観を見ても、黒沢尻河岸より上流部には浅瀬や岩礁が多く、地理的要因から同港が中継港となったのであろうことが窺える。先に述べた航路整備と同様、江戸時代以降、年貢米を主とした荷物の揚げ降ろしのために各地で川の港「河岸」が整備されており、一七世紀半ば頃成立した黒沢尻河岸もまた、

写真2　復元された小繰船（2005年撮影）
写真提供：紫波町・川を知る会

写真3　復元された艜船（1987年撮影）
写真提供：北上市立博物館

そのひとつであった。なお、同港の下流は、ほどなく仙台藩領となるため、盛岡藩領にとっての同港は、他領移出入荷物を監視する最前線の場所でもあった。

各地の積出地から石巻湊まで米を輸送した仙台藩領、黒沢尻河岸にいったん米を集めた盛岡藩領であったが、この違いは、輸送体制にも大きな違いとなって表れている。両藩ともに廻米が藩の荷物であり、その輸送が藩の管轄下にあったことは共通するが、盛岡藩においては、船は小繰船・艜船ともに藩の所有となっており、商人や船頭に預からせて運航させている。また、積出拠点となる黒沢尻河岸に御《お》艜所《ひらたどころ》という北上川舟運を司る役所を設置して、年二回、雪解け水が出る頃から夏の渇水期前と米の収穫後から降雪前に行われる廻米の段取りや、航路の四分の三が仙台藩領（他国）となるため他領に附届をする等の配慮、他領での破船（船の事故）への対応等、藩の役人がより直接的に現場に関与する体制が採られていた。盛岡藩の藩政史を語る一級資料「盛岡藩家老席日記　雑書」（もりおか歴史文化館蔵）に北上川舟運にかかる記録が比較的多く残るのも、こうした現場への直接的な関与が強かったためであろう。旧盛岡藩領には「雑書」のほか、「黒沢尻御艜所御定目」(岩手県立図書館蔵)等、北上川舟運に関する公的な記録が多く残る。一方、旧仙台藩領には、先に述べた「下柳千葉家文書」のように地域に残る地方文書が多い傾向がみられる。両藩の支配体制の違いから生じた傾向とみられ、同じ北上川舟運であっても、一様に語ってしまうには注意が必要であることを示唆している。

ここまで、これまでの北上川舟運の研究では、主に廻米が対象とされ、その成果から、廻米の領主統制は強いが地域社会を核とした積出体制の仙台藩、公的体制を核とした盛岡藩という特徴があることを整理してみた。しかし、約二六〇年続いた江戸時代にあって、全国へとつながる川の道が、藩主導による米を運ぶ道だけであり続けたのだろうかという、素朴な疑問が浮かんでくる。

2 流域社会のつながり

廻米だけの川の道だったのか

前節でみてきたように、これまで北上川舟運の研究では、主に廻米をとりまく様相が明らかにされてきた。一方で、商人による荷物の流通については、解明されていない点が多い。その理由には、そもそも現在わかっている当時の商品流通に関する記録が少ないことに加えて、西廻り航路とつながる最上川舟運との対比から導き出されている次のような見解が大きく関係しているものとみられる。

北上川舟運の様相を実証的に明らかにしてきた渡辺信夫氏は、最上川舟運と北上川舟運を対比して、北上川流域における流域間の経済的なつながりは稀薄であったとしている。渡辺氏は、最上川流域の特産物である紅花・青苧《あおそ》に注目して、最上川流域では、江戸時代中期以降、従来から存在した山形城下商人に加え、在町の商人が荷主として集荷・荷出をするようになり小地域の町が在郷町として成長している点、これら商人の荷物が酒田問屋商人の手によって上方に移出されている点から、そこに流域間の強固な補完関係を見出している。さらに、江戸時代後期になると、農村の商人もこれに加わっており、最上川流域の流通機構は最上川舟運によって一体的に結ばれ、流域社会が形成されていたとしている。一方、北上川流域では、石巻湊に移入された商品は、仙台城下の特権商人仲間である「六仲間」が独占しており、一度仙台に送られてから「六仲間」の手を経て領内各地に配給されたため、河口・石巻湊と流域間の経済的なつながりは稀薄であったとしている。盛岡藩商人の仕入荷物においても、石巻商人が荷問屋的機能をもって仕入れたものではないために、石巻湊からみた場合、やはり流域社会は形成されなかったとしている。

しかし、たとえ領主支配の強い仙台藩、あるいは藩主導による北上川舟運であったとしても、安定的かつ大量の物資輸送が可能になっている川の道を軸として、流域間のつながりが生じなかったということは考えづらい。そこで本節では、盛岡藩の玄関口であり、中継港であった黒沢尻河岸に焦点を当てて、移入品に注目して、盛岡藩における北上川流域のつながりがどのようなものであったのかについて紹介してみたい。

黒沢尻河岸の河岸問屋

黒沢尻河岸には二軒の河岸問屋があった。図4・5の太枠で囲んだ八重樫助九郎と阿部嘉兵衛である。河岸問屋は、川の港にあって、そこに到着する荷物や旅人の輸送にかかる手配をはじめ、荷物を一時的に預かる倉庫業等を主要業務とする。多くの河岸問屋が、荷物の手配や一時保管を主としており、黒沢尻河岸の二軒の河岸問屋もその例外ではなかった。

例えば、幕末の弘化年間（一八四四〜一八四八）には、盛岡城下の新町・近江屋治左衛門らが荷主となる屑古手（古着）、夜着《よぎ》、布団《ふとん》、薬種《やくしゅ》、砂糖について、八重樫助九郎が船の手配をするとともに、北上川舟運の役所・御艜所に対して、輸送許可の申請をしている。同様に、盛岡八日丁・庄兵衛が荷主となる美濃茶等の荷物について、阿部嘉兵衛が御艜所に輸送許可の申請をしている。こうした記録は、江戸方面から石巻湊を経由し、黒沢尻河岸に到着した荷物について、同港の河岸問屋が窓口となっていたことを証するものである。同港の河岸問屋は、船の手配だけではなく、役所に対してこのような輸送許可申請を行う役割も担っていたわけだが、そこには、他領（仙台藩領）から入ってくる荷物の内容や個数の把握、つまり、本来は藩がすべき他領往来の禁制品管理や取り締まりの意味合いも含まれていた。移入品として、古着や薬種のほか、砂糖や茶等、盛岡藩領では生産できない商品を仕入れている点も注目される。

また、河岸問屋・阿部嘉兵衛は、一七四〇（元文五）年、黒沢尻河岸の磯右衛門、花巻川口町の太次兵衛という人物とともに、盛岡・郡山・花巻・黒沢尻の上方仕入商人仲間の荷物から一個につき三文の倉庫保管料を三年間徴収して、黒沢尻河岸より少し下流にある

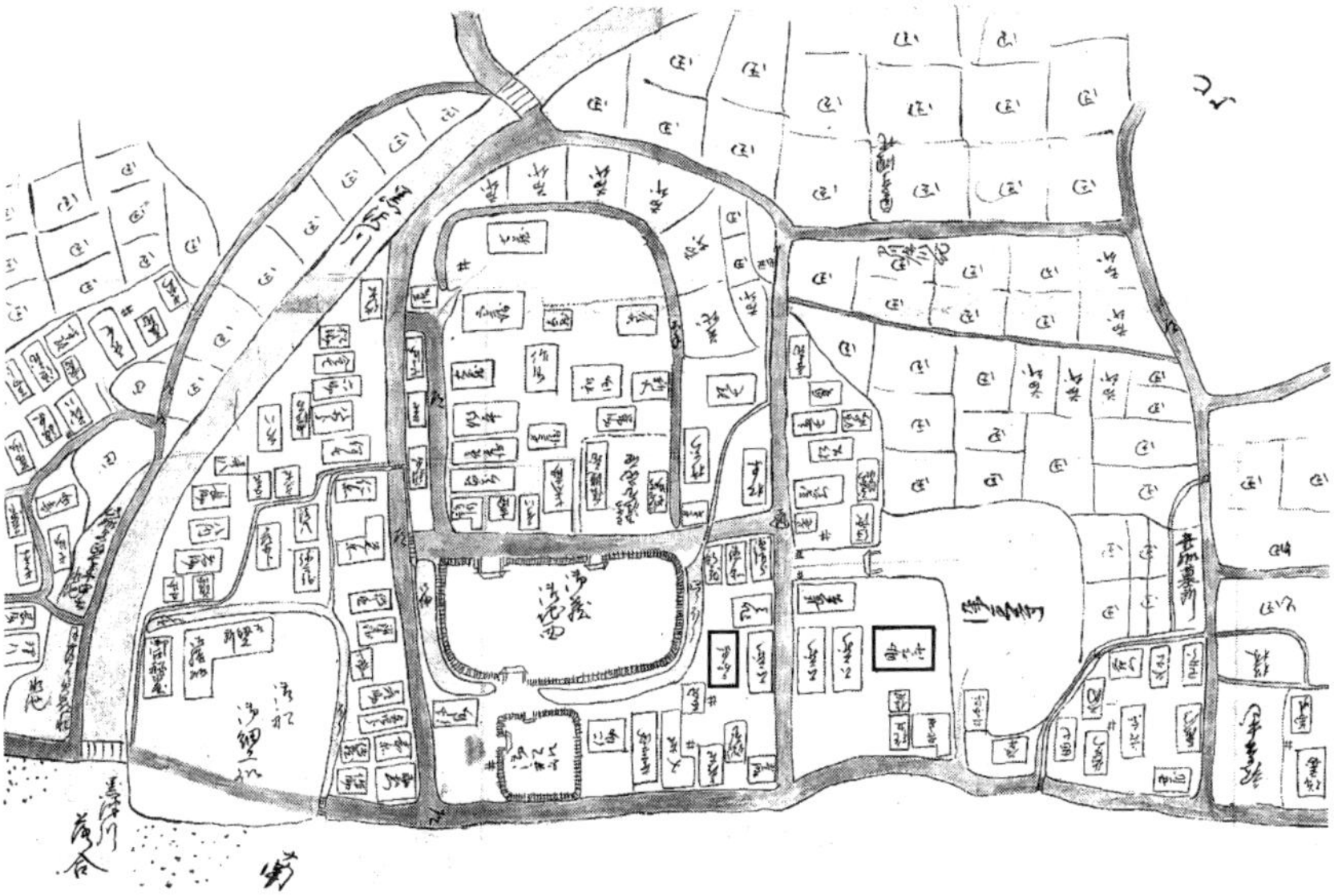

図4　黒沢尻川岸絵図（部分）

1828（文政11）年　個人蔵
図版提供：北上市立博物館
盛岡藩の御蔵、造船所（御船御細工処）、川船を差配する御艜所（御船処）等が確認できる。

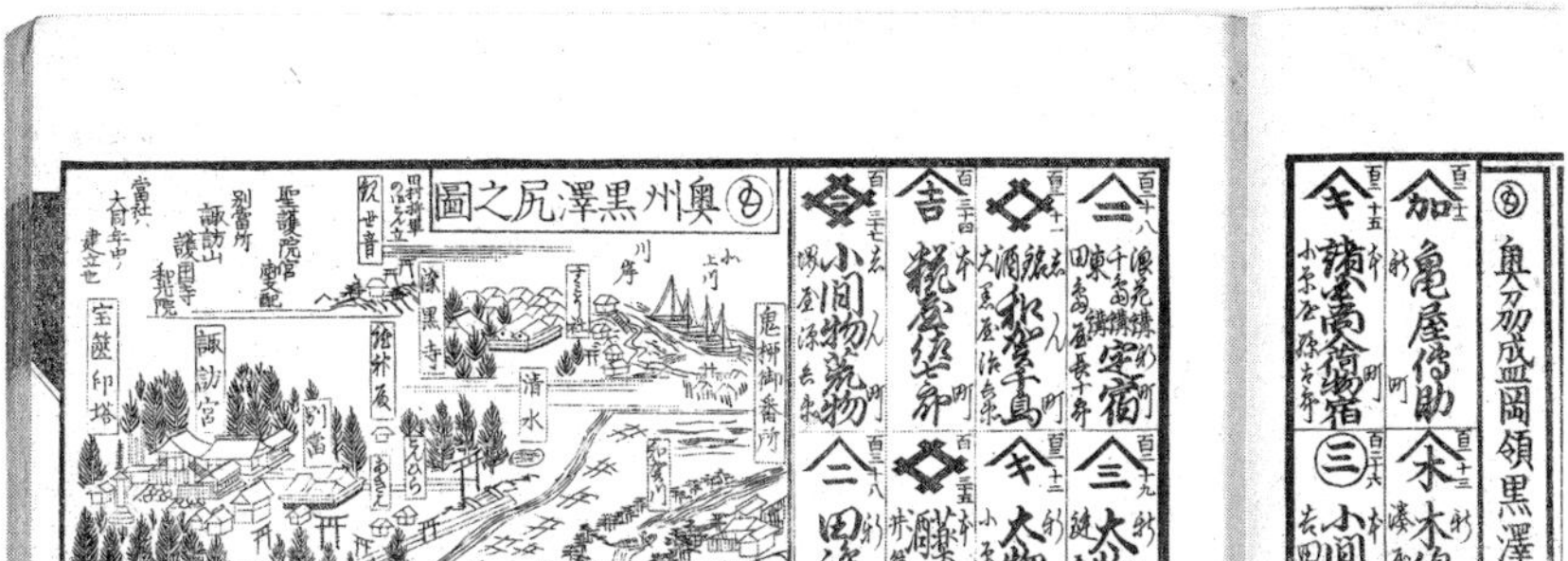

図5　東講商人鑑

1855（安政2）年　個人蔵
図版提供：北上市立博物館
東日本を中心とする旅宿組合・東講が、加盟者の旅の便宜を図るために旅宿と加盟者をリスト化した出版物。図版は黒沢尻諸商人の部分。黒沢尻河岸では6人の商人が加盟しており、そのうち2人は河岸問屋だったことが確認できる。

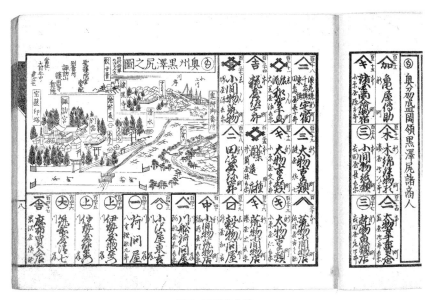

和賀川の渡し船の修繕と造り替えを請け負っている。荷物の内容までは把握できないが、年間一四〇〇個程度の上方仕入商品が盛岡藩領に移入している。江戸時代の中頃には、黒沢尻河岸の河岸問屋は倉庫を所有して、流域商人の荷物を一時保管し、集散させる役割を担っていたことがみえてくる。

それでは、黒沢尻河岸の河岸問屋が関わる記録からみて、盛岡藩領の北上川流域の商人たちは、北上川舟運を通してどのようにつながっていたといえるのだろうか。

領主支配によらないつながり

江戸時代中期、一七四七（延享四）年、一七四八（延享五）年、一七五五（宝暦五）年の記録に、黒沢尻河岸の商船の船頭たちが、「問屋仲間」に対して、運賃増額を要求した願い状がある。「近年の物価上昇につき」増額を願い出ているのだが、その際、領主の荷物輸送（廻米）の運賃増額が認められていることを引き合いにだして、「問屋仲間」の荷物輸送（商荷物）についても増額を認めてほしいとしている。その是非は、「問屋仲間」の裁量に委ねられており、領主が一切関与していないという点が特筆される。この「問屋仲間」は、盛岡・郡山・黒沢尻で古手（古着）や小間物を扱う商人および黒沢尻河岸の河岸問屋・八重樫助九郎の合計七名で構成されており、盛岡藩における北上川流域の商人たちが、流域間のつながりを意図的につくった仲間である。つまり、流域の商人たちにとって、黒沢尻河岸の河岸問屋を介して荷物を仕入れることに利便性や安定供給できる等のメリットがあったからこそ、こうした仲間を組織したのであろう。そのつながりは経済的な補完関係とまではいえないが、経済活動のための結びつきであったことは間違いない。

幕末期、一八六五（慶応元）年と一八六六（慶応二）年の記録にも、同じような仲間の存在が確認できる。ここではその仲間はより広がりをみせ、強固なものとなっている。具体的には次のようである。石巻湊で倉庫保管業を務めていた田倉儀兵衛という人物から、黒沢尻河岸の河岸問屋・八重樫助九郎と阿部嘉兵衛に対して、江戸からの下り荷物を運んでくる海上輸送船の運賃と石巻湊での倉庫保管料（田倉の倉庫）を値上げするので、両人から盛岡藩領における北上川流域の「積合仲間」に、その旨を周知してほしいと伝えている。これを受けて、八重樫と阿部が「積合仲間」に通知文を出して周知を図っている。この一連の記録からは、海上輸送と石巻湊にかかる情報が黒沢尻河岸の河岸問屋にいち早く伝わり、それを伝達するのが河岸問屋の業務のひとつでもあったことがわかるのだが、流域の「積合仲間」が、河岸問屋の八重樫と阿部を除き、三六名も名を連ねている点が注目される。先にみた江戸時代中期から、五倍以上にも増えているのである。黒沢尻では湊屋専次郎ら二名、花巻では伊勢屋林之助ら三名、郡山では井筒屋権右衛門ら四名、そして盛岡城下では近江屋治郎兵衛、鍵屋茂兵衛、木津屋藤兵衛ら二七名、合計三六名となっている。ちなみに石巻湊の田倉儀兵衛は、仙台藩の特権商人である「六仲間」のうち、古手・小間物・繰綿《くりわた》・薬種を扱う四仲間の江戸下り荷を取り扱う荷宿を務めているが、この記録にみる盛岡藩との関係性では、石巻湊に入ってくる海上輸送に関する情報の伝達と荷物の一時保管が役割であり、そこに盛岡藩領の商人との直接的な関係はみられない。一方で、他領からの荷物の玄関口であり、大型船と小型船の中継港である黒沢尻河岸の河岸問屋と盛岡藩領の商人との関係性をみた場合、これまでみてきたように、きわめて直接的であり、さらに、時代を経て増加しており、同港の河岸問屋と流域商人とのつながりは、流域の経済にも影響するものであったとみられる。また、盛岡藩領における河岸問屋とこうした仲間との間には、一貫して領主の関与はみられない。

流域のくらしを支える川の道

領主支配によらない流通によってもたらされた古着や薬種等の商品は、最終的に流域の人々のもとに届き、くらしのなかで使われる品々となっていく。ここでは川の道が、くらしを支える道であったことをもう少し紹介しておきたい。例えば、幕末の一八四五(弘化二)年、黒沢尻の宿場の商人・井筒屋孫兵衛が、土沢町(現花巻市東和町)の古川屋与兵衛のもとへ酒九三樽を、また、盛岡呉服町の井筒屋善助のもとへ小麦や松脂明を、北上川舟運を利用して届けている。さらに、黒沢尻河岸の三治という者が、郡山日詰町(現紫波町日詰)の平助に染藍三〇個を、やはり北上川舟運を利用して届けている。いずれも三五〇俵積の艜船や一〇〇俵積の小繰船ではなく、小船が使われており、黒沢尻河岸の河岸問屋が関与している。流域間の荷物輸送においても、北上川舟運が利用されていたことを物語っている。こうした流域間の北上川舟運の利用は、黒沢尻河岸からだけではなく、例えば盛岡城下の商人から黒沢尻の宿場の商人に向けられた事例もみられ、流域間には双方向の流通があった。盛岡城下からの荷物には、西廻り航路から野辺地(現青森県野辺地町)経由で入ってきたとみられるものもある。北上川舟運を利用した他領からの移入品は、東廻り航路から石巻経由で入ってくるものという単一的なものだけではなかったことも付言しておきたい。

おわりに

江戸時代の北上川は、廻米を主とする川の道であるとともに、流域で生きる人々のくらしにも密接につながる川の道であった。その一端について、盛岡藩領における様相から紹介してみた。背景にある広域な流通ネットワークを視野に入れて、さらなる実証的な検証を積み重ねることで、より具体的に流域社会の実像が明らかになっていくはずである。

さて、時代が明治に移ると、しばらくは北上川舟運が物流の要であったが、一八九〇（明治二三）年に東北本線が盛岡まで開通すると、旧盛岡藩領における北上川舟運は急速に衰退している。一方、蒸気船が就航していた一関より下流では、引き続き舟運が利用されており、一九一二（明治四五）年五月、宮沢賢治は盛岡中学（現盛岡第一高等学校）の修学旅行で蒸気船に乗って石巻へ行き、初めて海を見ている。

現在、盛岡市では、毎年八月十六日、「盛岡の舟っこ流し」（市指定文化財）が、北上市では、みちのく芸能まつり最終日の花火大会の日、「トロッコ流し」が行われており（写真6）、いずれも川施餓鬼《かわせがき》（水死した人の冥福を祈り、川で行う供養）がはじまりとされる。北上川舟運は、こうした風物詩のなかで今も静かに息づいている。

写真6　北上・みちのく芸能まつり「トロッコ流しと花火の夕べ」
写真提供：北上市（2010年撮影）

〔参考文献〕

渋谷洋祐「盛岡藩領和賀郡黒沢尻村の研究─水陸交通の要衝地に着目して─」宮城教育大学大学院修士論文、二〇二〇年
北上市立博物館編『北上川舟運と海─つなぐ、広がる、時代を超えて─』（令和元年度特別展解説図録）、北上市立博物館、二〇一九年
北上市立博物館編『南部藩の北上川舟運と黒沢尻河岸』（平成二三年度企画展解説図録）、北上市立博物館、二〇一一年
川名登『河岸』（ものと人間の文化史一三九）、法政大学出版局、二〇〇七年
渡辺信夫著・大藤修編『渡辺信夫歴史論集1　近世東北地域史の研究』『同2　日本海運史の研究』清文堂出版、二〇〇二年
地方史研究協議会編『流域の地方史─社会と文化』雄山閣出版、一九八五年
北上市編『北上市史　第八巻』『同　第九巻』北上市、一九八三年

column

南部杜氏の今昔

岩舘　岳

岩手県には「南部杜氏《なんぶとうじ》」と呼ばれる酒造集団が存在し、日本三大杜氏の一つに数えられている。近江商人の村井権兵衛が、延宝五（一六七七）年志和郡上平沢村（現・紫波町上平沢）に「近江屋」を開業し、関西の清酒醸造技術を農民に定着させたことが発祥と考えられている。近江屋の技術導入により、当時の南部領内の酒造技術は近隣地域と比べて秀でていたとされ、農民たちは、文化・文政頃から隣接する仙台領へ酒造出稼ぎに相当数出向いていたものとみられる（紫波町史第一巻）。また、南部領は一揆多発地域としても知られ、度重なる飢饉に苦しめられてきたが、その不安定な米の生産も領外への出稼ぎを後押しした。「南部杜氏」の呼称は、こうした領外への酒造出稼ぎの中で他の地域からの呼び方として定着していったといわれる。

近代以降も「南部杜氏」と呼ばれる人々の多くは農業を主な生業とし、岩手県内陸部に集中している。特に紫波町及び花巻市石鳥谷町ではその数が多く、全盛期である昭和三〇年代には、南部杜氏協会会員の七割がこの地域で占められた。冬場、多くの労働力を必要とする酒造家と農閑期に仕事を求める米作農家、双方にとって酒造出稼ぎは都合の良いものであった。こうした酒造出稼ぎのことを地元では「酒屋稼ぎ」「酒屋働き」などと呼び、男衆ほぼ全員が酒屋へ出かける集落もあったという。

広義の「杜氏」とは「酒を造る職人」を指すが、狭義の「杜氏」は酒蔵において酒造りを行う責任者を指し、杜氏の下で酒造りに従事する「蔵人《くらびと》」と区別される。杜氏を筆頭に「頭《かしら》」「酛《もと》屋」「麹屋」の三役（役人《やくびと》）が酒造りの中心を担う。さらに蒸し米を担当する「釜屋」、酒の搾りを担当する「槽頭《せんどう》」など、各工程・作業に応じた職に分担される。年数の浅い者は「働き」と呼ばれ雑役全般を担う。蔵人の人数や編成は、杜氏と蔵元（酒蔵の

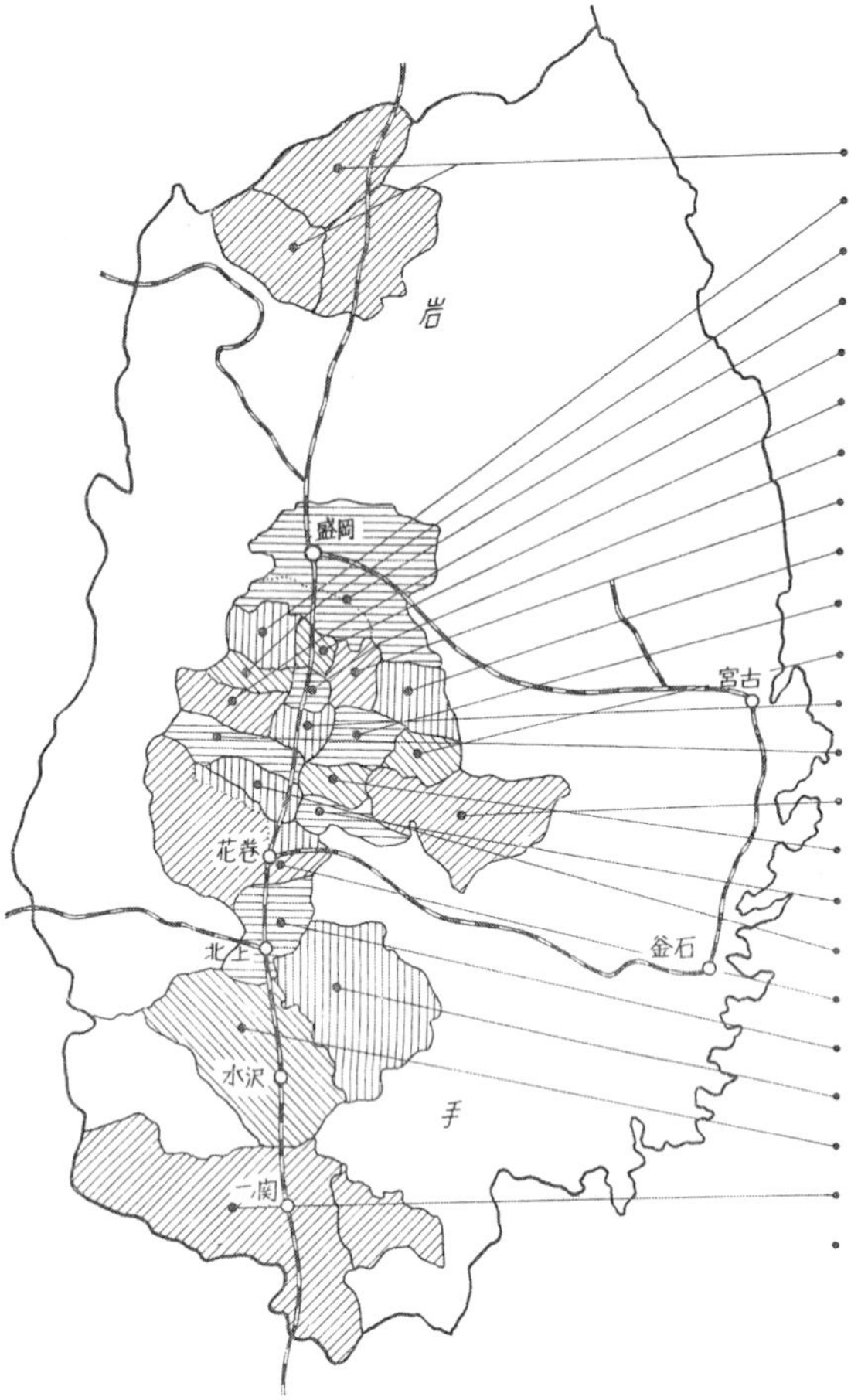

支部名	会員数	支部長名
県北	5名	
不動	144	細川留吉
水分	150	立花孝作
盛岡	44	吉田作治
志和	439	畠山進美
德田	71	髙橋由太郎
古舘	100	小川久一郎
長岡	47	上和野吉藏
赤沢	130	阿部正二
彦部	138	山田吉治
佐比内	123	曲木長作
赤石	199	滝浦菊治
石鳥谷	246	辻村雅夫
大迫	246	髙橋民次郎
新堀	296	岡田精一郎
八重畑	98	小原敬一
八幡	216	王山昌逸
花巻	292	石崎栄吉
北上	254	駒込昌藏
江刺	45	髙橋昌雄
胆沢	37	小野寺貞男
両磐	16	佐々木春次郎
合計	3336名	

(昭.34.5.1現在)

図　昭和34年9月の南部杜氏協会支部の分布

（昭和35年1月発行　会報「南部杜氏」より）

写真　南部杜氏の酒造りの様子（昭和30年代）

右：蒸し米を運び出す様子、左：醪（モロミ）の櫂入れ（いずれも個人蔵）

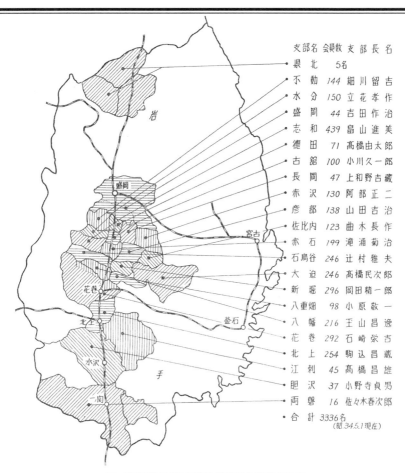

経営者）の間でその年の酒造内容に応じて相談される。それに応じて杜氏は地元から蔵人を集めていく。長期間、蔵内で共同生活するため、人選は極めて重要な仕事だった。

昭和三〇年代まで、酒屋稼ぎが一般的な地域においては、一定の年齢に達した農家の男子は酒屋で働くことが当たり前であった。「酒屋に行かない男にはヨメも来てくれない」といわれ、酒造りは労賃を得ることはもちろんながら、目上の人間に対する礼儀など社会生活を学ぶ場でもあり、一人前と見られるための通過儀礼的な側面があった。男子の父親は親類縁者の杜氏を頼り、子を蔵人として酒屋へ連れて行ってくれるよう頼みに行くこともあったという。酒造りの一切を任され、蔵人達の収入に責任を負う杜氏という存在は地元での人望もあり尊敬を集めた。

昭和三〇年代、蔵人の給与については杜氏まかせで、造りを終えて帰路に着く際、初めて給金の額を知るということも少なくなかったようである。中には酒蔵滞在中、杜氏から前借りした給金を遊興に費やしてしまった蔵人もあったという。酒屋稼ぎは旅費・宿泊費・食費を蔵元が負担する場合が多かったため、給金はそのまま故郷へ持ち帰られ、営農資金や子どもの教育費、親の医療費などに充てられて、地域経済を潤した。

近年、酒造業における労働形態は大きく変化した。出稼ぎ杜氏はその数を減らし、通年雇用の社員杜氏や蔵元が杜氏を兼ねるいわゆる「蔵元杜氏」が増加した。これは酒造出稼ぎの構造を支えていた農業人口の減少と高齢化への酒造業界の対応と考えられ、今後もこの傾向は続いていくと思われる。

他方、一般社団法人南部杜氏協会が毎年開催する「南部杜氏夏季酒造講習会」には全国各地から三〇〇人以上の酒造関係者が参加し、学びを深めている。協会会員に限らず誰でも受講でき、酒造関係者のネットワークを育む貴重な機会となっている。講習会では「南部杜氏資格選考試験」も行われ、合格者は「南部杜氏」を名乗ることができ、毎年全国各地で新たな「南部杜氏」の資格を有する人々が生まれ、活躍している。

清酒醸造を取り巻く環境は変化し、南部杜氏の姿もまた変わり続けているが、故郷を離れながらも家族を守り、地域を支え、蔵元のために美酒を醸し続けた出稼ぎ杜氏達の姿や営みは永く語り継がれてほしいと心から願う。

〔参考文献〕

紫波町史編纂委員会編『紫波町史　第一巻（復刻再版）』紫波町、一九八四年（初版一九七二年）
光陽フォトオフィス編集・製作『咲け、日本の酒　南部杜氏のルーツ・あゆみ』南部杜氏協会、一九九九年
南部杜氏協会『南部杜氏のあゆみ　南部杜氏協会創立百周年記念誌』南部杜氏協会、二〇一四年

小岩井農場の歴史

野沢裕美

はじめに

「小岩井農場」と聞いて皆様は何を思い浮かべるだろう。岩手県内有数の観光地か、乳製品のブランドか。たまに「北海道に在る農場」とか「実在する農場なの?」と言われることすらある。わりと有名なようで、その実よく知らない方も多いと思う。

私にとっては生まれ故郷である。実は、私は一族四代にわたって農場に勤務しており、我が家の歴史は小岩井農場と共にある。

農場内には今でも従業員の居住エリアがある。かつては全従業員が農場内に住み、保育園や小中学校、食料品などを扱う店舗、診療所、床屋に駐在所、郵便局まであって、数百人が居住して一つの村のように生活していた。なんと教師や保母、医師や産婆までが従業員だったという時代もあり、その昔のことはよく伝え聞いている。昭和三〇年代からは自動車の普及により近隣市町村から通勤が可能になったため、農場内の居住者は減り、従業員の暮しも大分変わったが、その頃の面影は現在も残り、農場の歴史を感じさせてくれる。

1　概要

岩手山を背景とした美しい風景は、たくさんの方を魅了し、観光事業の礎となってきた。だが、皆様が入れるのは農場内でもほんの一部。小岩井農場まきば園と名付けた有料エリアを中心とする約四〇ヘクタールのみ。農場は総面積が三〇〇〇ヘクタール（九〇〇万坪）あって、このうち約二〇〇〇ヘクタールが森林、約六〇〇ヘクタールが牧草地、残りが施設地となっている。実は、お客様が入れないところが大部分なのである。

農場は雫石町と滝沢市にまたがって所在している。南北に約一三キロメートル、東西に約五キロメートルの敷地があり、中央部に県道網張温泉線が通る。附近の住民の皆様の生活道路にもなっている。

岩手山の南麓にあり、標高は二〇〇から六二〇メートルほどとやや高地で、隣接する盛岡市からは約一二キロメートルの所にあり、気温は市内より常時やや低めである。

2　あゆみ

創業期（明治二四年から明治三一年）

小岩井農場の創業は一八九一（明治二四）年。共同創始者である小野義眞《おのぎしん》（日本鉄道副社長）、岩崎彌之助《いわさきやのすけ》（三菱社社長）、井上勝《いのうえまさる》（鉄道庁長官）の三名の頭文字をとって「小岩井」と名付けた。

創業当初の農場主（オーナー）は井上勝である。井上は長州藩の出身で、長州ファイブと呼ばれた留学生の一人だった。幕末、伊藤博文らとイギリス、ロンドンに渡る。鎖国のさなかにあった日本では、この留学は密航であったが、欧州の情勢を知るにはかかせないと考えたものであった。鉱山・鉄道などの工学を専修した井上は、一八六八（明治元）年

写真1　小野義眞

写真2　岩崎彌之助

写真3　井上 勝

に帰国すると、翌年明治政府に出仕し鉄道頭《てつどうのかみ》となる。鉄道開業は一八七二（明治五）年のことであるが、新橋─横浜間を走ったお召し列車に明治天皇と共に乗車してご説明をしたのが責任者の井上勝であった。その後、全国の幹線鉄道の敷設に邁進し、鉄道に関する技術を国内で醸成することに腐心し、一生を鉄道にささげた。そんな人物がなぜ小岩井農場を創業したのだろう。

井上は一八八八（明治二一）年に東北本線の敷設工事の視察に岩手県を訪れた。この際、岩手県知事の案内で、岩手山の中腹にある網張温泉《あみはりおんせん》に向かう。途中、岩手山南麓に広がる一面の荒れ地を目にした井上はある感慨を抱く。

「自分はこれまで鉄道開発のために幾多の美田良圃を潰したが、このような広大な荒蕪地を開墾して、せめてその埋め合わせをしたいものだ」

その後、ある宴席で小野から岩崎を紹介され、農場創設の理想を語って出資援助を求めたところ、岩崎は即座に快諾したと伝わる。資料による裏付けはできないが、井上の遺族によって語られた農場創業の発端である。

江戸期の小岩井農場周辺は藩有地であったが、付近住民が家畜に与える草を刈る入会地として使用されていた。維新後、官有地となっていたところの払下げを受け、約四〇〇〇ヘクタールを確保する。洋式の農機具を導入し、農作物を生産する圃場を耕し、桑園や牧場を造り、牛馬を飼養した。しかし、開墾は思うに任せなかった。痩せた土と起伏、湿地などが災いして、作物は育たず、植林した苗木も根付かなかった。当初予定通りの収益を見ることができないまま、井上は小岩井農場の経営に見切りをつける。

維新後、当時の華族が作った農場が全国に幾多もあったが、この時期ほとんどがその経営に行き詰まり、小作農を入れ、当初の目的から変容してゆく。しかし、井上はそれを良しとせず、自らの権利を主張することなく、一八九九（明治三二）年にすべてを岩崎家に譲った。これが後の小岩井農場に大きく寄与することとなる。

現在へつながる転換期（明治三二年から昭和一二年）

井上の後を受けて場主となったのは岩崎久彌《いわさきひさや》であった。久彌は三菱の創業者である岩崎彌太郎の長男で、叔父である二代彌之助から三菱を継ぎ、三代社長となっていた。土佐藩の下級武士であった彌太郎が三菱を興すまで、現在の高知県安芸市で貧しい半農半士の暮らしをしていた久彌は、長じて三菱の事業を担う傍ら農業にも造詣が深かった。三菱の事業とは別に、全国各地、海外にも各種の農場を展開していた。

写真4　岩崎久彌

久彌がこの岩手の地に適合する農業として選んだのは畜産であった。これまでの農産物生産中心の経営を転換し「畜主耕従」の方針を掲げる。中心に据えたのは海外から良種を輸入して繁殖、生産した個体を販売するブリーディング事業である。牧草は人間の食物にはなり得ないが、痩せた土地でも育てることができ、それによって育てた牛から肉や乳といった栄養価の高い食材が得られる。その基となる優秀な種畜を全国に広めて日本の食料の安定化、欧米化を図るのが目的であった。一九〇一（明治三四）年、日本の気候にも合い、

写真5　育牛部全景（明治35年頃）

写真6　植林地（明治35年頃）

優秀と言われる三品種（ブラウンスイス種、エアーシャー種、ホルスタインフリーシャン種）を海外から合わせて七〇頭輸入して繁殖を開始、全国の種畜場や牧場に優秀な種牛を供給した。現在はその内ホルスタイン種のみを飼養しているが、明治期に輸入した個体の血統を継ぐものである。種牛の輸入と同時期に乳製品の生産も開始、一八九九（明治三二）年より牛乳、一九〇二（明治三五）年よりバターを生産。現在に続く「小岩井純良バター」の始まりである。日本人の食事の欧米化も相まって、牛乳・乳製品の需要は増加。牛の血統改良も進んで産乳量も増え、種牛、乳製品の販売とも順調な伸びを見せる。

同様に、自動車のない時代に輸送を担っていた馬を良種に改良することを目的として、育馬事業も開始する。一九〇二（明治三五）年には馬車曳用のハクニー種馬を、一九〇七（明治四〇）年にはイギリスから二一頭ものサラブレッド種馬を輸入して繁殖を開始した。輸入された優秀なサラブレッド種の産駒は、戦前まで日本の競馬界を席巻することとなる。一九二八（昭和三）年にイギリスから輸入したシアンモア号は第二回から第四回の日本ダービーで連続して優勝馬を輩出した。また一九四一（昭和一六）年には小岩井農場産のセントライト号が日本初の三冠馬となった。

また明治三〇年代からは、農場面積の三分の二を目指した植林が開始された。荒地でも根付きやすいアカマツ、カラマツが植えられ、徐々に土地が改良されてスギも植林されるようになった。現在の二〇〇〇ヘクタールの森林はすべてこの頃から、一本一本手作業で植えられたものである。

株式会社化と戦中、戦後の混乱期（昭和一三年から昭和三二年）

種畜や乳製品の売行きが順調に伸びたことから農場の収支は改善し、ついに一九三八（昭和一三）年には、岩崎家から自立した経営を行うべく小岩井農牧株式会社となり、農場はその事業所となった。

しかし、昭和一〇年代から戦争の影が忍び寄る。牛乳販売は統制を受け、森林は施業計画とは関係なく炭坑の坑木用などとして木材の供出が迫られ、人材も徴兵により失われることとなった。この時期、農場は思うような運営が出来ない状態に追い込まれていた。

第二次世界大戦後、小岩井農場に最大の危機が迫る。ＧＨＱの占領政策により、会社の解散を迫られたのである。大規模農地を保有していたこと、オーナーが財閥当主の岩崎であったことなどから農地解放、財閥解体とあわせた動きであった。この時、明治期以来の華族などが所有していた全国の農場の大半が農地解放の対象となり、消滅している。だが、小岩井農場は永年に亘る種畜の育種改良をはじめとする畜産振興の功績が評価され、存続が許された。株式会社となって経営が岩崎の手を離れていたこと、大規模農地を使用した集約的な農業を行っていたことも功を奏し、さらに農場存続を求める各種団体からの陳情もあった。かくして小岩井農場は奇跡的に生き残った。しかし、用地約一〇〇〇ヘクタールを解放するとともに、経営の主柱であった育馬事業を廃止することが条件となった。総面積の四分の一の土地と収入の大きな柱を失い、農場の経営は不安定となる。

経営の多角化、そして現在へ

昭和三〇年代になると、育馬事業廃止で失われた収益確保のため、事業の多角化を図る。一九五二（昭和二七）年に種鶏事業、一九六七（昭和四二）年に観光事業、一九七二（昭和四七）年に緑化エンジニアリング事業を開始。六次産業化へ踏み出した時期である。その後、一九七六（昭和五一）年に乳業事業を分離し、キリンビール株式会社との折半出資で小岩井乳業株式会社を設立、乳製品の全国での販売を行うこととなった。

3　現在の事業

酪農事業

明治期から続く酪農事業は、現在は約二六〇〇頭の牛を飼養する。牛舎は搾乳牛と育成牛、肥育牛（肉用牛）に分かれて場内に点在し、それぞれに適した飼養方法を採用している。生産された原料乳は農場へ来場する観光客向けの一部を除き、全量を小岩井乳業株式会社の小岩井工場へ運び加工する。

食品事業

小岩井農場の歴史的建造物である上丸牛舎で生産された原料乳の一部は、低温殺菌牛乳、ナチュラルチーズ、アイスクリームなどに加工され、観光客に供されている。また、場内には製菓工場もあり、農場にちなんだ原料を使ってクッキーやケーキなどを製造している。

山林事業

農場内の二〇〇〇ヘクタールの山林を管理し、木材の生産を行う。年間の森林成長量以下の伐採と気象害から造林木を護る小面積皆伐（帯状更新）を柱に、独自の施業計画を継承し、持続可能な森林経営を行っている。

環境緑化事業

計画設計段階からメンテナンスに至るまで対応。公園の造営や道路の緑化などを行うとともに、天然記念物・世界遺産・街路樹・庭木・里山などの樹木診断を実施し、その診断結果に基づく保全対策・減災の提案、施工を行っている。

観光事業

小岩井農場の中央付近を「小岩井農場まきば園」として一般のお客様に開放している。農場ならではのイベントと体験メニューで、お客様をお迎えする。四季折々の美しい景観や牧歌的な雰囲気を感じながら、農場産の素材などを使用したお食事を楽しめる。

4　循環型の農場経営

小岩井農場の事業は多岐にわたるので、皆様に身近な牛乳から、農場経営の一端をご紹介しよう。牛乳はスーパーなどに紙パックに入って並んでいるので、ジュースなどの飲料と同様にお考えの方もいるだろう。では、これがどうやって生まれてくるか、ご存知だろうか。キーワードは「循環」である。

乳牛も人間と同様出産しないとお乳は出ない。そのため、年一回程度の出産を毎年繰り返す。小岩井農場では生まれた子牛を育て、搾乳牛とする。明治期に輸入された牛の血統が、世代をいくつも重ねて飼養され続けている。たくさんのおいしい乳を出す牛を育てるには、牛の形質を見極めて掛け合わせ、よい牛を繁殖する必要がある。明治期には年間乳量が一頭あたり二〇〇〇キロリットル程度でも優秀であったが、現在は平均で一万キロリットル。一〇〇年余をかけた育種改良の結果である。

また、おいしい乳を出すには飼料となる牧草が重要である。牛の食べる飼料の内、粗飼料と呼ばれる牧草や飼料用トウモロコシは農場内の牧草地で生産している。よい草を作るには、よい土が必須である。農場内の牛や鶏の糞尿は堆肥の主原料として使用されてきた。排せつ物から堆肥を作り、牧草地に還元することで再び飼料とする循環である。二〇〇六（平成一八）年からは、この堆肥を作る工程に株式会社バイオマスパワーしずくいしが介在する。糞尿を中心とした原料を処理する過程で電気を起こしながら、堆肥を製造している

「バイオマス発電・堆肥化プラント」である。

5　国指定重要文化財及び国指定名勝

小岩井農場は日本の畜産の歴史と共にあり、農場内の歴史的建造物は日本の畜産界にとっても貴重な文化遺産である。そのうち二一棟が「国指定重要文化財　小岩井農場施設」として、二〇一七（平成二九）年に指定された。特徴は現在も多くが使用され続けている建築物で、生きた文化財（リビングヘリテージ）として価値が認められている。

・本部事務所《ほんぶじむしょ》　一九〇三（明治三六）年建設　現在も事務所として現役。
・本部第一倉庫《ほんぶだいいちそうこ》　一九〇八（明治四一）年建設　本部附属倉庫として現在も使用。
・本部第二倉庫《ほんぶだいにそうこ》　一八九八（明治三一）年以前建設　もとは馬の飼料倉庫。現在も使用。
・乗馬厩《じょうばきゅう》　一九三六（昭和一一）年建設　本部附属乗用馬を飼養した厩舎。現在も使用。
・倶楽部《くらぶ》　一九一四（大正三）年建設　来客の宿泊や従業員の集会施設として使用。
・四階倉庫《しかいそうこ》　一九一六（大正五）年建設　家畜の飼料となる穀物乾燥用倉庫。
・旧耕耘部倉庫《きゅうこううんぶそうこ》　一九〇五（明治三八）年建設　飼料用トウモロコシを調製した倉庫。
・玉蜀黍小屋《とうもろこしごや》四棟　一九〇二（明治三五）年から一九二九（昭和四）年建設の飼料用トウモロコシの乾燥倉庫。
・一号牛舎《いちごうぎゅうしゃ》　一九三四（昭和九）年建設　建設当時最新鋭の牛舎。搾乳牛舎として現役。
・二号牛舎《にごうぎゅうしゃ》　一九〇八（明治四一）年建設　妊娠牛を飼養する分娩用の牛舎として現役。

・三号牛舎《さんごうぎゅうしゃ》　一九三五（昭和一〇）年建設　子牛と種牡牛用の牛舎として建設
・四号牛舎《よんごうぎゅうしゃ》　一九〇八（明治四一）年建設　搾乳牛舎として現役。
・種牡牛舎《しゅぼぎゅうしゃ》　一九一七（大正六）年建設　繁殖用の雄牛を飼養した牛舎。
・一号サイロ、二号サイロ　一九〇七（明治四〇）年、一九〇八（明治四一）年建設。保存性の高い発酵飼料を作るための施設。日本に現存する最古のサイロ。
・旧育牛部倉庫《きゅういくぎゅうぶそうこ》　一八九八（明治三一）年以前建設　現在も倉庫として使用。
・秤量剪蹄室《ひょうりょうせんていしつ》　一九三六（昭和一一）年建設　牛の体重を計り、蹄を整えた施設。
・天然冷蔵庫《てんねんれいぞうこ》　一九〇五（明治三八）年建設　電化以前に乳製品の冷蔵保存に使用した。

また農場内にある狼森《おいのもり》は、宮沢賢治の作品舞台となっている県内の七ヶ所（他にイギリ

写真7　四階倉庫（国指定重要文化財）

写真8　四号牛舎（国指定重要文化財）

写真9　一号サイロと二号サイロ（国指定重要文化財）

ス海岸、釜淵《かまぶち》の滝、五輪峠《ごりんとうげ》、種山《たねやま》ヶ《が》原《はら》、七《なな》ツ《つ》森《もり》、鞍掛山《くらかけやま》）を構成資産とする国指定名勝「イーハトーブの風景地」の一つである。童話「狼森《オイノもり》と《と》笊森《ざるもり》、盗森《ぬすともり》」（『イーハトブ童話　注文の多い料理店』（一九二四年）所収）のモデルである。二〇〇五（平成一七）年、名勝指定。

なお、これら文化財の一部は自由見学できる（まきば園入園料要）。

写真10　狼森（国指定名勝）

おわりに

小岩井農場は創業以来、豊かな自然環境を一から創り続けてきた。この土地で持続的に事業を行うには循環型の農業が必須であり、それを推進することは結果としてこの自然環境を未来につなげることに他ならない。

農場には四季折々の美しい風景が展開する。春の桜に始まり、新緑の木立、カワシンジュガイの棲む川のせせらぎ、夏の夜に飛び交うホタル、落葉松の防風林の黄葉、一面が真っ白に静まりかえる雪の牧草地。そしてこの中に暮らす牛や羊など家畜や野生動物たちの営み。この風景を求めて年間約四〇万人のお客様が来場されるが、これらはお客様のために作りだした風景ではない。農場創業から一三〇年以上、これまで愚直に続けてきた生産事業の中で形作られたものであり、歩みを止めた瞬間に失われてしまう景観である。

私たちは今後も生産事業を続けることで、この景観を守り、次世代へつないでゆく。五〇年後、一〇〇年後にも、同じ風景を皆様が見られるように。

〔参考文献〕
小岩井農牧株式会社『小岩井農場七十年史』一九六七年
小岩井農牧株式会社『小岩井農場百年史』一九九八年

・写真はすべて小岩井農牧株式会社提供

写真11　小岩井農場の春
残雪の岩手山と一本桜

column

宮沢賢治と小岩井農場

野沢裕美

「賢治さんが好き」という方にはおなじみの話と思うが、小岩井農場は宮沢賢治にとっては非常に重要な場所であったらしい。明らかにここを舞台に書かれている作品だけでも「秋田街道」「遠足統率」「春谷暁臥」「耕耘部の時計」「おきなぐさ」「塔中秘事」「青柳教諭を送る」「母に云う」など。賢治は生前、二冊しか本を著していない。『イーハトブ童話　注文の多い料理店』と『心象スケッチ　春と修羅』だ。実はこの両方に小岩井農場を舞台とした作品が収められている。童話「狼森《オイノもり》と笊森《ざるもり》、盗森《ぬすともり》」に登場する狼森は農場に実在し、国指定名勝「イーハトーブの風景地」の一つとなっているのは先述の通りである。物語の中では、狼森に住む狼たちが開拓民の子供たちに栗やキノコをご馳走し、森は親たちからお礼の粟餅をもらうという交流が描かれる。

宮沢賢治が初めて小岩井農場を訪れたのは一九一〇（明治四三）年、盛岡中学二年生のとき。学校の行事で岩手山登山をした帰り道だったとされる。来客ではないので、残念ながら農場の資料には名前が残っていないが、賢治の足跡を辿ると書簡や作品の記述から幾度も来ていたことがわかる。

当時、岩手山の南麓に広がる荒れ地に突如現れた西洋風の広大な牧場が、どこか異質に感じられたことは想像に難くない。巨大な畜舎が立ち並び、海外から輸入された牛馬・羊が群れ、最新鋭の農機具を馬が牽き、給料を受け取って働くサラリーマンの農業従事者がムラを作って文化的に暮らしている様は、零細な農家が小さな土地を耕す農業のイメージとは大きく違ったことだろう。

宮沢賢治の詩の中で最も長いのが『春と修羅』所収の「小岩井農場」である。一九二二（大正一一）年五月二一日の日付で、実際に農場の中を歩きながら書いたように記述されている。とにかく長いのがネックで、パート一からパート九まで全体で六〇〇行近くに及ぶこの長編詩は、賢治作品の中でも読みにくい作品と思われがち。実際、読んだことの無い人もたくさんいるはずだ。しかし、この作品を読みながら農場内を歩くと、今でもいろいろな発見がある。なにせ、当時の景物がそのまま残っているところがあるのだから。

詩の冒頭「わたくしはずいぶんすばやく汽車から降りた」と賢治が書いた場所は橋場線（現在のＪＲ田沢湖線）小岩井駅。一九二一（大正一〇）年開業当時の駅舎が、改装を重ねながら今でも使われている。

駅からの道すがら、「あすこはちょうど曲り目で」と書いた丁字路は交差点になり、田圃と畑だけだった道の周りには住宅が立ち並び、当時より賑やかになっているが、その背景には変わらず国指定名勝「七ツ森」が見え

写真1　小岩井駅開業時の様子（大正10年）

写真2　賢治が作中で「der heilige punkt（聖地）」と呼んだ牧草地（昭和30年頃）

写真3　育牛部全景（明治40年）

写真４　本部事務所

右：明治41年　　　　左：現在

る。

農場へ向かう道は「網張街道」と呼ばれ、岩手山中腹にある網張温泉へのアクセス道だった。賢治もここを辿って小岩井農場へ。そして見えてくるのが現在は国指定重要文化財となっている本部事務所。寄棟造で上下窓が印象的な洋風の建物を「本部の気取った建物が――」と記述している。

現在の小岩井農場まきば園附近の牧草地で作業中の農夫と話をした後、賢治は小岩井駅へと戻る。結びの「わたくしはかっきり道を曲がる」と書いた曲り角も現存している。

作中では、鳥が鳴き植物が芽吹く明るい春と沈んだ気分の賢治が描かれる。農場は光にあふれてウキウキした雰囲気なのに、人間関係でわだかまりを抱える賢治はなんだかくすんで見える。この色合いのコントラストは実に見事。

劇的な展開も無く単調に続く物語に感じられようが、農場で日常生活を送る現代の我々にとっては、この詩は大正時代の貴重な一次資料である。農作業の方法や、当時の人々が農場に対して持っていた思いまで伝わってくるようだ。皆さまもぜひ『春と修羅』を持って、五月の小岩井農場へでかけて欲しい。きっと新たな気付きが得られると思う。

〔参考文献〕

筑摩書房『宮沢賢治全集』一九八六年

・写真はすべて小岩井農牧株式会社提供

第3部

岩手のいま・これから

岩手の地域資源と観光
——世界遺産「平泉」から地域商店、震災復興まで

——三好純矢

はじめに——岩手への来訪

現代の人々は単に観光スポットを訪れるだけではなく、多様なニーズに基づいて観光行動に至っている。来訪の目的が、観光スポットの見学にあるのか食や宿にあるのか、出張に付随するものなのか、あるいは、ライブやコンサートをはじめとする非日常体験や、推し活の一環としての聖地巡礼なのかは、来訪者によって様々である。したがって、「観光」や「旅行」は様々なモノやコトを対象として使用される。

旅行者として岩手県を訪れることを考えた場合、岩手県には東北新幹線が縦断しており、遠方から訪れる場合の多くは、この東北新幹線を利用するか、あるいは航空機を利用して、いわて花巻空港に訪れることが想定される。一見容易に訪れることができるように思われるかもしれないが、本州最大の県土を有する地域であることは頭の片隅に置いて頂きたい。即ち、岩手県内の観光地を周遊する場合には充分な移動時間と手段を確保する必

要がある。

岩手県は県庁所在地の盛岡市を含む「県央エリア」、平安時代に栄華を極めた平泉町を含む「県南エリア」、東日本大震災津波による甚大な被害から復興を続ける「沿岸エリア」、そして、縫製業の集積地であり、青森県八戸圏域の影響も受けている「県北エリア」に分類される。このように広大な県土故に、移動の不便を余儀なくされる地域でもあるが、一方で各地に独自の文化や構造物、自然景観などが点在している。地域をつなぎ、周遊してもらうことが岩手県の観光政策の課題でもあるが、来訪された際には是非時間をかけて周遊して頂きたい。この章では、滞在するほど魅力を感じられる岩手県の特徴的な地域資源の一端をご紹介したい。

1　文化・自然と観光

地域資源は、史跡や寺社などの構造物や文化を伴う人文資源と、自然景観によって生み出される自然資源とに大別される。岩手県の自然や歴史は、第一部、第二部で既に触れたが、本章では観光の視点から、人文資源と自然資源について紹介したい。

岩手県の人文資源として代表的といえるのは世界文化遺産の「平泉」であろう。日本では現在二六の世界遺産があり、岩手県にはその内三つが所在している。これは奈良県、鹿児島県と並んで全国最多であり、中でも東北初の世界文化遺産として登録されたのが平泉である。平泉は、仏国土（浄土）を表す建築・庭園及び考古学的遺跡群として二〇一一年に世界遺産登録されており、その中核となるのが中尊寺である。藤原清衡によって造営され、栄華を極めた奥州藤原氏の象徴的な寺院である中尊寺は、日本人であれば歴史の授業などで一度ならず耳にしたことがあるだろう。

平泉町では、歴史的遺産群と、自然景観を保存・継承するために、景観条例を施行している。平泉町景観条例では、景観計画区域内を三つの地区に分類し、さらに、世界遺産登録の推薦資産に近接する地区で、より積極的な景観規制誘導を実施している。また、平泉町屋外広告物条例により、屋外広告物の設置には平泉町の許可が必要となり、詳細な基準が設けられている。これらの条例により平泉町では、景観に配慮した通常とは異なる配色の大手チェーン店のロゴや看板といったものも見ることができ、町全体の至る所に世界遺産の存在感を認識させられるだろう。

世界遺産登録は、地域資源の保全と同時に観光資源化による誘客の手法として捉えられる場合が多くある。しかしながら長期的な視点では、世界遺産登録が観光客の増加に必ずしもつながっているとは言えないことが様々な研究において指摘されており、多くの国宝や重要文化財を所蔵する平泉も決して例外ではないだろう。実際に、平泉町の観光客入込数からは、世界遺産登録の翌年に最も影響が及び、その後は落ち着いていることが見て取れる（図1）。

また、平泉町では年間二〇〇万人前後の観光客が訪れている一方で、必ずしも町の賑わいにつながっているとは言えない部分もある。平泉町は岩手県内で最も面積が小さい市町村で、人口減少にも歯止めがかからず、町の中心部に多くの空き家が見受けられる。二〇二一年に世界文化遺産に登録された「北海道・北東北の縄文遺跡群」を構成している二戸

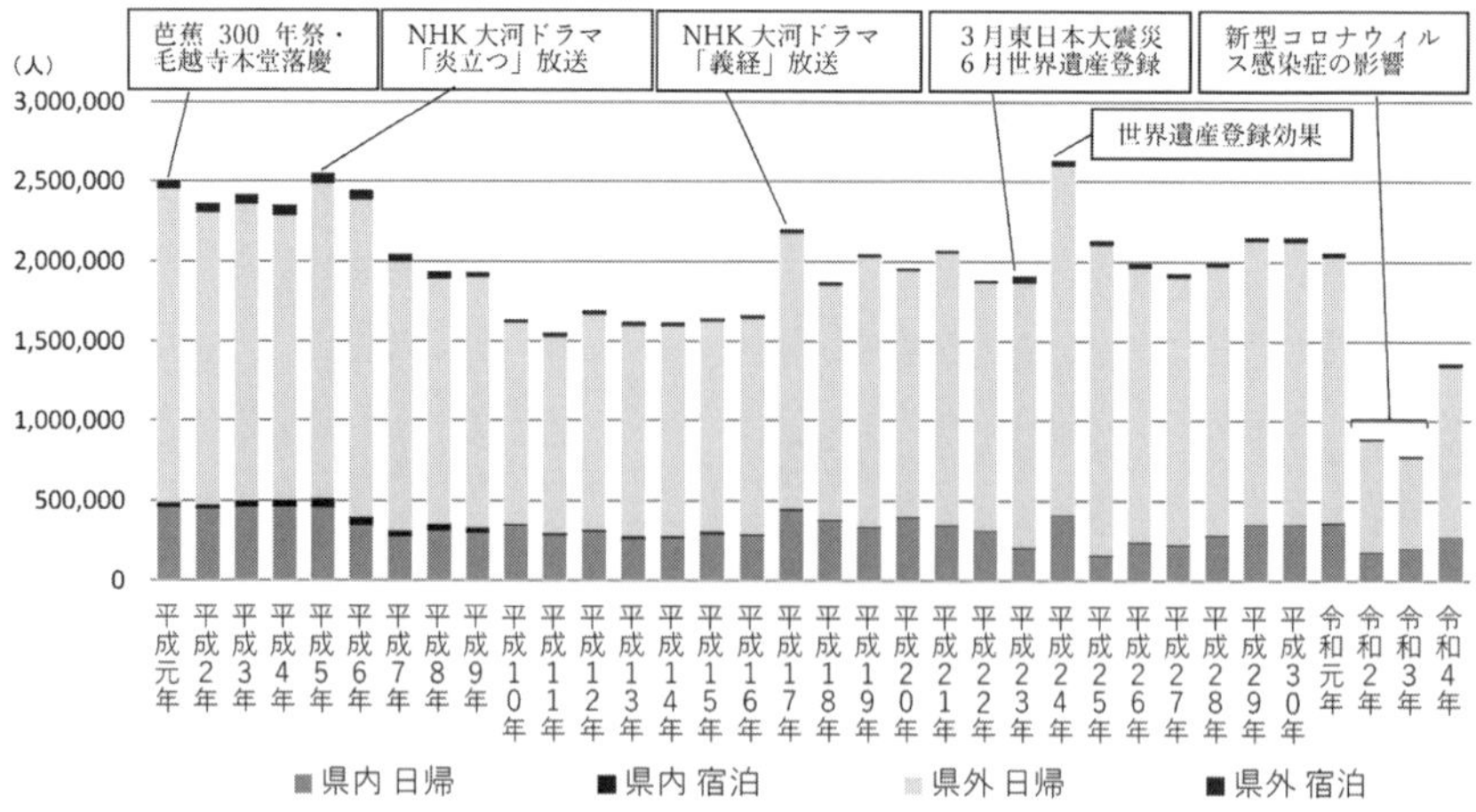

図1　平泉町の観光客入り込み数

（平泉町商工観光課（2023）より作成）

郡一戸町の御所野遺跡もまた、世界遺産登録に一喜一憂するのではなく、今後の保全と誘客について熟考する必要がある。

そのような中でも平泉町では、県内外との広域連携による誘客活動や、巡回バス「るんるん」をはじめとする二次交通の整備、町内への滞在を目指した農泊メニューの整備など、賑わいを創り出そうと様々な施策を実施している。また、特産品開発支援などもあり、どぶろくや平泉ワインなど、平泉ならではの産品の創出に努めている。「世界文化遺産のみ」という状況から脱却しようとしている平泉町で、新たな魅力を探してみてはいかがだろうか。

自然資源として取り上げたいのは、下閉伊郡岩泉町に位置する国指定の天然記念物、龍泉洞である。龍泉洞は、秋芳洞（山口県美祢市）、龍河洞（高知県香美市）

と合わせて日本三大鍾乳洞の一つである。洞内は一年中一〇℃前後と気温の変化が少なく、ワインセラーが設置されているほど安定している。また、龍泉洞では現在八つの地底湖が見つかっており、その内三つが公開されている。一見しただけでは水面さえ判らないほど透明度の高い龍泉洞地底湖は、目の覚めるような神秘的な光景である。訪れる際は、透明度に影響する水量の変化が少ない冬の時期をおすすめしたい。

このように非日常を味わうことができる龍泉洞であるが、本章で特筆したいことは、龍泉洞の水資源を活用した特産品が多く商品化されている点である。龍泉洞の水は、環境省によって昭和の名水百選に認定された、ミネラルやカルシウムを多く含む湧き水である。

龍泉洞の水を使用して商品化を手がけている代表的な企業として、岩泉ホールディングス株式会社が挙げられる。岩泉ホールディングスは全国に先駆けてアルミパウチに入ったヨーグルトを販売したことで知られる企業であり、乳製品の製造・販売から、道の駅の指定管理者を受託し観光事業まで取り組んでいる。同社の岩泉ヨーグルトのパッケージには、龍泉洞を彷彿とさせるキャラクターの「龍ちゃん」が記載されており、美味しさの秘密を意味する「しーっ」というナイショのポーズを体現している。岩手県ではスーパーマーケットなどでもこの岩泉ヨーグルトを購入することができるが、アルミパウチの容器と「龍ちゃん」という特徴により、売り場でもすぐに岩泉ヨーグルトを発見することができる。

龍泉洞の水を使用した岩泉ホールディングスの商品としては、飲料シリーズや、スキンケアシリーズがある。ミネラルやカルシウムを多く含む龍泉洞の水だからこそ、飲料としてもおいしく、また肌に優しいスキンケア商品となっている。龍泉洞の水を原料とすることで、その品質の高さから、消費者にとって高い価値を生み出す商品になっているといえ

写真1　泉金酒造株式会社（岩泉町）

るだろう。

　また、水の品質が重要になる製品として、日本酒も忘れてはならない。日本酒にとって、酵母や米と同様に、味わいや特徴を決定する要素として原料の水が重要とされる。そのような日本酒の製造において龍泉洞の水を使用しているのが、泉金酒造株式会社（写真1）の龍泉八重桜である。岩手の酒造りでは、現在の花巻市石鳥谷町を拠点とする日本最大の杜氏集団、南部杜氏の存在が欠かせない。現在では全国に約三〇の流派がある杜氏集団だが、南部杜氏は、越後杜氏（新潟県）、丹波杜氏（兵庫県）と並んで日本三大杜氏とも称される。龍泉八重桜は、龍泉洞の恵みの水を使用して南部杜氏がその確かな技術で作り上げた逸品である。

　龍泉洞のように、その地域固有の資源を活用して地域発の特産品を展開することは、地域の認知度やイメージの向上とともにブランド化へとつながる。さらに、特産品によって地域のイメージが浸透し、地域そのものがブランド化することで、反対に地域ブランドが特産品や関連商品の浸透を後押しすることになる（図2）。したがって、地域そのものを人々へ発信するようなマーケティング活動を行う場合、特産品の存在は非常に重要といえる。岩手県に訪れた際には、オリジナリティ溢れるお土産の品にも是非注目してもらいたい。

　他の地域から観光で訪れた人々に珍しがられて喜ばれる製品・サービスの多くが、その地域では意外と当たり前だったりするものである。地域の良さは「ヨソ者」に尋ねてみる

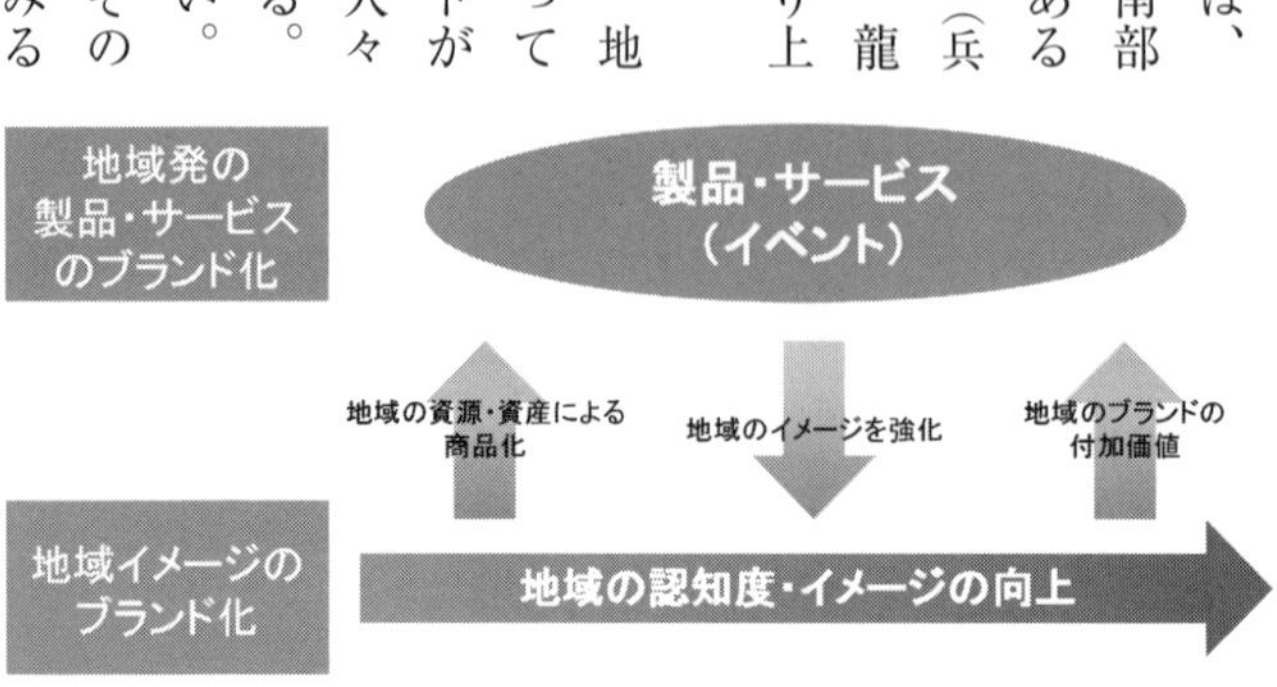

図2　地域のブランド化

と良いだろう。実は龍泉洞から湧き出している水も、岩泉町内中心部一六〇〇世帯以上の水道水として生活に利用されており、近隣住民にとっては決して珍しいものではないのだ。

2　商業と観光

地方や郊外の商業施設は、全国どこへ訪れても同じロゴや看板の商業施設に遭遇することだろう。したがって、ショッピングを目的とした観光は大都市の極めて大規模な商業施設に限定されやすい。しかしながら、地域の特色を持った店舗として商店街の存在を忘れてはならない。岩手県内には組合組織と任意団体合わせて現在一二六の商店街があり、岩手県の調査によると平成二七年から令和三年の六年間で二七の商店街が消失している。商店街が減少している大きな要因として、先に述べたような郊外型のショッピングセンターの台頭やEC市場が拡大[1]し続けていることを指摘できる。郊外に多くの商業施設が立地したことで、周辺に街が形成される一方、近隣の商店街は大型店舗との競合によって衰退しているケースが見受けられる。本節で取り上げる紫波郡紫波町も、ご多分に漏れない状況の地域である。

紫波町は平成一九年から開始した公民連携手法（PFI）による駅前町有地整備事業「オガールプロジェクト」により、新たな町の中心（紫波中央駅前地区）が形成されつつある。その一方で、かつての中心部であった日詰商店街は、一九八〇年代には約一三〇店舗が軒を連ねていたものの、現在では大幅に減少している。近年では後述する商店主達の努力に

（1）　経済産業省商務情報政策局情報経済課によると、B to C（企業と一般消費者間の取引）のEC（電子商取引）市場は、二〇一三年が一一、六六〇億円であったのに対し、二〇二二年には、二二七、四四九億円と二倍以上に拡大している。

より、空き店舗の活用や出店が徐々に進み、五〇を超える店舗数にまで持ち直している。

紫波中央駅前地区と日詰商店街地区との間には、東北本線や東北新幹線、また国道四号などが整備されており、隔たりがあるといえる。紫波町としての賑わいを取り戻すには、オガール周辺エリアだけではなく、両エリアの繁栄が重要といえる。そのために、日詰商店街では商店会や有志によって様々な活動が行われている。例えば、「音めぐみ」や「しわりり」、「日詰みらいプロジェクト」などの団体が複数組織されている。「音めぐみ」や「しわりり」はコミュニティの形成や情報発信などを目的としており、「日詰みらいプロジェクト」は、様々なイベントを企画したり、「日詰おさんぽマップ」などの商店街のマップ作りなども行ったりしている。

また、株式会社全国商店街支援センターの商人塾支援事業を受けて、商店の経営やPR活動を学ぶと同時に、連携できているようで実はあまり交流が無かった店主同士や地域の活動団体、行政や金融機関などとの交流を行っている。筆者も参加させて頂いたが、参加者の立場を超えた意見交換は、商店主達に新たな視点や連携の機会を創造している。

また、地域との連携も活発で、近隣の日詰小学校や、岩手県立大学の学生達と一緒に活動を行っている。その結果、町の中心部の移転や新型コロナウイルスの感染拡大といった状況においても、ひづめさんさん朝市の来場者は徐々に増加している（写真2）。日詰商店街は、二〇二一年に「世界にはばたく商店街三十選」にも選定されており、岩手県内でも勢いのある商店街である。

日詰商店街は地域に根差していたり、若者の挑戦を応援したり、伝統と歴史があったりと、その魅力は多岐にわたるが、郊外の大型店舗にはいない個性的な商店主自身も魅力の

写真2　日詰商店街の朝市

一つではないだろうか。商店主は各商店で扱っている商品に関して、確かな知識やスキルを有して顧客とコミュニケーションを交わす。例えば靴屋であれば、足の形やサイズなどから、その人に合った靴を提案し、電気屋であれば、自宅に合った新製品の販売だけでなく、自宅に設置されている電化製品の部品交換や修理などの対応も非常に円滑である。それに加えて、日詰商店街の店主は商品の購入に関わらず、気軽な気持ちで入店した時も温かく対応してくれる。お店自体も家族連れで賑わう定食屋から、他では見ないようなメニューを揃える個性的なお店やディープなお店など、それぞれに個性がある。そのような店主の魅力を発信するべく、岩手県立大学の学生達と商店主を紹介するパンフレットも制作し配布している。

また、日詰商店街には、内閣総理大臣に就任した原敬を接待するために新築された大正の邸宅、平井家住宅が現存している。現在は一六代目の平井佑樹氏が、平井邸に残る仕込蔵を活用してクラフトサケ(2)の醸造に取り組んでいる。平井家住宅は国指定重要文化財であり、イベントなどの機会に一般公開を行うことがある。一〇〇年の時が流れる趣深い建物は、かつての日詰商店街の隆盛を彷彿とさせると同時に、活気ある日詰商店街の未来を予感させる。観光の際は観光スポットだけでなく、地域の

（2）　日本酒（清酒）の製造技術をベースに、米を原料としながら「日本酒」では法的に採用できない製法などを取り入れた酒。良く知られているものに、どぶろくがある。

生活の基盤である商店街にも注目して、個性的な商店や歴史に触れてみるのもいいのではないだろうか。

3　被災地を巡る

岩手県に来訪する理由の一つとして、東日本大震災の被災地への来訪を目的とする人々もいるだろう。特に、岩手県の沿岸部では東日本大震災津波の爪痕が今も色濃く残っている。地域差はあるものの、現在インフラという側面からは徐々に復興も進みつつある。東北を中心に甚大な被害をもたらした東日本大震災の被災地を訪れることは、今後も発生することが想定される激甚災害に対する教訓を得られるだろう。

東日本大震災津波は東北沿岸のあらゆる地域で被害をもたらしており、三・一一伝承ロードに登録されている震災伝承施設も、第三分類[3]に登録されている岩手県の施設が現在二二ヶ所ある。本節では、そのほんの一部をご紹介する。

県庁所在地の盛岡市などがある内陸部と沿岸部とでは、県内といえどもそれなりの距離があり大きく隔たれている。そのような状況でも盛岡市からアクセスが良い震災伝承施設があるエリアは宮古市の田老地区だろう。国道一〇六号を通行すれば、自動車を走らせること約一時間半で到着することができる。田老地区には、移転整備後二〇一八年に本格オープンした「道の駅たろう」があり、東日本大震災津波から復興した店舗なども出店している。道の駅の中にある「たろう潮里ステーション」は、観光案内所としての機能と同時に

(3)　ガイドや語り部が配置されており災害の教訓を理解しやすい施設。

写真3　震災後も残された津波遺構「たろう観光ホテル」（宮古市）

写真4　震災語り部プログラムの説明を受ける高校生

「学ぶ防災ガイド」も実施している。

　田老地区は東日本大震災津波以前から、津波と共存してきた街でもあり、高い防潮堤が設置されていた。しかしながら、地域の合併による防災意識の希薄化や、震災当日の津波予測が三メートルであったことなどが要因となり、実際には一七メートルの津波が押し寄せ一八一名の死者を出している。「学ぶ防災ガイド」では、このような田老地区の被災状況や復興過程を、新たに整備された防潮堤や、津波遺構のたろう観光ホテルの施設内部を見学しながら訪れた人々に伝えている（写真3）。自身の被災経験を語る語り部と異なり、見学者のニーズに応じて様々な案内をしてくれるガイドは、どのような目的で訪れた人にも学びをもたらしてくれるだろう。

　被災後、防潮堤をはじめとする津波防災インフラ施設の整備が行われたのは宮古市だけではなく、沿岸全土に及ぶ。釜石市の鵜住居地区に震災伝承施設として整備された、いのちをつなぐ未来館では、若い世代を中心に防災学習を推進しており、震災関連の展示はもちろん、施設のすぐ傍に位置する防潮堤・水門などの津波防災インフラ施設の見学や語り部を含む防災学習体験プログラムを提供している（写真4）。

令和三年度に竣工した釜石エリアの防潮堤・水門は、一般の人も上を歩くことが可能で、散歩道にもなっている。この防災学習体験プログラムでは、防潮堤の上での説明だけでなく、岩手県沿岸広域振興局土木部の担当者同行の下で、通常は関係者以外立ち入りできない内部の施設も見学が可能となる。防潮堤・水門を間近で見学すると、インフラとしての迫力や安心感を覚えるが、防潮堤・水門などのハード面の整備だけでは被害を完全に防ぐことはできず、岩手県は、避難行動をはじめとするソフト面も合わせた防災意識の醸成に取り組んでいる。また、鵜住居地区には、ラグビーワールドカップ２０１９の試合会場となった釜石鵜住居復興スタジアムが、かつての釜石市立釜石東中学校と釜石市立鵜

写真5　もぐらんぴあ（久慈市）
上：津波被災前のもぐらんぴあ入口
中：津波被災直後のもぐらんぴあ入口
下：営業を再開し、立派になったもぐらんぴあ
（上・中の写真は、もぐらんぴあスタッフより提供）

住居小学校の跡地に復興の象徴として整備されている。

東日本大震災津波は、沿岸地域の人々の日常生活だけでなく、観光施設にも甚大な被害をもたらした。岩手県沿岸北部の久慈市には、岩手県唯一の水族館がある。久慈国家石油備蓄基地のサービストンネルに設けられた世界的にも珍しい地下水族館は、もぐらんぴあという（写真5）。もぐらんぴあの地上部分だけ見ると、一見非常に小さな水族館に見えるのだが、館内のメインは地下である。水生生物はもちろん、石油備蓄に関する展示から、三陸ジオパークに関する展示、東日本大震災に関する展示まで設置されており、様々な視点から楽しむことや学ぶことができる。さらに、久慈市の小袖海岸で活躍する北限の海女による実演があったり、東日本大震災を機にさかなクンが応援団長になっていたりと、水族館としても盛りだくさんの内容である。北限の海女は、NHK連続テレビ小説の「あまちゃん」で耳にしたこともあるのではないだろうか。

もぐらんぴあも、東日本大震災津波によって被災している。地震が発生した三月は比較的来館者が少ない時期でもあったため、人命には影響がなかったものの、久慈湾から流入してきた津波によって、施設は全壊し、多くの水生生物が犠牲となった。その後、もぐらんぴあは、久慈駅前の空き店舗に移転し、まちなか水族館として営業を再開、そして平成二八年四月に、元々施設があった久慈国家石油備蓄基地の地下トンネルでの営業を再開することができたのである。被災時、施設は全壊したものの、わずかに生き残っていた生物もおり、現在トンネル水槽で悠々と泳いでいるアオウミガメのかめ吉は、その一匹でもある（写真6）。もぐらんぴあでの被災体験は、館長が語り部として訪れた人々に伝承している。地域によっても被災や復興の様子は異なるた

写真6　東日本大震災を生き抜いたアオウミガメのかめ吉（もぐらんぴあ）

め、水生生物の観察と合わせて、語り部プログラムも申し込んでみるといいだろう。

おわりに——変化する魅力

岩手県もご多分に漏れず人口減少が進んでいる。したがって、旅行者によって幅広い産業に経済効果をもたらし、雇用も創出する観光消費を促進することは重要である。本章では、岩手県の特徴的な地域資源について、その一端を紹介した。筆者自身、岩手県出身ではない「ヨソ者」であるが、その視点から岩手県の魅力は季節の移ろいにもあると感じている。自然豊かな岩手県では、四季折々の景観や食材、アクティビティなどが楽しめる。雪に慣れていない地域の人々には、冬の雪景色もおすすめである。時期が合えば、八幡平市を通るアスピーテラインの雪の回廊や、鏡沼のドラゴンアイなど、雪国ならではの絶景を楽しむこともできる。県内のいたるところにある温泉で、雪見温泉もいいだろう。大都会ではないが、様々な魅力が隠れている岩手県に、繰り返し足を運んでもらいたい。

〔参考文献〕

観光庁『旅行・観光産業の経済効果に関する調査研究（二〇一八年版）』
経済産業省商務情報政策局情報経済課『令和四年度 電子商取引に関する市場調査 報告書』二〇二三年
平泉町観光商工課『平泉町観光振興計画書』、二〇二三年
中小企業庁『はばたく商店街三十選（二〇二一年版）』

column

地域観光を先導する観光地域づくり法人ＤＭＯ

―― 三好純矢

観光による地域づくりにおいて欠かせないのが、観光地域づくり法人（日本版ＤＭＯ：Destination Management Organization/Company）である。ＤＭＯの役割は地域の多様な関係者を巻き込みつつ、科学的アプローチを取り入れた観光地域づくりの司令塔となることである。科学的アプローチとは、各種データ等の継続的な収集・分析、データに基づく明確なコンセプトに基づいた戦略の策定、ＫＰＩ[1]の設定・ＰＤＣＡサイクル[2]の確立などを指しており、組織内にＣＭＯ（最高マーケティング責任者）やＣＦＯ（最高財務責任者）の配置が求められている。まさに、経営戦略やマーケティング戦略などに基づいて組織内のマネジメントを行い、安定的な運営資金を確保しながら観光地域づくりを行う組織なのである。

ＤＭＯは観光庁の登録制で、登録ＤＭＯを目指す候補ＤＭＯもある。岩手県内で現在登録されているＤＭＯは、複数の市町村にまたがる地域連携ＤＭＯとして公益財団法人さんりく基金（三陸ＤＭＯセンター）、一般社団法人世界遺産平泉・一関ＤＭＯ、また、特定の市町村を対象とする地域ＤＭＯとして一般社団法人宮古観光文化交流協会、一般社団法人花巻観光協会、株式会社かまいしＤＭＣ、株式会社八幡平ＤＭＯ、株式会社遠野ふるさと商社、一般社団法人大船渡地域戦略が登録されている。その他に県をまたぐ広域連携ＤＭＯでは、一般社団法人東北観光推進機構が登録されている。観光に関連する産業や組織は多岐にわたるため、これらのＤＭＯによる舵取りの役割は岩手県の観光振興において大変重要なものとなる。

例えば、本編でも紹介した釜石市鵜住居地区にある、いのちをつなぐ未来館は、釜石市の指定管理により、かまいしＤＭＣが運営を担っており、かまいしＤＭＣはその他にも鵜の郷交流館や釜石魚河岸にぎわい館、釜石祈りのパーク、根浜海岸観光施設、釜石民泊施設など、様々な観光拠点の運営を任されている。

かまいしDMCでは、観光プロモーションや体験プログラムの開発、釜石の地域産品のブランディング、地域イベントの実施や震災伝承など様々な活動を行っている。防災学習体験プログラムにおける防潮堤・水門見学は、元々防災意識の醸成を目的に岩手県が見学者の誘致・案内を行っていたものの、観光客の誘致や地域創生のプロフェッショナルとして、かまいしDMCが窓口として相応しいと感じた筆者が、研究の一環でプログラム化を相談させて頂いた。まず、かまいしDMCのスタッフの方々に見学してもらい、プログラム化を検討したところ、インフラ施設の説明と合わせて語り部を実施する見学プログラムを実現して頂いた。

見学者は修学旅行生や企業などの研修旅行、防災関係者の視察なども多いが、関心の高い個人や県内外の大学生などにも見学してもらっている。筆者はそこでアンケート調査を実施し、プログラムによる学習の満足度が高い人ほど、防災について今後も学習を継続したいという防災意識の高まりが確認された。この傾向は、プログラム参加の目的として防災学習への期待が比較的高かった地域外の人々で特に顕著であった。地域への誘客と防災意識の醸成が両立した事例といえる。

釜石市は、「鉄と魚のまち」として発展した地域で、観光業はさほど盛んではなかった。しかしながら、かまいしDMCは、防災や復興をキーワードに誘客につながる様々な取り組みを実施し、企業向けのマネジメント研修やふるさと納税代行なども実施している。既存の地域資源に依存する形ではなく、新たなコンテンツを創造する釜石は、今後も注目したい地域の一つである。

［注］

（1） KPI：Key Performance Indicator。目標を達成する活動において、取組み過程の業績や成果を評価するための指標。

（2） 計画（Plan）、実行（Do）、評価（Check）、改善（Action）のプロセスを循環させ仮説検証を通じて業務効率の改善を図るフレームワーク。

岩手県の医療関連産業の集積形成の試み
——全国的にも珍しい特徴を持つHIHの活動——

近藤信一

はじめに

岩手県では、二〇〇八年度から医療機器戦略推進会議を開催し、岩手県医療機器推進戦略を策定している。筆者は二〇一三年度に「岩手県医療機器関連産業創出戦略推進会議」の意見者となり、戦略推進に参加してきた。岩手県では、医療関連企業（特にベンチャー企業）を中核メンバーとするＴＯＬＩＣ（東北ライフサイエンス機器クラスター）とハブ拠点としてのＨＩＨ（ヘルステック・イノベーション・ハブ）が中心となり、盛岡広域圏内に産業集積が形成されつつある。この両者は、全国的にも珍しい特徴を有しており、ＴＯＬＩＣについては福島・田路・五十嵐（二〇二一）でその特徴と成果が明示されている。そこで、本章ではハブ拠点であるＨＩＨに着目し（写真1）、その特徴を踏まえて岩手県の医療機器関連産業の産業集積の形成に果たしてきた役割と今後について考察していく。

写真１　HIHの外観（岩手県商工労働観光部ものづくり自動車産業振興室より提供）

1 成長が期待される医療機器産業と企業の参入機会

医療機器の産業振興と成長期待

高齢化に伴う高齢人口の増大や医療技術の高度化、新興国における医療ニーズの拡大を背景に、医療機器のグローバル需要は拡大傾向で推移している。日本の医療機器の市場規模（需要、国内市場規模＝国内生産額＋輸入額－輸出額）は増加傾向で推移しており、二〇一九年は過去最高の約四・二兆円となっている。日本の医療機器市場は、今後も国内需要は増加傾向で推移していくと見込まれており、二〇二五年には約四・八兆円まで拡大すると予測されている。一方で、医療機器の国内生産金額（供給）は、ほぼ横ばいで推移してきたが、二〇一九年には過去最高の約二・五兆円となっている。その結果、日本の医療機器の輸出入をみると、生産額は増加しているものの、輸入が増加していることから、恒常的な輸入超過状態、かつ超過額が増加傾向にあり、二〇一九年の輸入額は約二・七兆円、輸出額は約一兆円、貿易収支は約一・七兆円の輸入超過（赤字）となっている。この輸入超過額の約一・七兆円について、医療機器産業の振興（輸入代替化政策[1]）により国内生産に置き換わることができれば、大きな経済効果をもたらすことになる。

安倍晋三首相（当時）は、二〇一三年六月にアベノミクスの三本の矢（大胆な金融政策、機動的な財政出動、民間投資を喚起する成長戦略）のうち、成長戦略として「日本再興戦略―JAPAN is BACK―」を発表した。日本再興戦略は成果が早く現れるテーマに

（1） 従来は外国から輸入していた製品で、国内生産を政策的に推進することで部分的に、または全てを自給することを目指す政策をいう。

ついては二〇二〇年を、中期的政策展開が必要なテーマについては二〇三〇年を目標時期とし、健康・医療戦略において量的な達成目標を提示している。医療機器の市場規模は、戦略策定時に約二兆円であった市場規模を二〇二〇年には三・二兆円まで拡大し、輸出額を約五千億円から約一兆円に拡大することを目標とした。

このようにアベノミクス第三の矢である成長戦略において、医療機器は経済を牽引する成長産業の一つとして位置付けられており、二〇一四年六月二七日には『国民が受ける医療の質の向上のための医療機器の研究開発及び普及の促進に関する法律（平二六法律九九）（以下、医療機器促進法という。）』が公布・施行された。この医療機器促進法に基づき、二〇一六年五月三一日に医療機器政策に特化した基本計画が閣議決定された。そして、国内の医療機器産業振興に向けた、第二期の「国民が受ける医療の質の向上のための医療機器の研究開発及び普及の促進に関する基本計画」が策定され、二〇二二年五月三一日に閣議決定された。

このように、医療機器産業は、高齢化が進む中で、大きな成長が期待できる産業であるとともに、これまで輸入に頼ってきた分野であり輸入代替化政策による国内需要の促進も大きく期待できる分野である。

医療機器産業への参入と取引のメリット

医療機器産業は、今後も安定的な成長が見込まれる産業であり、また景気の影響を受けにくいとされる。さらに、多品種少量生産を得意とする中小企業であれば参入可能な分野であり、参入すれば長期安定的な取引が可能である。

医療機器産業は、企業間の取引慣行から考えると、医療機器メーカーへの新規取引参入の障壁は認証の取得や安全性と実績の克服など通常の取引であるＱＣＤの[2]優位性だけでは取引獲得に繋がらないことが多く、新規参入の壁は高いといえる。一方で、医療機器は製品寿命（製品のライフサイクル）が比較的長い製品が多く、新規参入の障壁が高いことから、取引を獲得できれば継続的な取引関係が期待できる。

2　岩手県の医療機器等関連産業のハブ拠点「ＨＩＨ」[3]

岩手県の医療機器等関連産業の振興とＨＩＨの設立

岩手県では、次世代の産業振興の目玉として、自動車関連産業と半導体関連産業と医療機器等関連産業を三つの柱として位置付けており、戦略策定を行ってきている。

岩手県医療機器等関連産業の振興の取組については、二〇〇八年八月に産学行政が連携し、県内企業の医療機器産業分野への展開を推進するためのプラットフォームとして「いわて医療機器事業化研究会」を設立するとともに、二〇一〇年三月に「岩手県医療機器関連産業創出戦略」（岩手県商工労働観光部）を、次いで二〇一五年六月には「岩手県医療機器関連産業創出戦略　第２期」（同）をそれぞれ策定し、医療機器等関連産業の創出を目指し、産学行政が一体となって、各戦略に基づく取組を進めてきた。そして、二〇二一年三月に「岩手県医療機器等関連産業イノベーション創出戦略」（同）を策定している。

同戦略が目指す姿は「医療機器等に関するイノベーションが継続的に創出され、岩手発

（2）　Quality（品質）、Cost（コスト）、Delivery（納期）のこと、つまり「良い品物を、安く、早く、顧客に届けること」を指す。

（3）　以下は、岩手県工業技術センターへのインタビュー調査に基づくものである。（日時は二〇二三年九月二八日、対応者は副理事長、連携推進監、連携推進コーディネータ、訪問者は筆者、場所は岩手県工業技術センター内会議室）

の製品が世界の医療や健康に貢献している」とされ、岩手県内外の企業や医療関係者、大学、最先端研究施設等が機能的に連携し、県内外から有能な人材が集まり、革新的な技術やアイデアにより、岩手発の医療機器等関連製品が次々と開発・生産され、普及することにより、世界の医療や健康に貢献することを目指している。同戦略の目標は、医療機器生産金額を二〇二八年度（戦略の期間は二〇二〇年度から二〇二八年度までの九年間）に五七五億円にすることである。目指す姿を実現するため、四つの基本戦略（戦略Ⅰ：ＨＩＨを核としたイノベーションの創出、戦略Ⅱ：岩手発の新製品の開発促進、戦略Ⅲ：医療機器等関連産業の集積促進、戦略Ⅳ：医療機器等関連産業を支える人材の育成・確保・定着）を定めて施策を展開している。「戦略Ⅰ：ＨＩＨを核としたイノベーションの創出」では、「ＨＩＨ入居企業を中心とした様々な主体の連携・協働が化学反応を起こし、イノベーションが継続的に創出され、ＨＩＨが岩手県における医療機器等関連産業のイノベーションの創出拠点として製品開発をけん引するとともに、大手医療機器メーカーの開発拠点の誘致や人材の育成・確保の先駆的な取組など、医療機器等関連産業の一層の集積を促進する。」とされ、ＨＩＨが二〇二〇年四月に開所している（図1）。

これらの政策的取組により、医療機器生産金額は二〇一二年の約二一八億円が二〇一九年には過去最高の約三八三億円と約五七％増加しており、また岩手県内の医療機器製造業登録企業数は年々増加していることから、岩手県の医療機器等関連産業は着実に成長しているといえる（図2）。

また、二〇一四年八月に、先端的なライフサイエンス産業の創出を目指す企業主導の産官学金連携体であるクラスター「ＴＯＬＩＣ」[4]が設立されるなど民間の取組が活発化して

（4） ＴＯＬＩＣ（Tohoku Lifescience Instruments Cluster）は、二〇一四年八月に設立した産学官金連携体であり、東北のライフサイエンス機器産業の集積拠点を盛岡市に形成することを目指している。

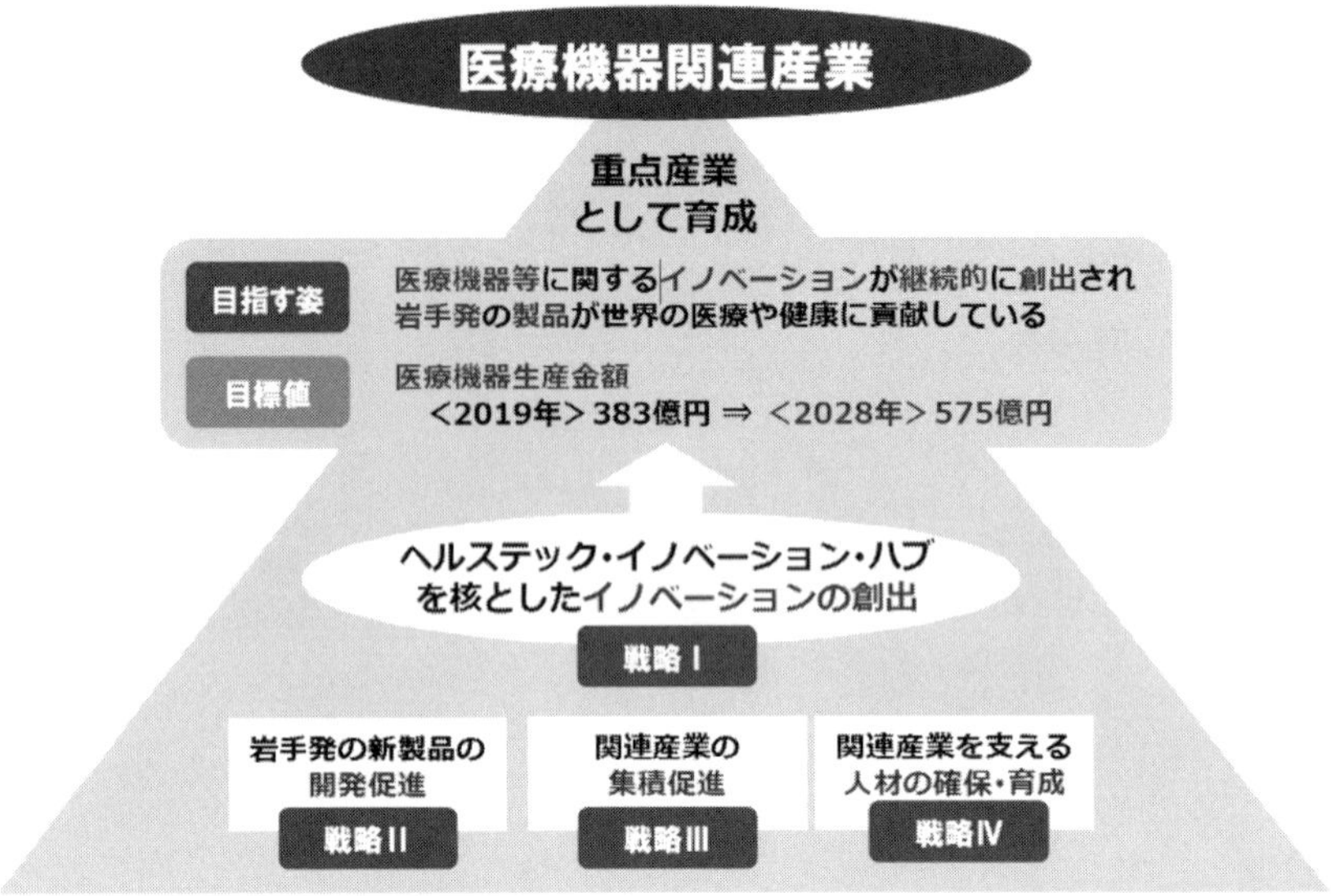

図1　「医療機器等関連産業イノベーション創出戦略」の概要
（岩手県商工労働観光部ものづくり自動車産業振興室より提供）

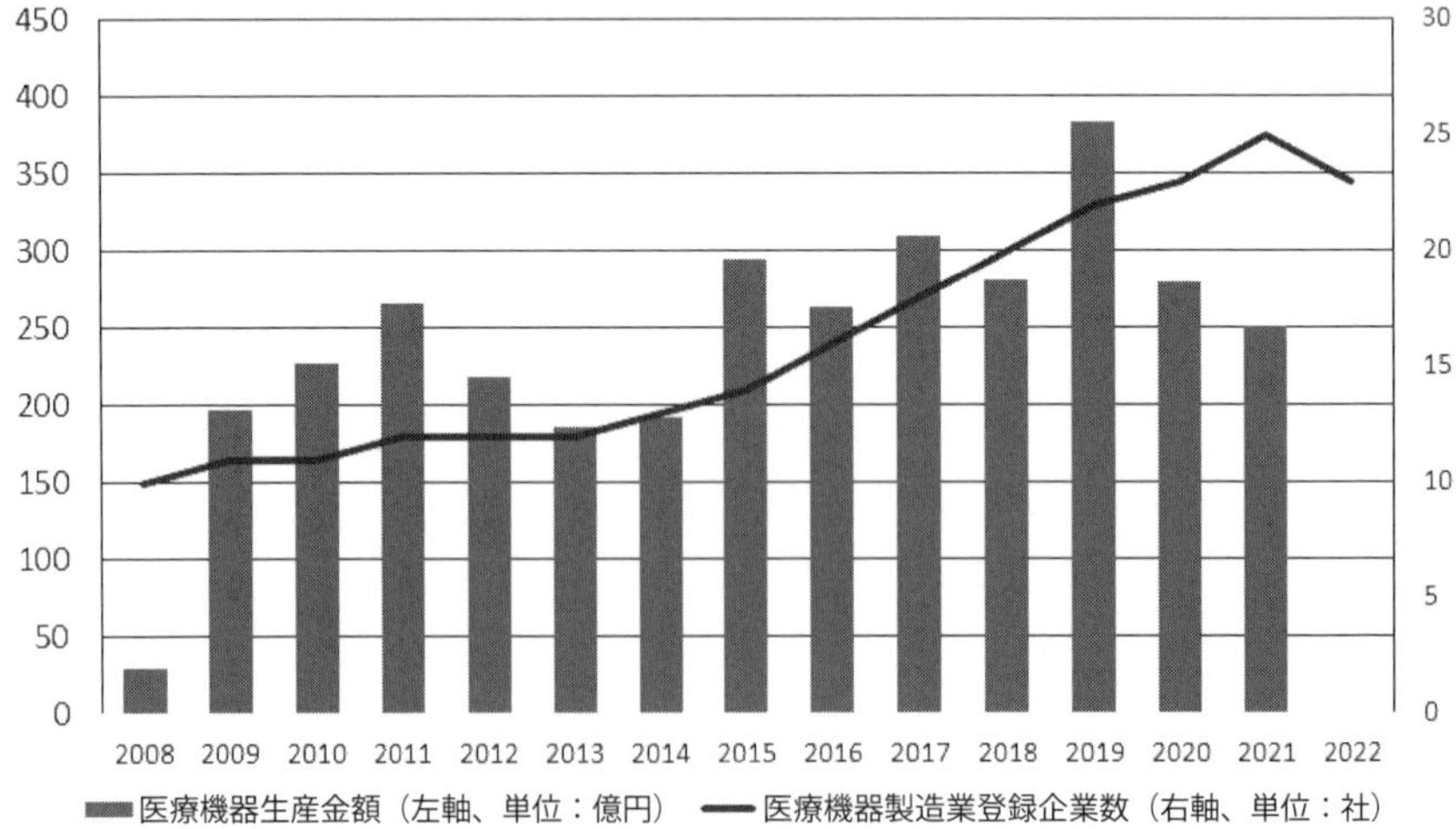

図2　岩手県の医療機器関連産業データ（年度ベース）
（岩手県商工労働観光部ものづくり自動車産業振興室などのデータより作成）

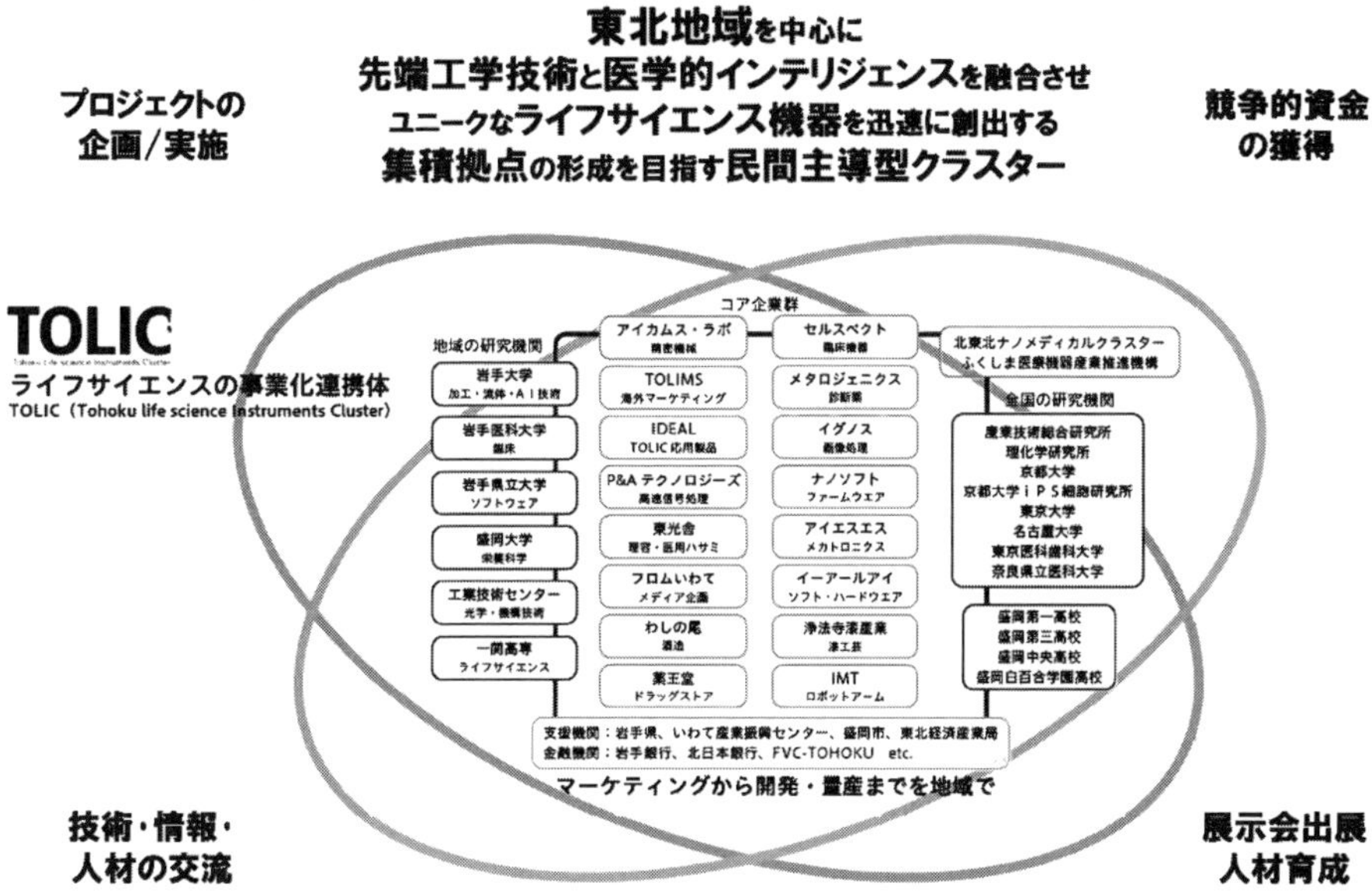

図3　TOLICの全体像と活動概要
（岩手県商工労働観光部ものづくり自動車産業振興室より提供）

いる（図3）。このような動きを受けて、岩手県工業技術センターが、岩手県に立地するヘルスケア関連企業の集積を促進し、ヘルスケア関連産業の拠点形成を図ることを目的に「ＨＩＨ」を整備し、二〇二〇年四月に開所した。

さらに、盛岡市でも、二〇一八年一月に「盛岡ヘルスケア産業協議会」を設立し、二〇二一年九月には「盛岡市ヘルステック産業振興戦略」（盛岡市商工労働部ものづくり推進課）を策定するなど、盛岡地域のヘルスケア産業の振興を図っている。

岩手県では自動車関連産業と半導体関連産業を中心に産業政策を行ってきたが、もう一つの柱として医療機器等関連産業を置いたのである。その理由は、半導体産業はシリコンサイクルという景気の波があり、自動車産業も景気に敏感な産業であるため、安定成長をしている、また成長が見込まれる医療機器等関連産業をもう一つの柱としたのである。また、岩手県では、県北地域に縫製業と食品加工業、沿岸地域に水産加工業、県南地域に自動車関連産業と半導体関連産業が集積しており、県央地域に医薬品及び医療機器等関連産業（加えてソフトウェア産業）の集積を作ることで、地域の産業構造のバランスを考慮したと考えられる。

岩手県の医療機器等関連産業振興政策は、県商工労働観光部ものづくり自動車産業振興室が中心に策定されてきている。また、同時期に盛岡市も医療機器関連産業の産業振興を政策的に進めており、医療関連産業の振興を目指す岩手県と盛岡市がスクラムを組み、県内の大学を含めて、産学官金が一体となり医療機器等関連産業の振興を推進してきている。

ＨＩＨの設立の経緯（設置前）

前述のように岩手県の政策推進の中で、ＨＩＨが岩手県工業技術センター内に設置された。岩手県工業技術センターでは、従来から「ものづくりイノベーションセンター」を設置し、先端産業の振興を進めてきており[5]、この取り組みにＨＩＨを融合させたいと考えて、センター内にＨＩＨを設置し、センターとＨＩＨ（の入居企業）との連携を進めていくことを狙ったという。

ＨＩＨの設置にあたっては、二〇一八年頃に民（ＴＯＬＩＣと同幹事企業）からの働き掛

（5）　岩手県工業技術センターでは、二〇一八年四月に『ものづくりイノベーションセンター』を開設している。同センターでは、国際規格に対応した電子機器の測定・評価を行うＥＭＣ評価ラボと、三次元デジタルものづくり技術に加えＩｏＴ機器開発機能等を強化した次世代ものづくりラボを設置し、ものづくり技術の高度化を支援している。

け（要請）もあり、ＨＩＨ設置の大きな誘因となっている。岩手県内でも、官（行政）が主体となり設置したインキュベーション施設は、盛岡市の「盛岡市産学官連携研究センター（コラボＭＩＵ）」、滝沢市の「滝沢市ＩＰＵ（Iwate Prefectural University：岩手県立大学）イノベーションセンター」などがあるが、インキュベーション施設[6]が民間からの働き掛けで設置につながったのは全国的にみても珍しいケースといえる。

ＨＩＨの特徴（現状）

ＨＩＨは、民間からの働き掛けもあり設置されたことから、本社機能（営業機能も含む）を伴って入居できること、申し込み時に五年の期限はあるものの延長できる（期限の定めはない）こと、など全国的にも珍しい特徴を持つインキュベーション施設となっている。これは、入居企業（主にベンチャー企業）のニーズを汲み取った結果であるといえる。入居企業はベンチャー企業が多く、例えば出口戦略としてＩＰＯ[7]を目指す場合、一般的なインキュベーション施設の入居期限である五年は短すぎであり、ＨＩＨの入居期限が事実上ないこと、かつ本社機能を有して入居できることは経営戦略的に有益である。

もう一つの特徴である、センターの設置場所、つまり岩手県工業技術センター内に設置されていることの意味も大きい。まず、岩手県工業技術センターの設備の利用や共同研究の可能性が見込まれる。実際、岩手県工業技術センターの設備利用については、ＨＩＨ入居後に企業の利用は増加しており、共同研究の件数も増加している。さらに産業支援機関である一般財団法人いわて産業振興センターも岩手県工業技術センター内に立地していることから、入居企業は岩手県工業技術センターの技術的支援と、いわて産業振興センター

（6） インキュベーション施設とは、創業初期段階にある起業者の事業拡大や成功を支援する目的のもと、通常よりも安価な賃料で事務所スペースを提供したり、事業の立ち上げに関する専門家（インキュベーションマネージャー）によるサポートを提供したりする施設のこと。（東大ＩＰＣのＨＰより）

（7） ＩＰＯ（Initial Public Offering、新規株式公開）とは、株式を証券取引所に上場し、投資家が自由に株取引ができるように公開すること。

の販売促進支援などの営業及びマーケティング的支援の両方の支援を受けることができる。

インキュベーション施設としてのＨＩＨの特徴としては、「ラボ」のレイアウトを事業に合わせて自由に変更できること（退去時に現状復帰）がある。また、「多目的ルーム」があり、入居企業間の交流サロンとして活用されるほか、入居企業の概要や製品が展示されている。多目的ルームは、展示会や記者会見の場所としても利用されている。これらの特徴は、入居企業と意見交換と要望を受けながら施設整備をしてきた結果である。

ＨＩＨが医療機器産業育成に果たしてきた役割（現状）

執筆時点（二〇二三年九月時点）で、「ラボ」（研究室）は満室状態であり、「協創ラボ」（ブース）もベンチャー企業の入居が多くなっている。ＨＩＨ設置の際の事業目標は、医療機器等関連産業の売上を伸ばすことと雇用を増やすこと、である。現在の入居企業一一社の売上は二〇一九年度から二倍以上に増加しており、雇用も二〇二〇年度から二〇二一年度の二年間で大卒の新規雇用（いわゆる正規雇用で良質な雇用といえる）で一八名が創出されている。事業目標の売上の増加、雇用の創出では、事業目標をクリアしており、医療機器等関連産業の振興に大いに寄与しているといえる。前述の「岩手県医療機器等関連産業イノベーション創出戦略」の「戦略Ｉ：ＨＩＨを核としたイノベーションの創出」において、企業（民）主体で取り組むことで、その役割を果たしているといえる。目標達成の要因は、入居企業が長期的な視点に立ち、研究開発と事業化に取り組むことができたからであり、ＨＩＨの持つ特徴と一致しているといえる。

ＨＩＨの今後の医療機器産業への果たすべき役割（将来）

医療関連産業のさらなる振興を目指して、今後はこれまでの連携の枠組みを拡大させていきたいという。現在はＴＯＬＩＣ参加企業が中心、特に中核となっている企業㈱アイカムス・ラボ、セルスペクト㈱、㈱ピーアンドドエーテクノロジーズ[8]が中心となって活動している現状となっているが、ＴＯＬＩＣ参加企業以外の医療機器関連企業との連携を広げていき、ＨＩＨを拠点とした地域内のみならず地域外の交流につなげていく予定である。

地域的な広域連携については、入居企業は意識して動いており、広い視点で、ネットワークを広げている。ＨＩＨとしては、入居企業の独自のネットワーク拡大の動き、企業の主体的な動きについて支援していきたいと考えている。「岩手県医療機器等関連産業イノベーション創出戦略」では、医療機器《等》関連産業[9]とあるので、部材などの関連企業との連携を広げ、関連産業の厚みを増すことで、岩手県の医療機器関連産業の産業基盤の厚みを増していく予定である。

(8) 同社は、㈱東北医工が設立母体で、自動車・医療分野向けコンピュータ関連製品の開発・製造・販売を行っている。

(9) 「岩手県医療機器等関連産業イノベーション創出戦略」での「医療機器等関連産業」の定義は、医療機器製造や販売に限らず、医療機器等に関する開発、ＯＥＭ、部材・部品加工等を含む産業を総称して「医療機器等関連産業」とされている。

ＨＩＨの課題（将来）

施設面（ハード面）の課題としては、医療機器等関連産業の産業振興が順調であり、集積が順調に拡大しつつあることで、「ラボ」の入居率が一〇〇％となっていることである。ＨＩＨの特徴の一つに、入居期限が無いことがあるが、その反面退去の見通しが立たないことから、新規の入居希望企業を受け付けられない現状である。ＴＯＬＩＣメンバー企業からも「第２のＨＩＨ」の要望があるくらいである。つまり、ＨＩＨの強み（メリット）が、弱み（デメリット）になっているのである（メリットとデメリットが表裏一体）。岩手県工業技術センターとしては、対策として入居企業に将来ビジョンをヒアリングする必要があると考えている。

運営面（ソフト面）の課題としては、岩手県工業技術センターとの連携をより深めることである。現在は、センター職員（研究員）と入居企業の交流は日常的にあるものの、個別案件での対応となっている。ただし、ＨＩＨと岩手県工業技術センターとの包括的な提携をするのではなく、お互いをより知ることで、個別案件を積み上げていきたいと考えている。

3　ＨＩＨ入居中核企業へのインタビュー調査から(10)

ＨＩＨ入居への経路と入居を決断した理由（入居前＝過去）

㈱アイカムス・ラボの場合、ＨＩＨ入居前に入居していた「Ｍ‐ＴＥＣ」（盛岡市設置のインキュベーション施設）の入居期限が来て、退去しなければいけなくなった。現在のＨＩＨの入居企業の中核企業である同社とセルスペクト㈱と㈱ピーアンドエーテクノロジーズの三社は、既に連携関係があったため、退去に伴い分散してしまうことへの危機感があった。前述のように岩手県では医療機器等関連産業の産業振興が進められており、ＴＯＬＩＣを中心に集積ができつつあった。Ｍ‐ＴＥＣから退去することで、集積した企業がバラバラになってしまうことは集積が消滅してしまうことから、集積が維持できる施設が必要

(10)　入居中核企業として、㈱アイカムス・ラボ（日時は二〇二三年九月二八日、対応者は片野圭二代表取締役社長、場所はＨＩＨ内会議室）、㈱東北医工（日時は二〇二三年一〇月一〇日、対応は大関一陽代表取締役と武部英輔取締役、場所はＨＩＨ内会議室）にインタビュー調査を実施した。

だったのである。そこで、従来通りの連携が維持・拡大でき、退去に期限が無い施設が必要と考え、ＴＯＬＩＣから岩手県と盛岡市に要望をした。上記のような経緯から、本社機能を有して入居できること、入居の期限に定めがないことを要望したという。その理由としては、医療機器は許認可事業であること、開発に長い時間が要すること、という産業の特徴がある。㈱アイカムス・ラボは医療機器の製造認可を取得しているが、生産場所を替えると再度認可を取得する必要がある。

㈱東北医工の場合は、ＴＯＬＩＣのメンバー（幹事）でもあり、ＨＩＨが医療機器・医薬品関連企業の集積を狙っていることから、入居することでＴＯＬＩＣメンバー企業や関連企業との関係性がより密接になると考えたという。㈱ピーアンドエーテクノロジーズ単独で活動するよりも、ＴＯＬＩＣで活動する方が、対外的にも影響力は大きいという。影響の大きさを考えると、「ＴＯＬＩＣメンバーの㈱ピーアンドエーテクノロジーズです」という方が、医療機器関連メーカーであることを対外的にアピールできる（エクスターナル（対外的な）ブランドの構築に寄与）。医療機器産業は成長産業であり、㈱東北医工にとって、ＴＯＬＩＣメンバーであることと、ＨＩＨ入居企業であること、がブランド向上、認知度向上に寄与している。

上記のように両社とも、ＨＩＨが「医療関連産業」に特化した[11]インキュベーション施設であり、さらに入居企業やベンチャー企業間でコラボレーションできることも入居を決めた理由である。

（11）岩手県内には、同じくＩＴ産業に特化したインキュベーション施設として、「滝沢市ＩＰＵイノベーションセンター」がある。

ＨＩＨの企業活動へのメリット（入居時＝現在）

メリットの一つ目は、入居企業がコラボレーションできることである。具体的には、不足する研究開発のリソースを入居企業間で補ったり、フォーラムやカンファレンスを連携して実施することで販促活動やマッチングを推進したり、共同で学生向けインターンシップを開催することで若者達の地元定着のための情報提供（延長線上に人材採用）できること、などがある。入居企業の多くはＴＯＬＩＣの一員でもあるため、インターンシップの募集、展示会の出展、カンファレンスへの参加、など多くのメリットがあるが、ＨＩＨに入居したことでメリットがさらに大きくなったという。また、ＨＩＨは外観が良く、新卒者を採用するのに「見た目」もメリットであるという。

ＨＩＨの場所的（立地的）なメリットとしては、医療機器製造販売の入居企業にとって、岩手県工業技術センター内には出口（販売）に近い設備（例えば検査装置や分析装置）があり、製品の評価や分析に有益であるという。これらの設備は、少量生産を行っている入居企業にとっては、自己調達はコスト的にも、稼働率的にも負担であり、岩手県工業技術センター内に設備があることはメリットがある。

ＨＩＨは、本社機能を有して入居できることや入居期限が事実上ないこと、岩手県工業技術センター内に立地していることなどメリットは多いものの、他のインキュベーション施設（例えば盛岡市の「盛岡市新事業創出支援センター（Ｍ－ｔｅｃ）」）に比べると入居費用は三倍程度高い。[12] 入居企業は、ＨＩＨの入居費用は高いものの、前述のメリットに加えて多目的ホールや会議室など共用スペースの活用ができるメリットもあり、トータルコストは高くないと考えている。

(12) ＨＩＨの使用料（月額）は研究室で二〇〇〇円／㎡、Ｍ－ｔｅｃの賃料（月額）は八〇〇円／㎡である。

また、岩手県工業技術センター内に立地しているが、同じ敷地に産業支援機関であるいわて産業支援センターも入居しており、補助金申請や展示会出展等の支援が手間なく受けられることもメリットである。同じ敷地内に、岩手県工業技術センターといわて産業振興センターがあることで、両者との関係性がより密接になったという。

このように、ソフト（医療関連企業のネットワーク）のＴＯＬＩＣ、ハード（ハブ拠点施設）のＨＩＨが一体であるからこそ、メリットが相乗効果で高まったといえる。

ＨＩＨを活用した今後の経営戦略について（入居後＝将来）

ＨＩＨには、ＨＩＨを本社にするスタートアップ企業が多く入居していることから、ライフサイエンス企業がスタートアップしやすい拠点といえる。そして、盛岡市を中心とする盛岡広域圏には、モノづくりの財産（基盤、土台）がある。この財産から、例えばアルプス電気㈱（現アルプスアルパイン㈱）の旧盛岡工場から、多くのベンチャー企業が創出している。入居企業は、この財産を生かすこともできる。

㈱アイカムス・ラボとしては、医療機器の量産の企業として、医療機器関連産業の集積の量産を担うことで、安定した経営と雇用の確保という集積の土台を担いたいという。そして集積内で、ベンチャー企業はアイデア創出と研究開発を担い、同社はベンチャー企業がチャレンジすることを支援していきたいという。研究開発を担うベンチャー企業と量産を担う㈱アイカムス・ラボが両輪となり、集積の土台を広げていくのである。この意味において、ベンチャー企業創出の拠点としてのＨＩＨは重要な拠点となる。

㈱東北医工は、ＴＯＬＩＣメンバーとして、ＨＩＨ入居企業として、地域の雇用創出などはもちろん、医療機器等関連産業の集積形成の成功事例として貢献したいという。同社が成功事例になることで、同社に続く新しい企業（ベンチャー企業）が生まれ、新しい企業が集まってくることで、集積がさらに発展することに貢献したいという。同社は、地域に根付く産業振興の成功事例となることで、雇用創出し、働く場所の選択肢を増やしたいのである。

H－Hへの課題と要望

両社に一致した課題は、岩手県工業技術センターに医療機器等関連産業の研究者が少ないことである。岩手県は医療機器等関連産業の振興を行っているが、岩手県工業技術センターに医療機器開発に従事する人材（研究員）が少ないことは課題であるといえ、岩手県に要望しているという。岩手県には、広く浅く民間企業のニーズを拾い、企業主体で政策を実施していくだけでなく、岩手県の産業政策として、官にも研究開発リソースを整えて欲しいという。なお、研究開発の川上分野（基礎研究や応用研究）は県外の最先端技術の開発を行っている研究開発機関と行うことが多いため、研究開発リソースは研究開発の川下分野である生産の自動化や材料開発など量産に向けた領域でリソースを厚くして欲しいという。

岩手県では、医療機器等関連産業の振興を戦略策定しているが、岩手県工業技術センターにも、いわて産業振興センターにも、医療機器の開発を行って、実績を上げた支援者がいない。実績がある人材は、認可書類の作成はもちろん、規制機関である行政との交渉能力を有している。これらの実績と能力を有している人材がいないことが課題である。つまり、

ＨＩＨによって医療機器等関連産業の振興に必要なハードは整備されたが、人材というソフトは不十分であるといえる。

最大の課題は、岩手県で起業したいと考える人が多くなっている一方で、ハード（インキュベーション施設）としてのＨＩＨのキャパシティが不足していることである。そこで、「第2のＨＩＨ」構想を実現させて、起業する人たちの受け皿を大きくして欲しいという。[13] しかし、「第2のＨＩＨ」はどこに設置してもよいというわけではなく、岩手県工業技術センターといわて産業振興センターに近いという地理的優位性は残すべきである。

おわりに——岩手県の医療機器等関連産業の振興におけるＨＩＨの意義

岩手県では、前述のように医療機器関連産業の育成を産業振興の柱の一つにしている。岩手県と同様に、医療機器産業の振興を産業振興の柱に置いている都道府県に福島県の「次世代医療産業集積プロジェクト」や長野県の「長野県医療機器産業振興ビジョン」がある。また、多くの県（や政令指定都市）がインキュベーション施設をもち、ターゲット産業の振興拠点としている。だが、岩手県は、ＨＩＨが持つ全国的にも珍しい特徴を生かした医療機器等関連産業の育成を行ってきており、成果を挙げている。

岩手県における医療機器等産業振興のハブ拠点として設置されたのがＨＩＨである。本章では、ＨＩＨのインキュベーション施設として全国でも珍しい特徴を紹介しつつ、入居している医療関連企業へのインタビュー調査を実施・考察することで、ＨＩＨが岩手県の

（13） 任意団体であるＴＯＬＩＣは、㈱ＴＯＬＩＣ（仮称）を立ち上げ組織を強化し、「東北ライフサイエンス・スタートアップ・ファンド（仮称）（資金規模二〇億円）の設立を進めるとともに、「第2ＨＩＨ」（仮称）の数年後の建設を目指している（『日本経済新聞』二〇二三年六月五日）。

医療機器等関連産業育成に果たしてきた役割とともに、今後の産業育成に果たす役割についても展望してきた。インキュベーション施設であるＨＩＨは、入居企業の研究開発拠点としての機能だけではなく、本社機能や営業機能を併設することができることで、営業戦略やマーケティング戦略構築などイノベーションによって生み出されたシーズをいかに出口戦略としてマネタイズ（収益化）していくか、経営戦略を描くことができるという特性を持つといえる。

岩手県では、ＨＩＨを医療機器等関連産業のハブ拠点（ハード）として、ＨＩＨの入居企業が中心のＴＯＬＩＣがベンチャー企業を創出するなど関連企業を中心とするネットワークのハブ（ソフト）として存在している。このハードとソフトの両輪が好循環を生み出しているからこそ、岩手県での医療機器等関連産業の集積効果が生み出されているといえる。筆者は、一〇年後には岩手県が医療機器等関連産業の国内屈指の、いや世界的な集積地となっていることを予見している。

〔参考文献〕
岩手県商工労働観光部『岩手県医療機器等関連産業イノベーション創出戦略』二〇二一年
平井祐治「ＭＤＰＲＯミニコラム：医療機器基本計画における産業界への期待」『医機連通信』三〇〇号、二〇二二年
福島路・田路則子・五十嵐伸吾「外的圧力による同時多発的スピンオフの出現とネットワークの形成―アルプス電気盛岡工場からのスピンオフの事例」『企業家研究』一九号、二〇二一年
山田謙次・安田純子「日本の成長戦略と健康・医療分野への期待」、『知的資産創造』二〇一六年三月号

column

岩手県でベンチャー企業が増えるために

近藤信一

1　中小企業の経済的意義と岩手県の現状

中小企業（ベンチャー企業を含む）には、多様な専門性を持ち産業社会の基盤となる、経済の新陳代謝を支える、という二つの大きな役割がある。中小企業が成長し大企業になるとともに、非効率的な既存の企業が退出して新しい企業（ベンチャー企業）が参入する、というサイクルが回ることで、経済は活性化し、効率的になる。

経済の新陳代謝を促し、経済の効率性を高めるには開業率の増加が必要である。開業率・廃業率がともに高い状態（多産多死）が理想的であり、逆に開業率と廃業率がともに低い状態（少産少死）や開業率より廃業率が高い状態（少産多死）では経済の新陳代謝が促されず経済が停滞してしまう。『小規模企業白書』（二〇二一）によると、岩手県の開業率は二〇一九年時点で二・九％と全都道府県でみてもかなり低い。岩手県では何が開業（起業）の妨げになっているのか。その要因分析を行った川上翔大朗さんの卒業研究（川上二〇二三）を紹介したい。

2　アンケート調査の概要

川上（二〇二三）では、データの収集方法としてGoogleフォームを用いたアンケート調査を実施した。調査対象は、東北ニュービジネス協議会主催の東北ニュービジネス大賞及び経済産業省所管の中小企業基盤整備機構が主催するJapan Venture Awardsの受賞歴、さらに大学発ベンチャーから岩手県内に本社を置く企業、に該当する二七社である。各社にメールでアンケートを送付した結果、一八社から回答を得られた（回答率六六・七％）。本アンケート調査は調査母集団が小さいため統計学的な有意性は低いが、回答率が高いので、全体としての傾向を把握することに問題は無いといえる。

3　アンケート調査結果と全国調査（中小企業庁二〇〇七）との比較

①創業の動機

創業の動機について「アイデアを事業化するため」が最も多く（五〇％）、以下「自分の裁量で仕事がしたい」（四四・四％）、「専門的な技術・知識が活かせる」（四四・四％）と続いた。全国調査との比較では、「より高い所得を得るため」「年齢に関係なく働くことができるから」という自己理由による創業ではなかった。

②創業時の年齢

創業時の年齢は四〇代が最も多く（三三・三％）、以下一〇・二〇代（二七・八％）、三〇代（二二・二％）と続いた。全国調査との比較では、若い世代か（一〇・二〇代）、ミドル世代（四〇代）が多く、大学在学中や直後の創業、またはUターンの際に創業するケースが多かった。

③創業準備期間中の苦労

創業準備期間中に苦労したこととして、「経営知識の習得」が最も多く（六六・七％）、以下「販売先の確保」（六一・一％）「創業資金の調達」（四四・四％）と続いた。全国調査と比較すると、①の「アイデアを事業化するため」が多いこともあり、アイデア先行での創業から顧客確保が後手に回っているようである。また、「事業に必要な専門知識・技能の習得」と「経営知識（財務・法務等）の習得」も高く、都会での創業に比べて情報格差が存在したことが窺われる。

④創業時に利用した資金調達先（複数回答、三つまで）

「自己資金」の回答が八三・三％を占めた。二番目に「配偶者や親族」、続いて「公的機関・政府系金融機関」「友人・知人」「ベンチャーキャピタル」の三つがほぼ同率で三番目であった。全国調査と比較すると、特徴的なのが「ベンチャーキャピタルなどからの出資金」の比率の高さである。岩手銀行などが出資して設立された「いわぎん事業創造キャピタル株式会社」など、岩手県の産業振興に危惧している地域金融機関などの支援が大きい。

⑤現在の事業展開上の問題点（複数回答、三つまで）

創業時は「経営知識の習得」が六割以上を占めたが、現在の事業展開上の問題点では「質の高い人材の確保」（六六・七％）、「販売先の確保」（五〇％）「資金調達」（三八・九％）が上位三つに挙げられた。全国調査と比較すると、人材について質的にも量的にも課題になっている。

⑥今後の企業規模の目標について

今後の企業規模について質問したところ、「少人数（一〇名以内）の従業員を雇用」（七七・八％）と「五〇～一〇〇名程度の従業員を雇用」（二二・二％）の二つに結果が分かれた。後述する創業理由と併せて考えると岩手県のベンチャー企業は地域貢献を強く意識しており、上昇志向はそれほど強くないことが窺える。

⑦岩手県で創業した理由

岩手県での創業理由について、「地元（生まれ育った土地）だから」（五二・九％）が半数以上であった。

⑧岩手県は創業しやすい環境か

「岩手県は創業しやすい環境ですか」という質問に対して、三八・九％が「はい」と答え、「どちらともいえない」が三三・三％、そして「いいえ」の回答も二七・八％あった。肯定的な意見（自由回答）には、「補助金や助成金の確保をする上で確保できる確率が大都市に比べ高い」「産学官金のネットワークが他県に比べ優れている」「県、市町村、全大学、企業等の連帯が特に強い」などの回答があった。反対に否定的な意見では、「市場規模が小さい、人材が居ない、そもそも起業文化が根付いていない」「起業支援はできているが、起業後にうまく成長できていない会社が多い気がする」などの回答があった。岩手県は、県や市町村、大学、企業間の連携が取れている一方で、市場規模や人材の面で創業のしにくさがあるといえる。

⑨岩手県に今後も拠点を置いて、事業を展開するか

「岩手県に今後も拠点を置いて、事業を展開するか」という質問に対して、九四・一％の企業が「はい」と回答した。回答した理由（自由回答）については、「地元で獲得してきた信頼を前提として事業展開していくのが現時点ではベスト」「従業員の生活基盤が岩手をベースにできているため」「地元・地域への貢献」が挙げられた。反対に「いいえ」と回答した理由には、「このままの県政姿勢であれば、より良い誘致提案する自治体への本社移転の可能性が高い」との回答がみられ、創業・起業に対する支援の不足感も窺える。

4　岩手県がベンチャー企業創出の先進県になるために

今回のアンケート結果と全国調査との比較からみて、岩手県で起業した人々の多くは地元に対するこだわりを持っているが、その一方で岩手県には創業・起業に対する支援が足りていないと感じているようである。地元へのこだわりがあることは、人材が外部に流出しにくいというメリットがあり、行政は地元へのこだわりを持つ起業家に十分な支援を行う必要があるといえるだろう。

〔参考文献〕

川上翔大朗「岩手県における起業の実態調査―アンケート調査に見る起業に対する課題と提言―」岩手県立大学総合政策学部卒業論文、二〇二三年
中小企業庁「創業環境に関する実態調査」二〇〇一年
中小企業庁『中小企業白書二〇〇七年版』二〇〇七年
日本アプライドリサーチ「創業環境に関する実態調査」二〇〇六年

がんばる岩手県の畜産、稲作、果樹

——新田義修

はじめに

直近（二〇二二年）の日本の国内総生産（ＧＤＰ）を表1からみると五五九兆円である。このうち、第一次産業は、農林水産業を合わせて、五兆六〇〇〇億円である。割合にして農業は〇・九％、林業は〇・〇五％、水産業は〇・一一％である。このように、経済活動として第一次産業をみると極めて限定的な位置づけになる。

他方、国民生活を維持するために国内の食料をまかなう指標としての自給率は、農林水産省の発表によると、日本の食料自給率はカロリーベースで三八％（二〇二一年度・令和三年度）、生産額ベースで六三％である。

これは、生命を維持させるために必要な食料のうち、カロリーで試算すると国産の食料が三八％であることを意味する。もう一つの自給率は、金額ベースの自給率である[1]。現在、金額ベースの自給率は、同じく六三％である。

（1）金額ベースの自給率は、国内の農産物の生産額が国内消費額に対してどの程度の割合を占めているかを示す。金額ベースの自給率＝（国内生産額／国内消費額）×一〇〇として求める。

表1：日本の国内総生産（GDP）に占める第一次産業の位置づけ

	実額	割合
	（10億円）	（％）
GDP	559, 710. 1	100
農業	4, 792. 0	0. 86
林業	276. 6	0. 05
水産業	627. 0	0. 11

出典：内閣府「国民経済計算（GDP 統計）」(2022) より作成。

表2：農産物産出額の順位と構成割合（2022）

順位	全国			岩手県		
	農産物	産出額	構成比	農産物	産出額	構成比
		億円	%		億円	%
	農業産出額	90, 147	100. 0	農業産出額	2, 660	100. 0
1	米	14, 015	15. 5	ブロイラー	599	22. 5
2	生乳	7, 917	8. 8	米	468	17. 6
3	肉用牛	7, 912	8. 8	豚	370	13. 9
4	豚	6, 775	7. 5	肉用牛	272	10. 2
5	鶏卵	5, 716	6. 3	生乳	232	8. 7
6	ブロイラー	3, 940	4. 4	鶏卵	179	6. 7
7	トマト	2, 302	2. 6	りんご	113	4. 2
8	いちご	2, 019	2. 2	ひな（他都道府県販売）	33	1. 2
9	ぶどう	1, 925	2. 1	トマト	30	1. 1
10	りんご	1, 680	1. 9	きゅうり	26	1. 0

出典：農林水産省「農業産出額及び生産農業所得（都道府県）」より作成。
https://www.e-stat.go.jp/stat-search/files?page=1& layout=datalist&toukei=00500206&tstat=000001015617&cycle=7&year=20220& nnonth=0&tclass1=000001019794&t

表2は、農産物産出額の順位と構成を示したものである。全国と岩手県の順位をみると、上位に酪農・畜産が並んでいることがわかる。特に、岩手県はその傾向が強い。そこで、岩手県の特徴を示す畜産（ブロイラー）、米（稲作）、りんご（果樹）を取り上げ、これまでの経緯と産地の特徴について解説したい。

1　岩手県の畜産「ブロイラー」――宮崎県、鹿児島県に次ぐ国内第三位の産地

岩手県のブロイラー発祥の地は、大船渡市である。岩手県で最初にブロイラー生産に取り組み始めた株式会社アマタケ（大船渡市）は、赤鶏の生産、生肉、加工品の製造販売を行っている。一関市に本社のある株式会社オヤマは、安全で美味しい鶏肉を提供するために、種鶏の生産から飼育、食肉加工、惣菜加工、店舗運営まで一貫して行っており、独自ブランド「いわいどり」を生産している。[2]

現在、岩手県は鶏肉生産量が宮崎県、鹿児島県に次ぐ、国内第三位となっている。特に岩手県北部に位置する九戸村は県内で最も生産量が多い地域である。九戸村では、ブロイラー産業が基幹産業の一つとして栄えており、六六の飼育農場があり、年間一億羽以上の鶏を出荷している。[3] 畜産統計調査によると、岩手県は出荷羽数規模別の統計で、五〇万羽以上のカテゴリーにおいて、全国で三億四三〇二万五〇〇〇羽のうち、岩手県が五九二六万五〇〇〇羽を占めており、大規模な生産組織（会社）が複数活躍している。[4]

ブロイラー養鶏業は、他の農業・畜産業などと比較して必要とされる土地の面積が小規

（2）株式会社オヤマ「鶏の生産（若どり）」ホームページ https://www.kk-oyama.co.jp/broiler.html

（3）九戸村「九戸村ってどんな村?-」『チキンと暮らそう九戸村』 https://vill.kunohe.iwate.jp/ijyu/about.html

（4）畜産統計調査 確報 令和三年畜産統計ブロイラー（令和三年二月一日） https://www.e-stat.go.jp/dbview?sid=0001923954

模ですみ、飼養期間が短く、ロットの確保が容易である資本集約型の産業である。他方、初期投資に多額の資金が必要である他、家畜糞尿の匂いによる「環境問題」や加工施設や販売先の確保など個別経営体で対応しにくい課題もある。そのため、稲作、畑作、花卉《かき》などと比較して商社、農協組織による取り組みが主体となる場合が多く、ブロイラー生産の川上に相当する養鶏の生産から処理工場、販売先などへの対応を体系的に行う場合が多い。一般的には、こうしたブロイラーの生産方式をインテグレーションと表現する場合が多い。

岩手県のブロイラー産業は、前述の通り、一九五二年以来日清製粉の飼料特約店として事業を行ってきた甘竹（現株式会社アマタケ）が一九六一年に日清製粉役員からアメリカ合衆国のブロイラー産業の情報を得たことによる事業開始をきっかけにしている（長坂一九八八）。その後、甘竹飼料店（一九六四年創業）として岩手内発の産地処理工場を設置したことに始まる。長坂によると日本初のブロイラー処理工場は、一九六一年前橋市に設立されているので、国内では先駆的な事例と言える（長坂一九八八）。これとは別に、一関市（当時東磐井郡室根村）小山米穀店（現株式会社オヤマ）により、室根村や藤沢町（現一関市）を含む四〇戸とブロイラー委託契約を結び、大洋漁業の飼料特約店として飼料販売も始めた（長坂一九八八）。このように大船渡市及び住田町、一関市（旧室根村・旧藤沢町・旧川崎村）の県南地域が岩手県に二ヶ所あるブロイラー生産の代表的な地域の一つである。

もう一つの産地は、県北二戸市（当時二戸郡福岡町）で採卵養鶏業を営む土橋・十文字家によるブロイラー経営への参入であった（長坂一九八八）。土橋は、一九六三年にブロイラー飼養に経営転換を果たした。この時、九戸村の五戸の農家と委託契約を結んだ。さらに、一九七〇年に処理工場を設置した。

この時、有限会社土橋ブロイラー（現プライフーズ株式会社）に改称した（長坂一九八八）。同時期に十文字養鶏（株式会社十文字チキンカンパニー）は、十文字健助が一九五〇年に採卵養鶏を始めたことから始まる。肉用鶏は一九六四年に始めた。その後、二戸・軽米地区で農場建設を始め、滝沢村（現滝沢市）、玉山村（現盛岡市）、大野村（現洋野町）、山形村（現久慈市）と生産拠点を広げた。

この他、阿部繁孝商店（現株式会社あべはんグループ）は、福岡町（現二戸市）・九戸村で農家と契約生産を行うことをきっかけとしてブロイラー経営を始めた。その他、隣接する青森県八戸市の株式会社第一ブロイラー（現プライフーズ株式会社）も県北地域でブロイラー生産を始めた。

一九七〇年代後半には、有限会社土橋ブロイラー、十文字養鶏、阿部繁孝商店、株式会社第一ブロイラーなどローカル・インテグレーターを中心に、種鶏・ふ卵場の設置、直営農場によるブロイラー飼養、荷受・卸売部門への進出を通じて、生産から販売に至る一貫した垂直統合型のインテグレーションを形成した。この時から鹿児島県・宮崎県にまたがる南九州産地と並ぶ国内のブロイラー産業の生産地を確立した。

現在、（株）阿部繁孝商店、（株）アマタケ、岩手農協チキンフーズ（株）、（株）オヤマ、住田フーズ（株）、（株）十文字チキンカンパニー、（株）ＰＪ二戸フーズ、プライフーズ（株）、（株）フレッシュチキン軽米が参加する「岩手県チキン協同組合」の活動を通じて、ブロイラー生産の情報提供を積極的に行っている。(5) さらに、岩手県農畜産物価格安定基金協会では、県内で生産されたブロイラーの指標価格が保証基準価格を下回った場合、生産者に補てん金が交付される制度がある。これは、生産者の経営安定を図るためのもので、岩手

（5） 岩手県チキン協同組合 https://i-chicken.jp/

県チキン協同組合の組合員を通じて販売されるブロイラーが対象となっている。[6]

この他、岩手県庁は、地球温暖化対策[7]として、省エネや再生可能エネルギーの導入を促進する補助事業を実施しており、事業所での二酸化炭素排出削減に向けた取り組みを支援している。[8]

2 岩手県の稲作――良質米地帯としての新たな取り組み

魚沼産コシヒカリを有する新潟県、コシヒカリを開発した福井県（福井県農業試験場）を含む北陸三県（石川県、富山県、福井県）及び長野県を包括した北信越五県と岩手県を始めとする東北六県が国内の良質米地帯として知られている。コシヒカリ、ササニシキ、あきたこまちに繋がる、「水稲農林1号」は、育種家稲塚権次郎博士によって一九一九年に開発された。その後、稲塚権次郎博士は、一九二六年に岩手県農事試験場に転勤となり、一九二九（昭和四）年に「小麦農林1号」を開発し、一九三五（昭和一〇）年に「小麦農林10号」を岩手県農事試験場で完成させた。この「小麦農林10号」（NORIN TEN）は、稲穂の重量で倒れにくい短く強い茎を持つ品種として知られ、食糧問題を抱えていた途上国への新品種として普及し、のちに一九七〇年代の「緑の革命」を実現させるために鍵となる技術となった。世界の小麦は、岩手県農事試験場で開発された「農林10号」の遺伝子を持っていると言っても過言ではない。

現在、岩手県の米生産は、水田農業に必要な農業用水を供給する潅漑施設を利用できる

（6）公益社団法人 岩手県農畜産物価格安定基金協会 http://www.isop.ne.jp/iwnkikin/chikusan/b-shikumi.html
（7）岩手県「地球温暖化対策」（岩手県ホームページ） https://www.pref.iwate.jp/kurashikankyou/gx/ontai/index.html
（8）岩手県「令和6年度脱炭素に係る補助事業について《事業所編》」 https://www.pref.iwate.jp/kurashikankyou/gx/1073104/1072792.html

地域で広く生産されている。特に、岩手町を源流とする北上川流域で稲作地帯が広がっている。具体的には、上流域が岩手町、滝沢市、盛岡市、中流域は、矢巾町、紫波町、花巻市、北上市、下流域は、奥州市、金ケ崎町、一関市となる。

北上川は岩手県内を流れる重要な河川で、多くのダムが建設されている(9)。以下は北上川流域の五つのダムについて解説する。第一に、東北地域で最大の流域面積を誇り、強酸性の水質に耐えるため多くの特殊工法を用いて造られた北上川の本川にある四十四田ダムについて述べると、主に盛岡市管内の農業用水として利用されている。第二に、奥羽山脈から流れ出る雫石川にある御所ダムは、主に鹿妻穴堰《かづまあなぜき》土地改良区に農業用水を供給している。現在、イオンやヤマダデンキなど商業施設や住宅が建ち並ぶ盛岡市本宮地区に、かつて鹿妻穴堰から供給された農業用水の利用による美田が広がっていた。御所ダムは、洪水調節、流水の正常な機能の維持、水道水、工業用水、農業用水の供給、発電などに使われている。第三に、北上山地系のエリアにある田瀬ダムは、気候が安定している。そのため、田瀬ダムにはキャンプ場や釣り堀があり、紅葉の時期にはカヌーを楽しむ人たちが訪れる場所としても知られている。第四に、北上川流域最大の支川にある和賀川の湯田ダムは、発電、工業用水、農業用水の供給を行っている。湯田ダムは、観光振興としてジャパン・ツーリズム・アワード受賞や日本夜景遺産に認定された。第五に、胆沢平野にある胆沢ダムは、洪水調節、流水の正常な機能の維持、水道水、工業用水、農業用水の供給、発電を目的としている。胆沢ダムは、国内最大級のロックフィルダムとして知られている。

次に、岩手県で栽培されている代表的な四品種（ひとめぼれ、あきたこまち、銀河のしずく、金色の風）をＪＡ新いわてのホームページより紹介する。まず、「ひとめぼれ」は、現在県

（9）CUEBiC Inc.「東北最大の河川《北上川》流域のヒトと環境を守り、育む」 https://waterserver-mizu.com/interview/kitakato
北上川ダム統合管理事務所（国土交通省）「湯田ダムの目的・働き」 https://www.thr.mlit.go.jp/kitakato/01dam/yu_purpose.html
岩手県「入畑ダムの目的（岩手県ホームページ）」 https://www.pref.iwate.jp/kennan/kita_doboku/1013877/1013878.html
国土交通省「5．水利用の現状」 https://www.mlit.go.jp/river/basic_info/jigyo_keikaku/gaiyou/seibi/pdf/kitakami-5-05.pdf
北上川ダム統合管理事務所「御所ダムの概要」国土交通省 https://www.thr.mlit.go.jp/kitakato/01dam/go_outline.html

内で生産量が最も多い品種で、粘りと甘みがある。冷害に強く、栽培も比較的容易とされ、つや・香り・食感・食味ともに優れている。ＪＡ新いわてのホームページをみると「平成三年に宮城県古川農業試験場で誕生。粘りと甘みがある品種で岩手県では県央部以南を中心に生産されている本県の代表銘柄です。現在、生産量が県内で最も多いお米です。」と解説されている。[10]次に、「あきたこまち」について紹介する。「あきたこまち」は、「昭和五九年に秋田県農業試験場で誕生。現在、岩手県では「ひとめぼれ」に次いで第2位の生産量を誇るお米です。もちもちした粘りのある食感で、おにぎりなどにすると冷めてもおいしいと評価されています。[11]」とある。

岩手県の農業試験場である、「岩手県農業研究センター[12]」で開発された「銀河のしずく」は、「岩手県オリジナル水稲品種として平成二八年にデビューしました。粒が大きく炊き上がりが白くてつややか、粘りはあっさりめで噛めば噛むほど甘さが広がります。日本穀物検定協会の食味ランキングでは最高評価の「特Ａ」も獲得しています。[13]」と説明されている。「銀河のしずく」・「金色の風」は、一〇年ほどで開発できたとされている。新品種の育成には、一般的に三〇年ほど年月がかかり、その間品種選抜に膨大な試験が必要とされる。研究に係わる試験場の研究員も何世代にも渡り、どのタイミングで世に出るか分からない世界とされる。筆者は、平成二八年にオリジナル品種として発表される直前のお米を試験場の外部評価委員として見ることができたことを記憶している。その時、お米の品質で重要視される色、粒の大きさ、食味などで優れた成績を残していた。最後に、主に一関を中心とする県南地域で栽培されている「金色の風」を紹介する。「二〇〇〇種もの系統からおいしい遺伝子を特定して交配し、食味検査を繰り返してたどり着いた究極のお米

(10)　ＪＡ新いわて「お米ＪＡ新いわて」（ＪＡいわてグループホームページ）https://www.jaiwate.or.jp/shin-iwate/nouchiku/okome/

(11)　ＪＡ新いわて「お米ＪＡ新いわて」（ＪＡいわてグループホームページ）https://www.jaiwate.or.jp/shin-iwate/nouchiku/okome/

(12)　岩手県農業研究センター https://www.pref.iwate.jp/agri/nouken/

(13)　ＪＡ新いわて「お米まち新いわて」（まちいわてグループホームページ）https://www.jaiwate.or.jp/shin-iwate/nouchiku/okome/

『金色の風』。県内で一番おいしいお米が採れる県南地区の地域を厳選し、選定基準を満たす農家のみが栽培できる品種です。[14]」と紹介されている。岩手県立大学の食堂で提供されている「金色の風」を食べるために食堂を訪れる消費者は、私を含めてたくさんいると思われる。「金色の風」は、甘みがある柔らかい食感を持った産地限定の特別な品種と認識されている。

新品種の普及に関して、「岩手県銀河のしずく栽培研究会」(細川勝浩会長)と「岩手県金色の風栽培研究会」(佐藤正弘会長)が栽培技術の講習会を通じて、技術普及を行っている。「銀河のしずく」の主産地は、北上市、花巻市と一関市である。さらに、北上市の生産者として、西部開発農産を紹介したい。従業員一〇八名を有する国内最大級の経営耕地面積を経営している西部開発農産では、北上市で「銀河のしずく」を生産している。需要動向に合わせて、ロットの拡大や販売先の確保など官民一体となった取り組みを進めている。

一方、「金色の風」は、岩手県南地域の江刺、平泉、一関を中心とする岩手ふるさと農協、江刺農協、いわて平泉農協の三農協を主体とする取り組みが進められてきた。この中で、一関市舞川地区の小野正一氏は、JAいわて平泉の「金色の風」栽培研究会長として初期の新品種の栽培技術の導入に貴重な役割を果たした。

(14) 二〇二四いわてのお米ブランド化生産販売戦略推進協議会「いわての米」 https://iwate-kome.jp/konjikinokaze/

3　岩手県の果樹「りんご」——国内第三位の産地としてのプライド

欧州、北米などのりんごと比較して国産のりんごは、世界で一番厳しい規格を持っており、甘さや色、食感などどれをとっても最高級の商品と言われている。国内の上位三位までの産地は、二〇二二（令和四）年度、青森県六〇％（四三万九〇〇〇トン）、長野県一八％（一三万二六〇〇トン）、そして、岩手県六％（四万七九〇〇トン）である。農林水産省「令和四年産りんごの結果樹面積、収穫量及び出荷量」をみると、りんごの収穫量は、七三万七一〇〇トン（前年比一一％増）であった。出荷量は、六六万九八〇〇トン（前年比一二％増）であった。この要因として、天候不順による不作から回復したことが挙げられる。(15) 過去の収穫量・出荷量をみると、ミカンと同じ裏年・表年と一年おきに繰り返し変動が起きていることが推察される。主な品種は、ふじ、つがる、王林、ジョナゴールドである。特にふじは、約五〇％を占める。

次に、青森県と長野県の特徴を述べると、青森県は、一一月上旬から三月下旬までの出荷となるふじが多く、長野県は、一〇月下旬・一一月中旬から五月下旬まで出荷するシナノゴールド、一〇月上旬頃から一二月中旬頃まで出荷される長野県独自品種のシナノスイートなどが多い。シナノゴールドは、貯蔵性に特徴があり、シナノスイートは、酸味が少なく、甘みが多い品種である。

岩手県では、ふじ、はるかを含むさまざまな品種のりんごが栽培されている。まず、王林は、酸味が少なく甘みがあり、良い香りがする品種である。次に、ジョナゴールドは、赤い果皮でシャキシャキした食感と甘酸っぱい味が特徴である。さらに、きおう（黄王）は、黄色いりんごで果汁が多く、ジューシーで甘い特徴がある。最後に、はるかは、高級品種で、蜜がよく入っている黄色いりんごとして知られている。紅いわては、甘くて酸味が少ない赤いりんごとして知られている。

（15） 農林水産省「令和四年産りんごの結果樹面積、収穫量及び出荷量」(2023.05.17.)
https://www.maff.go.jp/j/tokei/kekka_gaiyou/sakumotu/sakkyou_kajyu/ringo/r4/index.html

この中で「ふじ」や「つがる」などの品種が消費者によく知られている。主要産地は、二戸市、盛岡市、奥州市（江刺）とされる。以下、二戸りんご、盛岡りんご、江刺りんごの特徴を比較する。

まず、二戸りんごは、きおう、紅いわて、サンふじ、はるか（冬恋）をはじめ、様々なりんごが栽培されている。高級りんごとして知られるブランドりんご「冬恋《ふゆこい》」の生産も盛んで、卓越した生産者で構成する「冬恋研究会」の会員も多い地域である。(16) 観光農園も多く、りんご狩りが楽しめる。次に、盛岡りんごは、全国で唯一「りんごの特別栽培」（農薬・化学肥料を半分以下に低減）の取り組みが高く評価され、平成二四年度の第四一回日本農業賞において大賞を受賞した。この他、盛岡りんご推進協議会の会員が所属するＪＡいわて中央りんご部会は、「いわて純情りんごコンテスト」（全農いわて主催）において、二〇一〇年から九年連続で総合の部・最優秀賞を受賞した。二〇二一年にも総合の部・最優秀賞を受賞した。(17) 二〇二〇農林業センサス（農水省）によると、盛岡市は県内最大の栽培面積となっている。さらに、盛岡市のりんご消費量は、家計調査（二〇二〇―二〇二二平均、総務省）によると家計調査世帯当たり支出金額全国第三位、購入量全国第四位となっている。

最後に江刺りんごの特徴をＪＡ江刺のホームページ(18)からみると「色や形、糖度、酸味、蜜入りなど厳しい選果基準をクリアしたりんごだけが『江刺りんご』として市場へ出荷されます。」と紹介されている。特に「りんごの実を大きく・品質をよくするために果実の小さい時期に間引いて数を少なくします。江刺りんごでは、摘果作業で九五％間引いて一本の樹から収穫するのは二〇〇個程度としています。これは、日照時間や樹が作り出す養分を残された五％のりんごに十分に与えられるようにするための工夫です。また、摘果を

(16) ＪＡ新いわて「めいど・in 新いわてりんご」

(17) 盛岡市「岩手・盛岡発 大好きな人と食べたいりんご『盛岡りんご』」

(18) JA江刺 jaesashi.or.jp/grand/esashi-ringo/

行うことで樹が疲れにくくなり、翌年も安定した生育が期待できます。」とされている。このように、高品質を維持するために摘果に代表される中間作業に膨大な時間を費やしていることがわかる。

このような産地の取り組みに共通する岩手県産りんごの特徴と有名な品種を紹介する。まず、岩手県産りんごの特徴として、岩手の土壌と気候はりんご栽培に適していることが挙げられる。そして、収穫時期を遅らせて完熟させる「樹上完熟」を実践している。さらに、岩手県に特徴的な生産技術として、「わい化栽培」に注目したい。「わい化栽培」は、りんごの木を低く仕立てることで太陽の光が樹全体に行きわたる技術である。この技術により、果実の高品質化と管理作業の省力化を実現している。最後に、鮮度保持技術として、1-MCP処理による鮮度保持技術にも触れておきたい。出荷するまでにりんごの鮮度を維持させるための技術を導入することで、「わい化栽培」や「樹上完熟」による食味や味を保存する際に劣化させにくくすることができるようになった。この対応の結果、長期出荷が可能となり、平均単価の向上に寄与していると認識されている。

4　岩手県のりんご生産者

岩手県におけるりんご生産は、JAいわて中央管内の盛岡市及び近郊地域が県内最大の産地である。盛岡市のプロモーションとして実施している「美食王国もりおか」に紹介されている産地の特徴は、「明治維新直後の一八七二（明治五）年からりんご栽培が始まったとされ、世界で最も生産されている『ふじ』の原木は盛岡にあります。盛岡市内のりんご生産の盛んな地域は海底が隆起してできた土地。盛岡りんごは海のミネラルがたくさん含まれている土壌で育ち、ぐっと気温が下がる収穫時期に一気に甘みを蓄えます。[19]」（一部修正）とされている。

「りんご工房きただ」[20]は、盛岡市の主産地である黒川地区で営農している。高品質な贈答用の（蜜入り）りんごから、家庭用まで対応した果物の生産・販売及び観光用ゲストハウスを経営している。二〇〇二年より減農薬特別栽培により、完熟で濃蜜なりんごを生産している。

盛岡市乙部地区の「佐々木果樹園」[21]は、四代二〇〇年の歴史を持つ経営体である。八月下旬から一二月上旬にかけて、八品種のりんごを生産している。家族経営の果樹園である。りんごの直送ギフトは四国や関西も含めて県外中心に三〇〇人以上の販売先にりんごを出荷している。

有限会社サンファーム[22]は、一一代目三〇〇年を誇る農業経営の歴史を持つ。現在、りんご、サクランボ、ブルーベリー、多種のクッキングアップル、ラズベリー、桃などを栽培している。これら生産、加工、販売や観光果樹園まで包括的に取り組んでいる都市型の果樹園である。

次に、盛岡市と品質で切磋琢磨する代表的な産地として、奥州市江刺を紹介したい。江刺地域は、わい化栽培による生産技術の革新を生産組織として実現した先進的な事例として知られている。「江刺りんご」は、岩手県で最も有名なりんごのブランドとして知られている。JA江刺りんご部会青年部長高野豪氏は、二世代で経営している「紅果《こうか》園」を通

(19) 盛岡市「美食王国もりおか」 https://oishii-morioka.com/tsukuruhito/
(20) りんご工房きただ https://www.ringo-koubou-kitada.com/
(21) 佐々木果樹園『乙部角屋』 https://otobekadoya.com/
(22) 有限会社 サンファーム https://sunfarm.jp/

じて地域のりんごの技術力向上に貢献している。「紅果園」の技術力は、その年の《日本一》の称号となる、「農林水産大臣賞」を平成一二年「ふじ生誕六〇周年記念全国りんご（ふじ）コンクール」と平成一九年「全国果樹、技術・経営コンクール」に受賞していることで広く知られている。同年、「平成一九年農林水産祭」における果樹部門での表彰も高い技術力に対する評価の証である。他の果樹園と比較した「紅果園」の特徴は、農園独自の取り組みとして平成一〇年から行っているオリジナル品種「ロマンシリーズ」の開発・育成である。現在までおよそ二万本の実生を保有しているとされる。

おわりに

今回、自然環境に恵まれた岩手県の農業に関して、特徴的なブロイラー、米、りんごの紹介をした。普段暮らしていると水田が広がっている光景を見るので、水稲主体の作付構成をしているのが岩手県の農業だとイメージされることが多いと推察される。それは、ある意味当然であるが、農業生産高として岩手県の農業をみると、ブロイラーを含む畜産が過半を占めていることに気がつくだろう。ブロイラー以外に豚、肉用牛（前沢牛、岩手短角牛など）、生乳（酪農）、鶏卵、ひななど、酪農・畜産による農業振興は今後も基幹的な役割を果たすと思われる。

例えば、盛岡市内で食事をする際に、他県よりも焼き肉を食べる機会が多いのは、こうした畜産が盛んであることも背景にあると思われる。普段の食生活をふり返ると、米、主菜としての肉、魚、副菜としての野菜類も、岩手で暮らしていると身近な産地で生産された食材を手に入れることができる。

県北部から南部にかけて気象条件や土壌条件、水利施設の利用可能性など、生産要素の有無に応じて、さまざまな取り組みをしている岩手県の農業地帯をぜひ、訪れて欲しい。

〔参考文献〕

長坂政信「岩手県におけるブロイラー産業の発展と産地形成」地理学評論六一巻、二三九―二五七、一九八八年
株式会社アマタケ　https://www.amatake.co.jp/corporate/company.
JA新いわて「岩手のお米」(JAいわてグループホームページ　https://www.jaiwate.or.jp/know/iwate_rice/
JA全農いわて「いわて純情米 二〇二三年産米生育状況」　https://www.junjo.jp/rice/index.html
JA新いわて「お米」JAいわてグループ　https://www.jaiwate.or.jp/shin-iwate/nouchiku/okome/
西部開発農産　https://www.seibu-kaihatsu.com/
岩手日々新聞社「『金色の風』を求めて～生産農家の挑戦～」二〇一七年九月二四日付
西部開発農産（照井勝也）さんの岩手県北上市産銀河のしずく
盛岡市「岩手・盛岡発　大好きな人と食べたいりんご『盛岡りんご』」

岩手の自然とエネルギー

木場隆夫

はじめに――再生可能エネルギーの開発と葛藤

岩手県の面積は一万五〇〇〇平方キロメートル余であり、北海道を除く都府県の面積として最大である。これは四国四県よりはやや狭いが、首都圏の一都三県より広い。広大な県土にはエネルギーとして使える資源があり、それを利用することは岩手県にとっての念願であった。

近年、地球温暖化防止は急務となり、全国いたるところで再生可能エネルギーの導入が進められている。岩手においても多様な再生可能エネルギーが急展開している。ところが、再生可能エネルギーの施設の建設が進むと、それに対して反対や慎重な意見が地元で起きてきた。いわば自然の「開発」と「保護」の葛藤が、岩手でも起きてきている。

岩手の人々には自然を守りたいという素朴な気持ちが根付いている。これは恵まれた自然を損なわずに次代につなげていこうとする姿勢となる。再生可能エネルギーに対しては自然環境に悪影響がないかを確かめて、慎重に進めるという意見に落ち着く素地となる。

本章は岩手における再生可能エネルギーの開発の特徴と葛藤の様子を記す。岩手の人々の「自然への愛着」がその中でどのように発現したのかを描く。

1　再生可能エネルギーの展開

地熱とバイオマス

岩手県における再生可能エネルギーによる発電施設の導入量は、二〇二一年度において太陽光が一〇一万キロワット、風力が一五万四〇〇〇キロワット、バイオマスが一二万八〇〇〇キロワットなどとなっている[(1)]。固定価格買取制度が始まってから約一〇年間、日本の再生可能エネルギーを大きく伸ばしたのは太陽光発電である。岩手県でも太陽光発電のソーラーパネルは県内の随所にみられるようになった。岩手県の太陽光発電の増え方は全国的な傾向とほぼ同じであり、全国の平均的な姿を表すといえる。

むしろ岩手県の再生可能エネルギーの特徴は、太陽光発電以外の他の種類、すなわち風力、バイオマス、地熱により電気を供給する割合が相対的に高いことである[(2)]。以下、地熱、バイオマス、風力の順に紹介する。

岩手県で水力発電以外に自然の力をエネルギーに変えた最初の例は、一九六六年に運転開始された八幡平市の松川発電所（東北自然エネルギー㈱[(3)]）である。商用の地熱発電所としては日本初の快挙だった。岩手の再生可能エネルギーのさきがけといえる。写真1は発電

（1）　岩手県の水力発電は一九五四年の旧胆沢第一発電所が設置をはじめ、県内に約二〇ヶ所設置されている。そこから得られる電気も再生可能エネルギーである。
水力発電の場合、ダムの建設と同時に発電所の建設も行われることが多い。ダム建設の目的は治水、農工業用水、飲料用水など多目的にわたり、発電はその一環である。

本稿は再生可能エネルギーによる発電を主目的とした施設について記すため、あえて水力発電はここでは記述の対象外とした。
（2）　『永続地帯二〇二二年度版』による。これは自治体の再生可能エネルギーに関するデータブックである。表6によれば二〇二一年度の地域的エネルギー自給率の都道府県別ランキングでは、岩手県は地熱発電で全国三位、風力発電では全国五位、バイオマス発電では全国五位になっている。他方、全ての再生可能エネルギーによるエネルギー自給率では一四位に過ぎない。これは太陽光発電で全国の平均的な自給率に過ぎないことによる。
（3）　運転開始当時は日本重化学工業㈱が所有していた。

写真1　松川地熱発電所
（筆者撮影）

所の冷却塔で、その側にPR施設の松川地熱館がある。当時の掘削や発電に用いた機器が展示されており、八幡平の観光スポットとして人気である。その後、奥羽山脈沿いに幾つかの地熱発電所が開設されるが、その嚆矢であった。雫石町にさらに大出力の東北電力葛根田地熱発電所（一号機、五万キロワット）が一九七八年に完成した。岩手県は九州の大分県と並ぶ地熱発電の立地先進地域となった。隣の秋田県では鹿角市、湯沢市に地熱発電所が漸次建設され、今日では岩手県を上回る導入量となっている。

一九九八年に岩手県は「環境首都」をうたい、岩手県新エネルギービジョンを策定した。それによれば従来展開された地熱、水力の利用に加え、太陽光、風力、とりわけ木質バイオマスエネルギーの利用を図っていくものとされた（阿部二〇〇五）。岩手県は森林面積が七〇％を超える森林県である。森林の保全には林業の振興が欠かせない（泉二〇一八）。岩手県としては不要物として廃棄されるような残材がエネルギーに用いられれば、森林保全、地域経済の振興、地域エネルギー源の開発、温暖化防止という一石四鳥ともいえる好機とみられたのである。

従来から木質バイオマスの熱利用として積極的に進められたのは「いわて型ペレットストーブ」である。県や市町村独自の補助金をつけるなどの政策をとった。葛巻町には木質ペレットを供給する会社が残っており、燃料供給にも心配はなかった。岩手県内でペレットストーブは実際に商店、駅舎、事務所などで使用されているのを目にする機会が多い。写真2は盛岡市内のファミレスの待合席を暖めているペレットストーブである。

より大型のペレットボイラーも公共施設などで使用されている。

再生可能エネルギーの固定価格買取制度が追い風となって、県内では一〇〇〇キロワット以上級のバイオマス発電所の開設が相次いだ。外国から輸入する椰子殻を燃料とする場合もあり、この場合は林業振興や森林保全にはつながらない。地域内の未利用木質材を用いる場合もあるが、燃料の安定供給が課題とされる。

写真2　ペレットストーブ
（盛岡市内の飲食店にて、筆者撮影）

風力

盛岡から北東に車で一時間半ほどの距離に葛巻町がある。葛巻町は岩手県の風力発電のパイオニアといえる町だ。葛巻町は実験的な風力発電を除く商業用の風力発電として岩手県で初めて導入されたケースだ。葛巻町は寒冷な気候のため、農業は牧畜が主である。葛巻町では一九七五年から進んだ牧場開発により林道、送電線が設置されていた。そのインフラを利用して一九九九年に四〇〇キロワットの風車三基でスタートした。当時は、風力発電は日本ではまだ珍しい存在であった。特に標高が一〇〇〇メートルを超えた場所での設置は、風力発電所の山岳への設置の嚆矢となった。

岩手の隣の秋田県や青森県では、風力発電所は海浜近くに立地していることが多い。それればかりか陸地では適地が少なくなり、海の中に風車を建てる洋上風力発電が今後は有望と目されている。

それに対して岩手県ではこれまでは山の中の風通りの良い場所を選んで建てられた。図1に示すようにウインドファームの多くは北上山地に点在している。海辺ではなく山の中というのが大きな特色である。

岩手県の太平洋岸は国立公園であり、その南側一帯はリアス式海岸である。北側は崖が海にせり出している場所も多く、従来は風力発電に好適と考えられなかった。現在、久慈市では洋上風力発電の実現可能性調査を行っている。

話を葛巻町に戻すと、その後二〇〇三年と二〇二〇年に増設がなされ、現在は六万五〇〇〇キロワット余の総発電出力を擁する。これにより葛巻町は再生可能エネルギー自給率で二〇二一年度に五〇七％を記録。これは葛巻町が民生用に消費するエネルギーの五倍以上を町内で生産していることを意味する。

なぜ、葛巻町は風力発電をいち早く導入したのだろうか？　葛巻町が全国でもまだ珍しかった風力発電の導入を認めた経緯について、前田典秀氏は葛巻町に産廃事業が入り込まれることへの拒否感を挙げている（前田二〇〇六）。

関東の業者が町内の用地を取得し、産業廃棄物処理事業を開始する動きをみせていたのである。町は酪農とワインを主産業としており、町民は産廃によるイメージダウンを危惧した。葛巻町役場は「自然豊かな町を守る」という方針から、クリーン・エネルギーの導

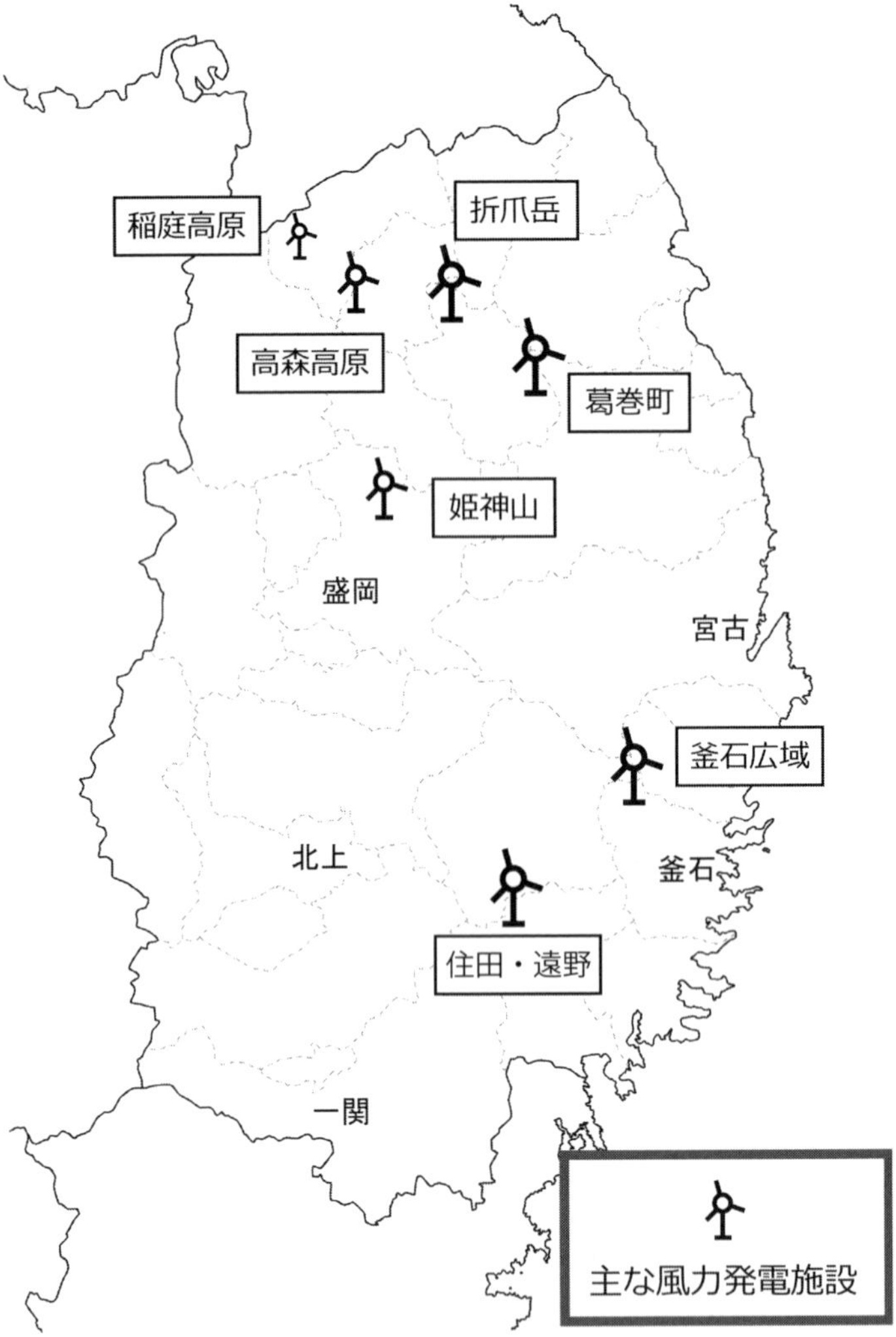

図1　岩手県の主な風力発電所の立地

下図に、「白地図専門店 freemap.jp」の岩手県白地図を使用した。

写真3　葛巻町のウインドファーム（筆者撮影）

入を模索したところに風力発電事業のアイデアが急浮上したのである。

ちなみにこのときに葛巻町が心配をした産業廃棄物による汚染は、けっして杞憂ではなく、他の地域では実際に起きてしまった事である。「青森岩手県境産業廃棄物不法投棄事件」として知られる一件があるが、これは一九九〇年代前半に一五〇万トン以上の産業廃棄物が持ち込まれたものである。多くは関東方面からだった。その中には廃油等の違反廃棄物があり、大規模な土壌汚染を引き起こしたという事案である。

葛巻町が風力の導入に前向きとなった時期は、一九九七年末に京都議定書を採択したCOP3京都会議の開催と重なる。日本国内において、温暖化防止の意識が急速に高まっていた時期であり、葛巻町の決断はその風にうまく乗ったものだった。岩手県ではその後、二〇〇四年に県南の釜石・遠野・大槌地区に釜石広域ウインドファームが運転開始する。以来、葛巻と釜石が岩手県の風力発電の二大拠点であった。

二〇一一年、東日本大震災により岩手県は沿岸部が大津波の甚大な被害を受ける。その後、再生可能エネルギー由来の電気に対する固定価格買取制度が始まったことから、岩手県でも太陽光発電が大きく伸びた。

風力発電は、環境アセスメントの手続きを取ることが義務化され、新設が停滞していた。最近、環境アセスメントを終えた幾つかの大型プロジェクトが実現している。

二〇一八年には、県北の一戸町で高森高原風力発電所が運転開始した。それに続き二〇一九年には、岩手県立大学から良く見える位置に、姫神山ウインドパークが開設された。奥羽山脈を越えた冬の北西からの風を受けることから、西から風を受けられる位置に二〇〇〇キロワットの風車九基が行儀良く一列を作っている。

そして昨今、岩手県内で大規模な風力発電所の開発が続いている。二〇二三年には県南に住田・遠野ウインドファームが一一万キロワット余の出力で完成し、葛巻のそれを大きく凌いだ。

同年、県北の二戸市とその近隣に大型のウインドファームである折爪岳南第一発電所が運転を開始した。ジャパン・リニューアブル・エナジー㈱が運営し、出力規模四万四〇〇〇キロワット余である。三六〇〇キロワットの大型風車を一三基擁する。

それに加えて今後は、折爪岳南第二発電所の設置計画もあり、第一発電所を大きく凌ぐ規模である。さらに岩手と青森の県境に折爪岳北発電所が計画されており、全て完成すれば折爪岳周辺に合計二〇万キロワットを超す一大風力発電基地が出現することになる。

ちなみに秋田県は、岩手県を大きく上回る風力発電ラッシュを迎えている。秋田の沿岸では冬は西高東低の気圧配置から強い北西の風が吹く。日本海を渡ってくるその風は何の遮蔽物もなく海岸の風車群に突き当たる。安定的な強い風を受ける屈指の風力発電適地である。そして現在、洋上風力発電が秋田港、能代港付近の水深が浅い海域に作られ、さらに日本海の沖合に計画されている。その導入計画量は四〇〇万キロワットに及ぶ。空前の大風力基地が秋田の海岸に今後予定されている。青森県も日本海沿岸、下北半島に風力発電が集積する。

風力発電の導入に突き進む秋田県に比べ、岩手県の風力発電はゆっくりとしたペースで進んでいる。その大きな要因は太平洋岸に好適地がないことである。そして山間部では険しい山岳地形により風況の点、建設の点で風力発電の適地は限られるのである。

野生動物の保護、景観の保全

風力発電は全国的には順調に進んでいるようにみえるが、最近では各地において批判も目立ってきている。前述した適地が限られてきたことを背景に、山間部の風力発電は近年、地元自治体や住民との間に景観保全の点からもあつれきが生じるようになった。それに加え、特に岩手県は稀少な野生動植物が多く分布する地域もあるので、野生生物の保護という観点で十分考慮を払う必要に迫られている。

二〇二二年一一月、盛岡市近辺の風力発電計画に対して再検討を求める岩手県知事の意見が表明された。東北地方の動きとしては同年七月、宮城県・山形県をまたぐ蔵王連峰の風力発電の計画が御釜展望台からの景観を害すなどの理由で地元が反対をしたことが報じられた。二〇二三年三月には青森県の八甲田山系の広大な風力開発計画に対して地元自治体から反対意見が表明され、一〇月には事業者が計画を白紙撤回するに至った。

陸上では風車の適地が少なくなり、他方、大規模な風力開発計画が立てられるようになるとそれらは国立公園や国定公園の一番の眺望に影響するような場所や、野生生物との共存に問題が起きるような場所にまで及ぶようになったことの結果である。そして再生可能エネルギーに待ったをかけた地元の人々には、地域の自然への愛着があった。

山間部での多数の巨大風車の建設は環境面の影響が懸念される。とりわけイヌワシやコウモリ類など絶滅に瀕する稀少野生動物への影響は、極力少なくすることが望ましい。こういった見地から精力的に活動されているのが鳥類研究の専門家、東北鳥類研究所所長の由井正敏岩手県立大学名誉教授である。

由井氏は、風力発電についても野生動物保護の立場から積極的に行政にアドバイスをし

写真4　由井正敏名誉教授（筆者撮影）

てこられた。岩手県をはじめ自治体の環境関係の委員を多く歴任している。

　由井氏の基本的スタンスは、「再生可能エネルギーは温暖化防止という観点からは重要な意義があると評価するが、実際には地域の野生生物への影響も懸念される。野生生物の生息実態の科学的調査に基づき、野生生物の生活と再生可能エネルギー施設が両立するようにその立地の影響を見極めて、慎重に進めるべき」と明確である。具体的には鳥類であれば個体数、営巣地や餌場などの生活圏、飛行経路などを調査して、鳥類の生活圏と再生可能エネルギーの影響する範囲が重ならないように立地の棲み分けを工夫することが肝要である。さらに鳥が風車に衝突するのを防ぐため、鳥が風車を良く認識できるようなマークを風車の羽根や塔に付けるというアイデアも由井氏は提案し、実際に用いられている。

　岩手県は野生生物の科学的調査を重視し、景観への影響については住民との対話を重視するなどの対応を取りながら、再生可能エネルギーと地域社会との調和に努めている。

2　岩手県に存在しない原子力発電所

原子力発電は再生可能エネルギーではないが、地域のエネルギーの重要な選択肢である。岩手の自然への愛着がここでも一つのエピソードとなっている。

東北地方の太平洋側には原子力発電所が立地する県が多い。福島県には東京電力福島第一、第二原子力発電所があった。宮城県には東北電力女川発電所があり、青森県には東北電力と東京電力の東通原発、電源開発が建設中の大間原発がある。発電所ではないが六ケ所村には日本原燃の核燃料サイクル施設群がある。岩手県にはそうした原子力発電所や原子力施設はないのである。(4) ちなみに東北地方の日本海側の秋田県や山形県にはない。

岩手県になぜ原子力発電所がないのか。それは岩手の太平洋岸は国立公園であるため大規模な施設の造営は難しいことが理由の一つである。原子力発電所は造成に多量の資材が必要であり、また運転時にも大量の燃料や資材、廃棄物の運搬が発生する。このため海岸沿いで専用港が作れる場所が好まれる。

一九七〇年代、全国的に原子力発電所の建設が相次いだ。原子力発電所が立地した地域は交付金により道路が整備され、学校や病院が作られ、発電所関連で雇用も増えていった。経済的に立ち遅れている地域にとっては、切り札的な存在感をもっていた。

実は岩手県においても原発の立地が過去には検討されたことがあった。一九八一年一一月一六日の朝日新聞に「国策の影濃い首相の地元」という記事が掲載された。当時の首相

(4)　岩手県滝沢市に医学用アイソトープの管理、放射性廃棄物の処理に関する施設がある。一九八六年に開設された。原子力といえばそれにあたるが、発電所関連のような核分裂性の物質を扱うのではなく医療用などの放射性同位元素をもっぱら扱う施設である。

は三陸の山田町出身の鈴木善幸氏。岩手県は国策に乗って、原子力発電所の立地可能性をいくつかの地域について調査した。その候補地の一つが岩手県の沿岸北部、田野畑村の明戸地区であった。この時、岩手県は陸中海岸での原子力発電所の立地に前向きだった。

他方、環境庁は国立公園内に原発のような大規模な発電所を認めるのは困難との姿勢を示した。

この原発立地の話が出たとき、田野畑村で反対活動を展開した地域の婦人が現れた。無医村であった田野畑村で保健師として長年活躍された岩見ヒサ氏である。原子力発電所が地域の自然を破壊してしまう懸念をもって、原発反対の本を多数自ら購入して、村の婦人に配って原子力発電誘致を考え直すように訴えた。岩手に残る反原発のエピソードである。ご自身の著書にその顚末は詳しい。

原発構想が立ち消えになった大きな要因は事業者の都合や先に述べた環境庁の方針によるものと推察される。岩見氏の行動がどれほどの影響があったかはわからないものの、田野畑村における反対の世論をリードしたといえる。

ちなみに田野畑村はＪＴＢの全国観光資源評価で特Ａ級にランクされる北山崎断崖を有する地である。田野畑村民俗資料館（写真５）は、全国でも珍しい江戸時代の一揆を中心にした博物館である。藩の圧政に憤った地域の人々の気概を全開にした展示は一見の価値がある。

福島では世界の原発史上最大級の事故が発生。その後始末は目処さえ定かでない大事業となっている。宮城県の東北電力女川原発は危うく事故に至るのを免れた。

原発が立地しない岩手県は原発の交付金を得ることはなかったが、自然を保ち、安全面

写真５　田野畑村民俗資料館
（写真は田野畑村提供）

写真６　田野畑村民俗資料館の展示
（写真は田野畑村提供）

での不安は無かったという点で平和といえる。

おわりに――自然への愛着と文学

これまで岩手の再生可能エネルギーを中心に記してきたが、岩手の人々の自然とのかかわりによって、エネルギー開発が推進されたり、逆に待ったがかかったりした微妙なあやがみられた。ここでは、岩手の人々の自然へのおおいなる愛着について私見を記す。

岩手県は美しい自然を享受している。国立公園として一九三六年に十和田八幡平国立公園が指定された。戦後まもなく一九五五年、陸中海岸国立公園が指定された。東日本大震災を経て、二〇一三年に三陸復興国立公園に名称が変わっている。

ところで岩手の気候は冬寒く、自然は厳しいものでもある。時代を遡り、暮らしが豊かではなかった時ほど、そうした感覚は強いものであったろう。

深い山は野生動物の住処で人間をおよそ拒み、寄せ付けないものだ。冬の凍った大地や湖沼は視覚的には美しくとも、人間がそこに身を置くのは誠に辛い冷涼たる景色である。自然への愛着を問うとき、岩手を含む東北でその美を見出してきた文学の影響を感じざるを得ない。岩手県の小中高校では、よく地域のことを学習の題材にしている。その中では地域に関連する文学についても繰り返し学び、学生たちの心に根付いている。

岩手の自然はそれ自体がとても素晴らしいものであるが、岩手の人々には、その価値を見いだし、魅力を文に表した偉大な先人達がいたことはさらに幸運であった。

古来、みちのくの自然の美しさは選りすぐりの言葉で表され、紙に書き留められてきた。多くの日本人がそれを読み共感してきた。自然の美しさは時間が経てば移ろうものであり、そうした儚さを受け止める繊細な感性がはぐくまれた。

岩手の誇る作家、宮澤賢治は岩手の自然を自由自在に描写した。『風の又三郎』では、一番最初に風の音を描いている。

どつどど　どどうど　どどうど　どどう、

青いくるみも吹きとばせ

すっぱいかりんもふきとばせ
どつどど　どどうど　どどうど　どどう

私は関東から岩手に転勤した当初、時おり当地の突風とその音の大きさに惑わされた。耳を澄ませばなるほど賢治の記す、どっどど　どどうどと聞こえる気がするのである。江戸時代、松尾芭蕉はその晩年江戸から奥州へ旅立ち、『奥のほそ道』を著した。平泉に立ち寄って、歴史への憧憬を題材に人間の営みの無常とそれを包み込む自然の生命力を描いた。

夏草や　つはものどもが　夢のあと

その芭蕉は、みちのくを旅して新たな歌の境地を拓いた平安時代の歌人西行を範とした。西行は衣川で桜をたたえた。

聞きもせず　たばしね山の　桜花　吉野のほかに　かかるべしとは

北上川には西行の審美眼を称えるように桜の名所が点在する。岩手県では春から夏にかけて柳、桜、藤、あやめ、つつじ、皐月などの色々な花が、次々に咲き誇る時期がある。関東に比べれば、各種の開花時期が近接し、一斉に咲き始めたようにもみえる。それ自体、たいへん美しく感じる。文学を通して私達はそれをさらに強く意識づけられてきた。

ところで芭蕉は俳句を大成し、俳句には季語を置くとした。それは極めて少ない字数の俳句において、季語を置くことで作者と読者が句の時空の背景を了解し、共感を容易にするためと解される。

芭蕉がみちのくを旅した時、既に晩年であり、当時の安全ではなく険しい道のりを行くのは決死のことだった。いつ尽きるかわからない寿命の中で、美しい季節の移り変わりをあと何度、自分は目にできるだろうかという気持ちがおそらくあったのではないか。時計が発達していない当時において、季節の移ろいはそれ自体大きな時計であったと思われる。芭蕉にとって季節は死ぬまでのストップウォッチだったのではないか。芭蕉の句が心をうつのは、人生の儚さを季節の移ろいが思い起こさせることにもあると思う。

〔参考文献〕

阿部健「木質バイオマスエネルギー活用への挑戦」『自然エネルギー市場』築地書館、二〇〇五年
泉桂子『入門・農山村の地域資源管理―水利と森林資源利用から展望する持続可能なくらし―』森林計画学会出版局、二〇一八年
千葉大学倉阪研究室、環境エネルギー政策研究所『永続地帯二〇二二年度版』、表6
前田典秀『風をつかんだ町』風雲社、二〇〇六年
岩手県葛巻町パンフレット「くずまき　クリーンエネルギーへの取り組み」、二〇二二年
尾形仂『「おくのほそ道」を語る』角川書店、一九九七年
火力原子力発電技術協会『地熱発電の現状と動向』、二〇一七年
岩見ヒサ『吾が住み処ここより外になし：田野畑村元開拓保健婦のあゆみ』萌文社、二〇一〇年

column

盛岡市内の自転車走行空間整備と市民団体

―― 宇佐美誠史

岩手県内には海や山、川沿い、歴史的町並みなど自転車で走っていて楽しいところが多くある。自転車の愛好家は世界中に存在するが、岩手県内にも熱い人がたくさんいる。知り合いの中では、本を出版した人、カフェを併設したりギターをひいて県内を回ったりする自転車屋さん、街頭で正しい交通ルールを熱く指導する人、より安全な走行空間整備をつくろうとしている人、サイクリスト中のサイクリストと思える人など。

ここでは、より安全で楽しめる自転車の走行空間づくりについて、盛岡市内で出会った方々と一緒に筆者が経験したことを紹介する。

写真1　木製フレームの自転車

二〇年くらい前に市民を中心に設立され、規模は縮小しつつも今も継続している盛岡自転車会議がある。設立当時の呼びかけ文をあらためて眺めていると、「自転車のペダルを踏みながら、まちづくりや環境問題を考え、身近なところから見直していくことを目的」と書かれていた。自転車愛好家だけの集まりに思われず、まちづくりと環境を考えること、そのために身近な自転車を使いやすい盛岡市にしていこうということである。

印象に残っている活動はいろいろあるが、盛岡市の中心市街地で開催されていた自転車祭りと盛岡市から受託した自転車安全マップづくり「もりおか自転車マップ（平成二一年度）」を紹介する。自転車祭りでは、関係者が持ち寄った自転車の展示があり、寝そべって運転するリカンベントや大きな前輪にペダルが付いたオーディナリー、マニアックなものとして手作りの木製フレームの自転車（写真1）などがあった。この木製自転車を試乗させてもらったが、しっかり走行できていて驚いた。

自転車マップは、自転車交通ルールをしっかり認識した上で、判定する安全レベルの基準をつくり、対象となった盛岡市の中心市街地の道路を走行、走行後にマップへ整理していた。自転車の重要な交通ルールの一つとして、車道左側通行があるが、車道を走ってもらえない理由として自動車との距離が近くて怖いということがある。そこで、自転車が走行できる路肩などの幅を計測して、一〇〇センチメートル以上、八〇〜一〇〇センチメートルなどと安全レベルを判定していた。他にも自転車事故の発生箇所や坂の程度、公衆トイレ、自転車屋さんなどの情報が入っていたが、湧水・清水は盛岡の中心市街地ならではかもしれない。

自転車祭りやマップづくりが、行政ではなく市民団体中心で実施された意義は大きいと思われる。ただ、東日本大震災が発生して以降、中心で動いていた人々が復興支援活動を担うことになり自転車関連の活動規模を縮小したが、現在も活動を継続している。特に出会う場面としては、盛岡市自転車走行空間検討会である。

この検討会は盛岡自転車会議よりも少しだけ歴史が浅いが、国道や県道といった盛岡市以外の道路管理者や交通規制を担う県警などを構成員として、安全な自転車の走行空間をつくることを目的として盛岡市が設置した。当初は、現場をよく知っている担当者レベルが参加する任意の勉強会的存在であったが、自転車条例（平成一九年）や自転車ネットワーク計画（平成二八年）、自転車活用推進計画（令和三年）をつくるなど、法定計画も検討する組織へと成長している。

ここに、盛岡自転車会議が入っており建設的な意見を出し続けてくれている。令和六年四月に開催された盛岡市総合交通施策懇話会では、自転車走行空間整備の議論の中で座長が「盛岡市の自転車の検討は市民が中心となって進めてきた歴史がある」という発言があった。隣の席でこの話を聞いていたが、このように認識してもらえたことを嬉しく思う。

計画に基づき、毎年、自転車走行空間整備を進めているが、第一段階の整備予定一八・九キロメートル中、令和五年度末で八・九キロメートル(整備率四七・一%)が整備済となっている。様々な整備形態があるが、写真2のように青い矢羽根を路面標示して、自転車が通行すべき位置を示していることが多い。ちなみに、駐輪場になっている場所は、もともとはパーキングチケットによる自動車の路上駐車場所であった。

ここまで、盛岡市内で自転車走行空間整備について述べてきたが、検討会で議論されてきたことをふまえて実際に整備する際には、道路管理者である盛岡市と県警の担当者、国道や県道に関してはそれぞれの担当者との緊密な関係が重要である。意見が分かれ先延ばしになる区間もあるが、目指す目的が一致しているため前に進み続けられている。

写真2　盛岡市大通の自転車走行空間(矢羽根部分が自転車の通行位置の目安)

最後に、岩手県立大学総合政策学部生の自転車関連の卒論について述べる。本学部ホームページで「自転車」で検索してみると二一件ヒットした。自転車の交通安全、とりわけ違反行動に関する研究が多いが、小中高生にアンケートをして学年による違いについて分析したり、実際の路上で観測することで違反行動が置きやすい状況を分析したりなど、意識調査や観測調査から研究していることが多い。盛岡市の自転車政策がより前に進むよう、学生も含めてしっかり議論し続けられることを願う。

●は行●

●ま行●

●や行●

●ら行●

●さ行●

●た行●

●な行●

索引

あ行

か行

執筆者一覧（執筆順　氏名（よみ）　①所属〔2025年 1 月現在〕、②専門分野・領域、③岩手県立大学での主な担当科目／外部講師として関わった科目）

豊島正幸（とよしま・まさゆき）　①岩手県立大学名誉教授（総合政策学部）、②自然地理学／地形学、③総合政策入門／地圏環境システム論／いわて学

佐野嘉彦（さの・よしひこ）　①岩手県立大学総合政策学部教授、②自然地理学／気候学、③大気環境論／空間解析論／地理学の世界

吉木岳哉（よしき・たけや）　①岩手県立大学総合政策学部教授、②自然地理学／地形学、③地理学／地圏環境論／地球科学の世界

島田直明（しまだ・なおあき）　①岩手県立大学総合政策学部教授、②生態学／植生学／景観生態学、③地域生態学／自然環境保全論／生態学基礎

辻盛生（つじ・もりお）　①岩手県立大学総合政策学部教授、②水環境学／環境生態工学、③水環境論／化学の世界

鈴木正貴（すずき・まさき）　①岩手県立大学総合政策学部准教授、②農業土木学／農村生態工学、③里地里山整備論／生態学基礎

今野公顕（こんの・ただあき）　①岩手県立大学大学院総合政策研究科博士後期課程／盛岡市教育委員会、②考古学・東北古代史・歴史文化遺産活用、③いわて学

室野秀文（むろの・ひでふみ）　①花巻市教育委員会花巻市総合文化財センター文化財専門官、②考古学

柴田知二（しばた・ともかず）　①二戸市教育委員会文化財課長、②日本古代史／城館研究、③いわて学

兼平賢治（かねひら・けんじ）　①東北学院大学文学部教授、②日本近世史／盛岡藩政史、③いわて学

渋谷洋祐（しぶや・ようすけ）　①北上市立博物館長、②近世地域史、③いわて学

岩舘岳（いわだて・たかし）　①紫波町教育委員会、②民俗学

野沢裕美（のざわ・ひろみ）　①小岩井農牧株式会社小岩井農場資料館館長、②郷土史／民俗

三好純矢（みよし・じゅんや）　①岩手県立大学総合政策学部准教授、②経営学／マーケティング論、③マーケティング論／消費者行動論

近藤信一（こんどう・しんいち）　①岩手県立大学総合政策学部教授、②産業調査研究／企業研究／中小企業研究、③企業論／中小企業論

新田義修（にった・よしのぶ）　①岩手県立大学総合政策学部教授、②農業経済学、③農業経済学／農業政策論

木場隆夫（きば・たかお）　①岩手県立大学総合政策学部教授、②政策科学、③科学技術政策論／比較政策論

宇佐美誠史（うさみ・せいじ）　①岩手県立大学総合政策学部准教授、②交通工学／都市計画、③地域交通論／地域・都市計画論

大学的岩手ガイド—こだわりの歩き方

2025年3月31日　初版第1刷発行

編　者　岩手県立大学総合政策学部

発行者　杉田　啓三

〒607-8494 京都市山科区日ノ岡堤谷町 3-1
発行所　株式会社　昭和堂
TEL（075）502-7500 ／ FAX（075）502-7501
ホームページ　http://www.showado-kyoto.jp

印刷　亜細亜印刷

ISBN 978-4-8122-2409-0
乱丁・落丁はお取り替えいたします。
Printed in Japan